KB213931

예수와 그의 시대

아라이 사사구 지음 ㅣ 한승동 옮김

서커스

차례

예수 메시지의 현대적 의미
– 민중신학과 복음서 연구

시작하며

안녕하세요.

지금 소개받은 아라이입니다. 한신대학교에 불러 강연 기
회를 주신 것을 영광으로 생각하며, 진심으로 감사드립니다.
60여년에 이르는 신약성서 또는 원시 그리스도교 연구에서 나
는 당초부터 한국의 민중신학에 많은 빚을 졌습니다. 오늘은
감사하는 마음으로 그것을 보고하고 다시 한 번 예수의 메시

---

* 저자가 2014년 한신대학교에서 강연한 내용을 이 책의 한국어판 서문으
로 대신해 달라고 요청해서 책의 서두에 싣는다. 번역 원문은 이 강연을
기조로 정리해 일본의 잡지(〈그리스도교 문화〉 2016년 가을호)에 발표한
것이다. – 편집자주

지의 현대적 의미를 여러분과 공유하고자 합니다.

1. '잃어버린 양을 찾아'(〈루카 복음서〉 1장 4절)

1974년에 나는 『예수와 그의 시대』라는 제목의 작은 책을 상재上梓했다. 이 책은 그 뒤 쇄를 거듭해 재작년에 29쇄가 출판되어, 합계 30만부 정도가 나갔다. 이 책의 초판 '후기'에 나는 다음과 같이 썼다.

> 이 책에서 내가 시도한 것은 예수와 그의 시대에 대한 **역사적 접근**이다. 당연하게도 나는 이것을 예수 이해의 유일한 방법이라고는 추호도 생각하지 않는다. 지금 지하에 있을 한국의 그리스도교도 학생 제씨諸氏가 내게도 보내준 메시지 속에서 그들은 —아마도 역사적으로 연구할 여유는 거의 없을 것으로 생각되는데도— 예수가 지향하는 바를 적확하게 지적하고 있다. 예수 이해의 기본은 역시 그의 행동을 현재에 추체험追體驗하는 데에 있다는 것을 나는 다시 한 번 깨닫게 되었다. —예수의 어디에 시선을 맞춰서 그것을 추체험할 것인가가 문제가 되겠지만.

이 책은 민중신학民衆神學 담당자의 한 사람인 서남동 목사가 번역해, 한국에서도 꽤 많이 쇄를 거듭하고 있다고 들었기 때문에 지금 인용한 부분을 포함해서 이 책을 읽은 분도 여러분 중에는 있을지도 모르겠다.

당시 한국은 박정희 대통령의 군사독재 정권 시절이었고, 자본주의 경제를 우선해서 빈부의 차가 확대되어 특히 젊은 여자 노동자들이 열악한 조건에서 일을 했고, 도시 빈민층이 증대되었다. 1970년 가을, 이에 항의해 전태일이 분신자살했다. 이 '대상代償'의 죽음이 계기가 되어 지식인·목사·학생 그리스도교도들이 민주화 투쟁에 나섰다. 정권은 그들을 거세게 탄압해 그들 다수가 투옥당했다.

앞에서 인용한 글 속에서 언급된 '지하에 있을 그리스도교도 학생 제씨'란 그 시대에 탄압을 받아 '지하운동'을 하고 있던 학생들을 가리킨다. 그들은 당시 민주화 투쟁을 지원하기 위해 한국에 온 일본인 목사들에게 부탁해 그들의 메시지를 일본에 있는 우리에게도 보내 주었다. 그것을 읽고 나는 놀랐다. 그 메시지 첫 부분에 '잃어버린 양의 비유'(〈루카 복음서〉 15장 1~7절) 중의 한 구절(4절)만이 인용되어 있었기 때문이다.

한편 나 자신은 오랜 세월 이 비유를 병행 기사(〈마태오 복음서〉 18장 12~14절, 〈도마 복음서〉 107)와 비교하면서 전승사·편집사적 방법으로 연구를 계속하고 있었는데, 이 비유 전승의 최고층最古層을 〈루카 복음서〉 15장 4절로 상정하고 있었다.(『예수와 그의 시대』 참조) 즉 이 상정은 민주화 투쟁에서 예수를 '추체험'하고 있던 한국의 그리스도교도 학생들이 그 전거典據로 삼은 예수의 비유의 한 구절과 겹쳐 있었던 것이다. ──'너희 가운데 누가 양 백 마리를 가지고 있었는데, 그중

한 마리를 잃었다면, 아흔 아홉 마리를 들판에 그대로 둔 채 잃은 양을 찾아 헤매지 않겠느냐.'

그런데 나 자신에게도 일본에서 예수를 추체험할 현장이 없었던 것은 아니다. 당시 일본은 1960년대부터 70년대에 걸쳐 국제적으로는 미일안전보장조약의 토대 위에 경제적으로는 고도성장기를 맞이했다고 하지만, 그것은 일본, 특히 오키나와의 민중뿐만 아니라 아시아 나라들의 민중을 희생으로 한 것이었다. 그리고 1970년에 오사카에서 열린 만국박람회는 일본의 경제 발전을 세계에 과시하는 상징과 같은 것이었다. 그럼에도 일본의 그리스도교 지도자들은 그 박람회장에 그리스도교 회관을 설치하고 일본의 그리스도교를 세계에 '과시'하려 했다. 이런 동향에 대해 자각한 목사들을 비롯한 그리스도교도 학생들이 급진적인 반대 운동을 전개했으나 많은 그리스도교계 대학의 이사회에서는 그것이 학생의 정치운동이라며 금지하고, 거기에 저항한 학생들을 기동대를 끌어들여 체포하는 조치를 취했다.

당시 나는 아오야마학원青山学院대학 문학부 신학과의 조교수였는데, 시종 학생 편에 서서 이사회를 비판했기 때문에 세 번에 걸쳐 이사회로부터 퇴직 권고를 받았다. 이런 체험을 배경으로 복음서의 역사적·비판적 연구 성과를 살려『예수와 그의 시대』를 집필하고 있었다. 사회적으로 '잃어버린' 민중을 계속 찾아다닌 예수에 시선을 맞추고 예수를 추체험한 한국의 그리스도교 신자 학생들의 예수 이해는 나의 연구 성과와 겹치는 것이었다.

〈루카 복음서〉 15장에는 '잃어버린 것'을 공통 테마로 하는 3개의 비유('잃어버린 양' 3~7절, '잃어버린 은화' 8~10절, '잃어버린 아들' 11~32절)가 편집되어 있다. 그리고 이들 '잃어버린 것'은 모두 '회개하는 죄인'으로 간주된다.(7, 10, 17~19절) 그러나 '잃어버린 것'을 '회개하는 죄인'의 은유로 읽게 하는 것은 복음서를 편집한 루카이지 역사의 예수는 아니다.

왜냐하면 이들 비유가 나온 상황 설정이 되어 있는 15장 1~2절은 〈마르코 복음서〉 2장 15~17절(세리나 죄인들과의 식사에 관한 논쟁 이야기)을 토대로 해서 루카가 편집한 부분이며, 이 이야기를 매듭짓는 '나는 의인들을 부르러 온 것이 아니라 죄인들을 부르러 왔다'는 유명한 예수의 말(〈마르코 복음서〉 2장 17절)이 〈루카 복음서〉의 병행구(5장 32절)에서는 '나는 의인들을 부르기 위해서가 아니라 죄인들을 불러 회개시키기 위해 온 것이다'로 바뀌어져 있기 때문이다. 이 '회개시키기 위해'라는, 예수가 '죄인들을 부르기 위해 온' 이유구理由句는 명백히 루카가 〈마르코 복음서〉의 본문에 가필을 한 편집구編輯句다.

게다가 '회개'로 번역되는 그리스어 metanoia는 본래의 뜻에는 인식과 심성이라는 방향성을 180도 역전시켜 '신神'의 방향을 향하는 것, 즉 가치 기준을 인간의 과거성에서 신의 장래성으로 돌리는 것이다. 따라서 이것은 '회심回心'으로 번역되어야 할 것이다. 예컨대 갈릴래아에서의 예수의 '복음' 선교의 첫 발언 '때가 찼다, 그리고 신의 왕국이 다가왔다. 회개하라. 그리고 복음을 믿어라'에서 활용되고 있는 '회개'의 권유는 앞에서 얘기한 의미에서의 '회심'의 권고인 것이다.

그런데 루카는 그의 복음서에서 이 예수의 선교 제일성第一聲을 삭제하고 metanoia 또는 그 동사형 metanoeo를, '죄인'이 그 악행으로서의 '죄'를 '뉘우치고' '고친다'는 윤리적인 의미로 사용한 경우가 많다.(예컨대 13장 3절, 16장 30절, 17장 3, 4절) 이 경우의 메타노이아는 '회심'이 아니라 '개심改心'일 것이다.

실제로 '잃어버린 양의 비유'는 '신의 왕국'의 비유로 되어 있는 게 아니며, 이 한 마리의 양은 그 '죄'를 '회개하는' 한 사람의 '죄인'의 은유로 편집되어 있다.

〈마르코 복음서〉에서 '죄인'은 율법과 그 세칙을 지킬 수 없는 사회적 약자로, 말하자면 사회적 개념이었다. 루카는 그것을 종교적·윤리적 개념으로 바꾼 것이다. 따라서 '잃어버린 양의 비유'는 원래, 내 개인적 의견으로는 '신의 왕국'의 비유로 발화되었을 가능성이 있다. 신의 왕국이란, 인간, 특히 사회적 약자의 생명을 살리는 신의 작용이기 때문이다.(〈마르코 복음서〉 10장 15절 '아멘, 너희에게 말한다. 신의 왕국을 어린이와 같은 마음으로 받아들이지 않으면 결코 거기에 들어가지 못할 것이다', 〈마태오 복음서〉 21장 31절 '아멘, 나는 너희에게 말한다. 세리와 창녀들이 너희[제사장들과 백성의 장로들]보다 먼저 신의 왕국에 들어갈 것이다' 등 참조)

2. '갈릴래아로'(〈마르코〉 16장 7~8절)

1979년에 나는 앞서 얘기한 『예수와 그의 시대』의 속편으로 『예수 그리스도』라는 제목의 저서를 고단샤講談社에서 상재했다. 그 책에서 나는 역사의 예수가 그에 관한 여러 전승(예수 전승)을 매개로 〈마르코〉, 〈마태오〉, 〈루카〉의 세 복음서 속에 각기 고유한 '예수 그리스도'로 조형되기에 이르기까지의 과정을 추구했다.

그 책 권말에서 나는 '갈릴래아로'라는 작은 제목 아래 갈릴리 교회 창립자의 한 사람인 안병무(당시 한국신학대학 교수)의 글을 인용했다. 그는 다른 교수들과 함께 1975년에 한국 당국에 의해 해직당했고 다음해인 76년에는 '민주 구국 선언'에 서명했다는 이유로 투옥당했으며, 이듬해 특사로 석방된 뒤 '갈릴리교회'를 설립했다. 그 갈릴리교회에서의 '설교집'의 일본어 번역본이 1978년에 〈주여, 오소서〉라는 제목으로 편집 · 출판되었는데, 그 '전문前文'을 집필한 이가 안병무다. 그는 제 2차 세계대전 중에 독일의 '고백 교회'가 낸 '바르멘 선언'을 '독재자의 횡포를 앞에 두고' '그리스도에게만sola Christus' 기대어 '교회를 방어하려 한 결의의 표명으로 높이 평가'하면서도, 그것을 비판하면서 갈릴리교회 설립자들의 '민중신학'의 입장을 다음과 같이 명확하게 밝혔다.

'그리스도에게만'은 그대로 우리의 고백이다. 그러나 그것이 단순한 관념에 마무르지 않기 위해서는 민중을 위해 살다가 죽은 갈릴래아 예수의 행동에 참여하지 않으면 안 된다. 그 때문에 말씀을 하시는 신이 아니라 행동하시는 신을, 행동으로 고백하지 않으면 안 된다고 생각했다. 이 행동은 〈민중과 함께〉에 의해 구체화된다.

나는 이 말과 나의 복음서 연구 성과의 대응 관계를 다음과 같이 썼다.

이 사람들은 부활의 그리스도를 지상의 예수가 거기에서 민중과 함께 살았던 갈릴래아에서 만났으며, 그리하여 그리스도 예수의 생애 전체를 고난의 상相에서 자신들의 생과 겹쳐 놓으려 하고 있다. 바로 여기에 내가 〈마르코〉 8장 30절(그리스도 고백)을 축으로 해서 16장 7절(갈릴래아 현현顯現 예고)과 1장 15절(갈릴래아에서의 선교 제일성)의 대응 관계에서 읽어낸 〈마르코 복음서〉의 구성 전체가 바야흐로 체현體現되고 있는 게 아닐까.(『예수 그리스도』 500쪽)

다만 여기에서 상기해야 할 것은 베드로를 비롯한 제자들은 그들의 스승 예수가 체포당한 뒤에 그를 버리고 '달아났으며' (〈마르코 복음서〉 14장 50절), 예수 부활 뒤에 그 무덤에 향유를 바르러 갔던 막달라 마리아를 비롯한 여인들도 천사가 베드로와 제자들에게 전하라는 예수의 갈릴래아 현현顯現 예고를 듣고는 겁에 질려 무덤에서 '달아났고' 두려운 나머지 그것을 아무에게도 말하지 못했다는(16장 8절) 점이다. 그리하여 마르코는 예수를 따라가(1장 18절) 그에게 '당신이 바로 그리스도입니다'라고 고백한(8장 29절) 베드로를 비롯한 제자들뿐만 아니라 예수의 십자가에 이르기까지 '그를 따라다니며 시중들던' 여인들(15장 41절)의 '약함'이라는 인간의 한계를 제시하고 있다.

그럼에도 〈마르코 복음서〉에 따르면, 예수 자신이 제자들에게 다름 아닌 그들의 '좌절 예고' 중에서 그의 부활 뒤에 '너희보다 먼저 갈릴래아로 갈 것이다'고 약속했으며(14장 28절), 여인들에게는 부활 장면에서 천사가 이 약속을 제자들에게 전하도록 재촉했다.(16장 7절)

〈마르코 복음서〉는 이 약속을 여인들이 '아무에게도 말하지 못했다. 두려웠기 때문이다'라는 구절(16장 8절)로 약간 당돌하게 마무리했다.(덧붙이자면, 9절 이하는 후대에 덧붙인 것이다) 이런 당돌한 끝맺음에 감춰져 있는 마르코의 의도를 나는 그 뒤 이른바 '내러톨로지narratology'란 용어를 빌려 다음과 같이 설명했다.

〈마르코 복음서〉의 plotted time(이야기 줄기를 구성하는 플롯으로서, 등장인물이 배열된 시간)은 16장 8절에서 끝난다. 그러나 history time(이야기의 전개가 예상되어 있는 시간. 〈마르코 복음서〉에서는 제자들이 갈릴래아에서 예수와 재회하기까지의 시간)은 이야기에 전제되어 있는 대로 남아 있다. '이야기 시간'에서 '배열된 시간'을 뺀 나머지 시간(여인들의 침묵에서 제자들이 예수와 재회하는 시간)을 어떻게 메울지는 독자들의 상상력에 맡겨져 있다.

나는 1991년 3월 도쿄대학에서 '프롤로그로서의 에필로그─〈마르코 복음서〉16장 7~8절에 붙여'라는 제목의 마지막 강의를 했다. 그 강의 마지막에 나는 〈마르코 복음서〉의 마지막 한 구절에서 얻은 나의 이미지네이션을 토대로 마르코의 메시지를 다음과 같이 재현再現했다.

마르코는 예수를 따라가 시중들던 여인들을 진정한 제자로, 예수를 따를 수 없었던 남자 제자들의 대극對極으로 묘사하면서, 마지막 장면에서는 이 여인들도 베드로 등에게 갈릴래아에서의 재회를 약속한 예수의 말을 전달하라는 천사의 명령에 따를 수 없었던 것, 즉 여인들의 한계를 보여준 것은, 지금까지 이 여인들과 자신들을 동일시하며 읽어온 독자들, 특히 여성 독자들에게 그녀들에 대한 천사의 명령을 스스로 수행하도록 촉구하고 있다. 그리고 남성 독자들에게는 그 명령을 받아 갈릴래아에서 예수를 만나러 가는 도정에 다시 나설 것을 촉구하고 있다. 여기에서 남과 여는 동일한 지평에 서서 서로 도우면서 인간으로서의 약함을 극복하고 갈릴래아에서 예수와 재회해서, 그를 따르고 섬길 수 있도록 약속받았다.(『질문하는 예수-복음서를 어떻게 읽을 것인가』 NHK출판, 1994년, 359쪽)

마치며

나는 위에서 얘기한 책『질문하는 예수』에서 예수는 그 메시지를, 특히 비유로 말한 메시지를 청중에게 던지는 '질문'으로써 끝맺는데(예컨대, 〈마태오 복음서〉 20장 15절 '포도밭 노동자들과 그 주인의 비유', 〈루카 복음서〉 10장 36절 '선한 사마리아인의 비유', 15장 4, 8, 32절 '잃어버린 양의 비유'), 각 복음서는 이런 예수의 질문에 대한 '응답'으로 읽혀져야 하는 게 아닐까, 라는 문제를 제기했다. 나는 지금 이런 예수의 궁극의 '질문'이 십자가 위에서 죽어가던 예수의 모습이었다고 상정想定하고 있다.

예수는 십자가 위에서 '큰 소리로 외치고 숨을 거두었다.' (〈마르코 복음서〉 15장 37절) 마르코는 이것을 예수 최후의 '질문'으로 받아들이고 거기에 대한 '응답'으로 예수의 수난·부활 이야기를 구성했다.

〈마르코 복음서〉에 따르면 십자가 위에서 예수가 한 최후의 말은 '엘로이, 엘로이, 레마 사박타니. 나의 하느님, 나의 하느님, 어찌하여 나를 버리셨나이까'(15장 34절)였다. 신을 향한 이런 '질문'을 끝으로 숨을 거둔 예수를 보고 로마의 백인 대장은 고백했다. '정말로 이 사람이야말로 신의 아들이었다'고.(15장 38절)

이런 의미에서의 '신의 아들' 예수를, 그의 부활절 이야기에 등장하는 천사의 말에 따르면, 신이 '되살리셨다.'(16장 6절) 그리고 천사는 여인들에게 고한다. '가서 그(예수)의 제자들과 베드로에게 말하라. "그는 너희보다 먼저 갈릴래아로 갈 것이다. 거기에서 너희들은 그를 만날 것이다"라고. 그가 전에 말한 대로다'라고.(16장 7절) 그러나 여인들은 그것을 '아무에게도 말하지 못했다. 너무 무서웠기 때문이다.'(16장 8절) 여기에서 〈마르코 복음서〉는 갑자기 끝난다. 이런 결말이 예수의 질문을 받은 복음서 기자 마르코가 독자에게 던지는 질문이라는 것은 앞서 얘기한 대로다.

그렇다면 한국에서의 갈릴리교회 창설자들은 마르코를 매개로 한 예수의 '질문'에 대해 그들의 행동으로 응답한 셈이된다. 우리는 물론 지금 그들과는 다른 상황에 처해 있다. 그러나 우리는 질문을 받고 있다. — '지금의 갈릴래아에서 당신들은 당신들의 뛰어난 선배들의 뒤를 따라 예수의 질문에 대한 응답으로 어떤 교회를 세울 것인가'라고.

경청해 주셔서 감사합니다.

2014년 11월 28일, 한신대학교에서의 강연

예수와 그의 시대

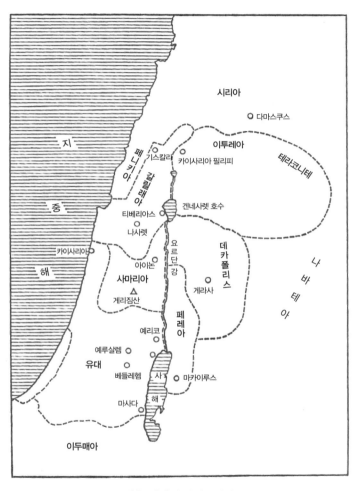

시리아

다마스쿠스

이투레아

기스칼라

카이사리아 필리피

테라코니테

지

페니키아

갈릴래아

중

겐네사렛 호수

티베리아스

나사렛

요르단강

데카폴리스

나바테아

카이사리아

아이논

사마리아

게리짐산

게라사

해

페레아

예리코

예루살렘

유대

베들레헴

사

마카이루스

마사다

해

이두매아

예수 시대의 팔레스티나

01

방법

역사적 연구와 신앙

지난해(1973) 여름에 나는 '최근의 예수 연구'라는 제목의 글을 〈아사히 신문〉 문화란에 기고했다. 이에 대해 독자들로부터 예상외로 많은 의견들이 답지해 놀랐는데, 그 가운데 그리스도교도와 불교도 의견들의 대다수가 예수에 관한 역사적 연구 그 자체에 대해 의구심을 표명한 것이었다. 그들에 따르면 '예수 그리스도'와 같은 존재는 신앙을 매개로 해서 실존적으로 파악할 수밖에 없으며, 역사적 방법으로는 결국 그리스도를 '물物'로 만들어버리는 것이 아니냐는 것이었다.

또 한편으로, 지난해부터 올해에 걸쳐 예수를 소재로 한 문학 작품, 연극, 그리고 영화 등이 전례 없이 많이 일본에서 발표, 소개되었다. 이들 중 엔도 슈사쿠遠藤周作의 『예수의 생애』

는 나로서도 간과할 수 없었다. 저자 자신이 이 작품을 역사 연구의 성과이기도 하다고 주장했기 때문이다.

그런데 이 작품에서 엔도는 예수에 관한 **사실**事實과 **진실**眞實을 구별하고, 사실보다는 오히려 진실을 전면에 내세운다. 이런 입장은 문학자라면 어떤 의미에서 당연하다고 해야 할 것이다. 하지만 엔도가 예수의 부활은 진실일 뿐만 아니라 사실이다(또는 적어도 그렇다고 믿고 싶다)라고 주장한 데 반해 마리아의 처녀 수태는 사실은 아니지만 진실이며, 기적 행위는 사실도 진실도 아니라고 주장할 때, 엔도는 역사에 대해 **그 자신만의 진실**을 강요하는 결과가 되지 않을까? 만일 그렇다면 차라리 역사 연구라는 옷을 벗어던지고 내 글에 비판적인 의견을 보내 준 사람들처럼 역사적 방법으로는 예수의 진실을 파악할 수 없다고 분명하게 얘기하는 것이 정직한 태도일 것이다.

어쨌든 예수와 같은 존재에 대해서는 역사적 방법으로 접근할 수 없다는 다수의 사람들은 '역사'라는 것에 대해 예단과 편견을 갖고 있는 것 같다. 하지만 이런 사태를 불러일으킨 책임의 대부분이 이른바 역사학자 쪽에 있다는 것도 사실일 것이다. 그들 또한 사료의 축적만으로는 역사가 성립되지 않으며, 사료에 대한 역사가의 해석을 통해서 비로소 역사가 재현된다는 것을 알고는 있다. 그러나 그들 중 다수가 사료 해석은 역사의 법칙적 인과관계를 파악한다는 과학적 역사 서술의 목적에 봉사하지 않으면 안 된다는 입장을 고집하고 있는 것으로 생각된다. 사견이지만, 역사는 특히 그것이 **인간 개인의 역사**일 경우 어떤 의미에서든 '법칙' 속에 우겨넣을 수 있는 것이 아니다. 왜냐하면 인간의 고유성은 다름 아닌 '법칙'을 넘어선 곳에서 드러나는 것이기 때문이다.

이상의 사항과 관련해 주목해야 할 것은 〈역사 소설이란 무엇인가 ─ 사실史實과 허구 사이〉라는 제목의 기쿠치 마사노리菊地昌則의 논문이다. 기쿠치는 자신이 역사가이면서, 또는 역사가이기 때문에 굳이 '시인과 역사가는 결코 어머니가 다른 형제가 아니라 샴쌍둥이다'라고 분명히 얘기한다. 즉 역사가에게 사료와 사료를 결합해서 역사를 구축할 때 불가결한 역사 해석은 당연히 사료 그 자체의 제약을 받겠지만, 그것은 '시인의 이미지네이션'과 결코 이질적인 것은 아니다. 아니 이질적이어서는 안 된다. 한편 시인이 만일 동시에 역사 소설가이기를 바란다면 '이미지네이션이 역사다'라는 등의 환상으로부터 자유로워져야 한다. 역사가든 역사 소설가든 '과거는 과거로 하여금 말하게 함으로써 현재와의 대화가 성립될 수 있는 것이다. 과거의 의상을 입은 현대인의 설법은 단지 현대의 흔해빠진 설교에 지나지 않는다. 게다가 그 설교는 교묘하게도 결코 강단 위에서 아래를 내려다보는 형태를 취하지 않는다.'

이 발언은 현대의 역사가 및 역사 소설가에 대한 통렬한 비판이다. 하지만 내게는 기쿠치가 역사 서술과 역사 소설을 너무 지나치게 접근시키고 있는 것으로 보인다. 사견이지만, 기쿠치가 역사가에게 요청하는 '시인의 이미지네이션'은 역사가의 역사 서술에 필요한 수단이긴 하나 그것 자체가 결코 목적이어서는 안 된다. 역사가의 본령은 뭐라 해도 치밀한 사료 비판에 있고, 그것을 '역사'로 구성하는 '사관'의 원기原基라고나 해야 할 상상력은 사료 비판의 결과로 항상 제어될 수 있도록 대비 태세가 되어 있어야 한다. 또 한편으로 역사 소설가에게도 '과거는 과거로 하여금 말하게 한다'는 금욕의 정신이 요구되지만 그의 생명은 작품을 '창작'하게 만드는 상상력에 달려 있다.

어쨌거나 기쿠치가 지적하고 있는 또 하나의 중요한 사항은 '사관史觀'이 그것을 축으로 해서 전개해야 할 '관점'의 문제일 것이다. '중요한 것은 어느 계급의 어떤 인간, 구체적인 인간에 초점을 맞추고 관점을 설정하느냐는 것이다. 나는 역사의 맨 밑바닥에 고여 있는 사람들이야말로 가장 그 시대상이 잘 각인되어 있는 사람들이 아닐까 하는 생각을 한다. 비틀어서 얘기하자면, 이 맨 밑바닥층 서민들이야말로 역사의 덧없음을 표층의 움직임과는 다른 차원에서 가장 제대로 생생하게 체험하고 있는 계층이 아닌가 하는 생각조차 갖고 있다. 하지만 이 최하층에서 아래 위를 살피면서 역사를 바라보는 자세를 사료를 통해 확립하는 작업은 그 서민들이 어디 호소할 데 없는 무리라는 점 때문에 불가능에 가깝다. 여기에서는 사실史實의 부족으로 이미지네이션의 팽창이 요구되며, 그 때문에 또한 안이한

계급적 인물로 묘사되기 십상이다.'

　나중에 지적하겠지만, 예수 자신은 '최하층 서민'에 속하지는 않았다. 그러나 그의 사상과 행동은 내가 보는 바로는 철두철미 그 '서민'과의 연대를 지향하는 것이었다. 이런 상정에 기초해서 나는 '예수'를 역사적으로 복원할 때 '서민'적 관점을 설정할 작정이다. 물론 '의지할 데 없는 무리'에게로 말과 상황을 환원하는 것은 '불가능에 가깝다.' 그러나 복음서의 엄밀한 사료 비판과 상상력을 통해 '불가능에 가까운' 사항을 얼마간이라도 가능성의 영역으로 접근시키는 것이 역사 서술을 시도하는 자에게 부과된 괴롭지만 보람 있는 일이 아닐까.

　그런데 기쿠치가 역사가에게 요구하는 '시인의 이미지네이션'을 앞서 언급한 내 소론에 비판 의견을 보내 준 사람들의 이른바 '신앙'으로 바꿔놓는다면 또다시 경건한 크리스천의 빈축을 사게 될까. 실은 나 자신, 앞의 소론 중에서 바로 그런 의미를 넣어 다음과 같이 썼다. '물론 어떤 경우에도 역사상의 인물을 현대에 재현하기 위해서는, 그것을 시도하는 사람의 뛰어난 상상력(사료 해석)이 필요하다. 그러나 적어도 그것이 역사적으로 이뤄진 경우에는 치밀한 사료 비판을 거쳐야 하며, 그 성과를 토대로 상상력을 언제라도 점검할 수 있는 태세가 되어 있어야 한다.' 그럼에도 신앙이라는 진지한 일을 역사가의, 더군다나 역사 소설가의 상상력 따위와 혼동해서는 곤란하다고 할지 모르겠다. 하지만 예수에 관한 가장 중요한 사료를 우리에게 제공하고 있는 복음서 기자들 자신이 바로 그들의 복음 신앙을 상상력으로 전화轉化시켜 〈복음서〉를 창작했다.

이렇게 쓰면 이번에는 '복음서는 창작이 아니다'는 말들을 할 것이다. 그렇다면 〈마태오〉, 〈마르코〉, 〈루카〉, 〈요한〉의 네 복음서, 거기에다 최근 발견된 〈도마 복음서〉를 보태 이들 5개 복음서를 상호 비교하면서 읽어보는 게 좋을 것이다. 각 복음서 기자記者들이 같은 예수에 대해 쓰고 있는데, 각각의 복음서에 묘사되어 있는 예수 상像은 확실히 다르지 않은가. 이런 예수 상의 다양성은 어디서 유래하는 것일까. 그 이유의 하나로, 각 복음서 기자가 채용한 예수에 관한 전승傳承 자료가 다르다는 사실을 들 수 있다. 그러나 이것은 결정적인 이유가 되지는 않는다. 왜냐하면, 예컨대 마태오와 루카는 공통된 예수의 어록 자료에 의지하면서도 전체적으로는 다른 예수의 말을 각각의 복음서 속에서 독자들에게 제시하고 있기 때문이다. 그렇다면 예수 상의 다양성은 각 복음서 기자들의 사관과 관점의 설정점 차이에서 비롯된 것이라는 점 외에 달리 설명할 방도가 없을 것이다. 그리고 이 사관과 관점의 설정 방식은 각 복음서 기자들이 지닌 신앙과 상상력의 내실에 의해 규정되는 것이다. 이렇게 보면, 만일 복음서를 현대의 문학 유형 속에 맞춰 넣는 게 허용된다면 그것은 '역사 기술記述'이라기보다는 오히려 '역사 소설'에 가까운 것이 아닐까 생각된다. 이는 결코 복음서에 국한되지 않을 것이다. 고대와 중세의 역사 기술, 예컨대 페르시아 전쟁사를 다룬 헤로도토스의 『역사』도 현대의 역사보다는 '역사 소설'에 가까운 것이다. 거기에는 현대 사학의 이른바 사료 비판 과정을 반드시 거치지도 않았고, 역사 작가의 신앙이나 도덕관에 의해 방향이 정해진 상상력의 소산으로 생각되는 부분이 매우 많다.

요컨대 나는 예수에 대해 역사적으로 접근할 때 신앙을 배제해야 한다고는 생각하지 않는다. 신앙이 상상력으로 기능하는 한 그것은 예수를 역사적으로 복원하는 데 불가결한 요소다. 문제는 신앙의 내실이며, 그 관점을 어디에 설정하는가 하는 것이다.

'역사적 예수'의 문제

실은 금세기의 성서학뿐만 아니라 신학 일반에서 최대의 문제가 된 '역사적 예수'의 문제가 앞서 얘기한 것과 깊이 연관되어 있다. 이 문제는 독일의 대표적 신약성서학자 R. 불트만 Rudolf Karl Bultmann(1884~1976)이 원시 그리스도 교단의 신앙에서 본질적인 사항은 그들이 선교宣敎했던 그리스도, 이른바 '선교의 그리스도'였으며, 반드시 '역사적으로 실재한 예수'였던 것은 아니라고 제언한 데서 시작되었다.* 그 제언은 사료

---

* 본문에서 다른 학자들의 주장은 문헌은 밝히지 않고 저자명만 밝혔다. 서명 등은 권말의 참고문헌을 참조하기 바란다.

비판에 의해 객관적으로 역사적 사실을 재건할 수 있을 것이라는 꿈을 꾼 역사주의의 입장과, 거기에 의거해 역사적으로 실재한 예수를 신앙의 근거로 요청하고자 했던 이른바 '자유주의 신학자'에 대한 통렬한 비판이었다. 또 한편으로 이는 원시 그리스도교 사가史家인 불트만이 스스로 복음서에 사료 비판을 시도했던 것의 결론이기도 했다. 즉 복음서 기자들이 사료로 이용한 전승 그 자체 속에서, 전승 형성의 목적은 전승자의 신앙에 토대를 둔 그리스도의 선교에 있었고, 그들이 예수에 대한 '역사적' 흥미를 처음부터 갖고 있었던 것은 아니라는 점이 확인된다는 것이다. 그리고 복음서 기자들은 이 전승을 수용해서 각자 고유한 입장에서 '복음서'를 썼는데, 그때 그들은 전승자의 선교 목적을 앞으로 내세웠다. 그 때문에 '역사적으로 실재한 예수'는 '선교의 그리스도'의 역사적 전제이기는 하지만, 전자가 후자를 본질적으로 규정하는 요소는 아니라는 것이었다.

이하, 주로 불트만 계통을 따르는 성서학자들의 '역사적 예수의 문제'를 둘러싼 논쟁의 경과를 이 책의 '방법'과의 연관 위에서 짧게 보고하기로 하겠다.

문제는 원시 그리스도 교단의 '선교의 그리스도'와 '역사적으로 실재한 예수'가 불트만이 주장하는 의미에서 단절되어 있는 것인가, 그렇지 않으면 불트만의 주장을 인정하더라도 여전히 이어져 있는 것인가, 하는 것이다. 여기서 먼저 확인해두어야 할 것은, 앞으로 소개할 학자들은 모두 복음서 기자의 복음서 집필 목적 또는 전승자의 전승 형성의 동기를 무시하고 '몰주체적으로' '객관적으로' 재구성된 '역사적으로 실재한 예수'와는 결별하고 있다는 점이다. 그런 '예수'는 현대 사학의 입장에서 보더라도 존재하지 않을 것이다.

그런데 E. 케제만Ernst Käsemann(1906~1998)도 그 은사 불트만과 마찬가지로 '선교의 그리스도'에서 출발한다. 그러나 그는 바울로가 '선교의 그리스도'에 **서간**書簡이라는 문학 형식을 통해 신학적 내실을 담은 데 비해, 왜 복음서 기자는 같은 '선교의 그리스도'를 다름 아닌 **복음서**라는 문학 형식을 통해 역사적인 구성을 시도하면서 그들 자신의 현재現在에 제시했을까 하는 점에 주목한다. 그것은 복음서 기자가 이미 헬레니즘 교단 사람들의 신앙 속에서 확인된 '영적 열광주의'와 대결하기 위해서였다고 한다. 즉 열광주의자들이 하늘로 올라간 '그리스도'로서의 예수와 그들 자신을 '영적으로' 동일화함으로써 역사를 내버리는 결과를 초래한 것과 달리 복음서 기자는 십자가형이라는 극형을 당한 예수의 삶을 복음서라는 문학 형식으로 묘사함으로써 예수의 '역사성'을 확보하려고 시도했다(단 〈요한 복음서〉의 경우는 예외).

한편 바울로는 적어도 하나의 전선에서, 같은 유형의 영적 열광주의자와 대치하면서 서간이라는 문학 형식을 통해 열광주의자들의 '영광의 그리스도'에 대해 '십자가의 그리스도'로서의 '선교의 그리스도'를 내세웠다. 그렇다면 원시 그리스도 교단 사람들의 '선교의 그리스도'는 그들이 예수의 삶과 죽음 이라는 '사실성事實性'에서 구원의 의미를 찾아내는 한 '역사의 예수'와 역사적으로 이어지고 본질적으로 상응한다는 것이다.

케제만과 유사한 입장에서 불트만 학파 중에서 최초로 『나사렛의 예수』를 공표한 것이 G. 보른캄Günther Born-kamm(1905~1990)일 것이다. 한편 '선교의 그리스도'와 '역사의 예수'의 대비를 예컨대 E. 푹스Ernst Fuchs(1930~2015)는 양자의 실존적 '행동 양태' 속에서, 또 H. 브라운Handel Brown이나 J. M. 로빈슨James McConkey Robinson(1924~2016)은 양자의 '실존 이해' 속에서 확인하려 한다. 그리고 이는 모두 이들이 원래 불트만이 신약성서 해석 방법으로 철학자 마르틴 하이데거로부터 원용한 실존론적 해석을 '역사의 예수'에까지 적용한 결과로 알려져 있다.

일본에서는 야기 세이이치八木誠一가, '신의 나라'에 직면해서 살았던 예수의 실존 이해는 '그리스도'를 마주하며 살아간 원시 그리스도 교단 사람들의 실존 이해 속에서 그들의 부활 신앙을 통해 간접적으로 전달되었다고 주장한다. 그런 면에서만 본다면 야기는 케제만 밑에서 공부했음에도 오히려 브라운이나 로빈슨 입장에 가까울 것이다. 그러나 야기는 케제만을 포함한 불트만 학파와 연결되는 성서학자들, 아니 불트만 자신부터 예수의 십자가의 '사실성事實性'을 '선교의 그리스도', 나아가 그리스도교 신자의 신앙 그 자체의 근거로 삼고 있다는 점에서 그들이 역사의 일부를 절대화할 위험에 빠질 수 있다고 주장함으로써, 그 자신의 독자적인 입장을 개척했다. 그에 따르면 **인간 실존의 근거**는 어떤 의미에서도 역사 내에 있어서는 안 된다. **그것**은 초월적 존재로서의 신神인데, 동시에 **그것**은 인간에 대해 역사를 초월하면서 인간 실존을 그 속에서 생기生起하도록 하는 '통합을 위한 규정規定'으로 작동한다. 이것을 예수는 '신의 나라' 속에서, 그리고 원시 그리스도 교단 사람들은 '그리스도' 또는 (신의) '로고스(언어)' 속에서 찾아냈다.

그리고 이런 인간 실존을 생기시키는 '본질 원리'로서의 '통합을 위한 규정'은 원래 보편적인 것으로, 그리스도교도뿐만 아니라 ―물론 그들과는 다른 형식이긴 하지만― 예컨대 불교도들도 또한 알고 있었다. 그리하여 야기는 '통합을 위한 규정'에 입각해서 살아간 **한 사람**의 예로서 '예수'를 우리에게 제시했던 것이다.

불트만 학파의 이러한 예수의 자리매김에 대해 이 학파 바깥 권역에서 많은 비판이 제기되었다. 영미(단 로빈슨은 예외) 및 독일 이외의 유럽 대륙 국가들(단 후술하는 프랑스의 E. 트로크메Étienne Trocmé[1924~2002]는 예외)의 신약학자들은 복음서의 전승 비판을 빼고는 대부분 불트만 학파의 작업에 대해 부정적 반응을 보이고 있는 것으로 생각된다.(예컨대 C. H. 도드Charles Harold Dodd[1884~1973], T. W. 맨슨Thomas Walter Manson[1893~1958] 등) 그리고 독일 국내에서도 예컨대 J. 예레미아스Joachim Jeremias(1900~1979)는 복음서에서의 예수의 말—특히 비유—에 대한 전승 비판을 통해 예수가 '이야기한 그대로의 말'을 가려내고 그것을 기준으로 해서 거꾸로 복음서 기자의 예수 이해에 비판을 가하고 있다. 나 자신이 사사한 E. 슈타우퍼Ethelbert Stauffer(1902~1979)는 복음서 속에서 예레미아스와 거의 같은 방법으로 추출해낸 '진정한 예수의 말'만이 아니라, 당시 유대교 문헌과의 '대조'를 통해 그 역사적 신빙성을 확인한 예수의 이적異蹟(동정녀 수태, 기적 행위, 부활)도 〈요한 복음서〉의 전기적 구조 속에 넣어서 예수의 원상原象을 복원하고, 그것을 '모든 것의 기준'으로 삼아 복음서 기자뿐만 아니라 바울의 '선교의 그리스도'에 대해서도 혹독한 비판을 가하고 있다.

어쨌든 불트만 학파의 작업에 부정적인 구미의 많은 신약학자들, 그 영향 아래에 있는 일본의 신약학자들(예컨대 다케모리 마사이치竹森滿佐一, 히라노 타모츠平野保)은 내가 보기에는 전통적 그리스도교의 경건과 학문을 혼동하고 있는 듯하며, 예레미아스나 슈타우퍼의 경우는 낡은 역사주의로 역행하고 있는 듯이 보인다. 다만 흥미로운 사실은 이런 학자들 중의 일부(슈타우퍼, 다케모리, 히라노는 예외)가 예수를 묘사할 때, 그 사료로 거의 예수의 말을 떠받들고 있다는 점이다. 이것은 그들조차도 적어도 불트만 학파와 기타 독일 신약학자들의 복음서 전승 비판의 성과를 수용하지 않을 수 없었던 결과일 것이다. 실제로, 특히 불트만 학파가 공표해 평가를 구한『예수』에 그런 경향이 뚜렷하다. 이는 아마도 엄밀한 사료 비판을 통해서도 예수의 말, 특히 비유의 일부에 대한 신빙성을 부정할 수 없다는 인식과 금세기 최대의 그리스도교 교의敎義학자 카를 바르트Karl Barth(1886~1968) 이래 신학계에 강한 영향을 끼치고 있는 '신神의 말의 신학'이 상응한 결과일 것으로 생각된다. 그리고 예수에 관한 서술은 많은 경우 교의학敎義學 교과서 목차와 거의 마찬가지로 신관神觀, 율법관(윤리), 종말관…… 등과 같이 항목별로 전개되어 있다. 물론 그럴 경우에도 예수의 시대사가 서두에 놓여져 있는 것이 일반적이지만 이 시대사와 각론 사이에는 상호관계가 거의 없다.

이런 경향에 대해 맹렬한 비판을 전개하고 있는 이가 일본에서 가장 개성적인 성서학자 다가와 겐조田川建三다. 그는 원래 프랑스 성서학계에서는 가장 불트만에 가까운 트로크메 밑에서 공부했는데, 귀국 뒤 아카이와 사카에赤岩栄(1903~1966)* 와의 만남, 대학 투쟁, 그리스도교주의 대학에서의 추방이라는

---

* 일본그리스도 교단 소속의 목사이면서 공산당에 입당해서 교단 내외에 큰 파문을 던졌다. 이론적으로 실천적으로 그리스도교와 공산주의를 양립시킬 수 있다고 생각했던 아카이와의 행동을 둘러싸고 종교계뿐 아니라 문화계에서도 그를 지지하는 세력과 비판하는 세력으로 나뉘어졌다. ─옮긴이

경험, 그리고 그 독자적인 신약학 및 마르크스 연구 성과와 맞물려 기성의 그리스도교, 특히 바울로주의 중에서 '현실과 관념의 역전逆轉'을 찾아내 그리스도 신앙 그 자체의 지양止揚을 제언했다. 다가와에 따르면, 예수의 말의 신학적·실존론적 해석으로는 고대의 역사적 문맥 속에 예수를 자리매김할 수 없다. 이른바 야기 세이이치처럼 '통합을 위한 규정'을 시좌視座 속에 넣고 있는 한 그것이 아무리 논리적으로 정합整合된다 하더라도 실제로는 예수를 역사에서 분리시켜 그 일반화·관념화를 조장하는 결과가 된다. 그리하여 다가와 자신은 예루살렘이라는 유대의 수도를 중심으로 예수의 제자 베드로의 지도 아래에서 형성되고 있던 원시 그리스도교 주류에 대해, 갈릴래아라는 변경의 민중적 입장에서 비판을 가하는 작업으로 '복음서'를 창출한 마르코의 입장을 높이 평가한다. 그리고 다가와는 이 마르코의 작업을 그 나름으로 철저히 파고들어 예수의 말 전승을, 기적 이야기 전승을 매개로 삼아, 역사적 전개 속으로 되돌림으로써 '역설적 반항아'로서의 예수의 삶과 죽음을 재현하려 했다.

나로서는 마르코가 직접 베드로의 지도를 받고 있던 제자 집단을 비판한 것으로 생각되지는 않으며, 예수 자신이 지향했던 '현실'이 바울로에 의해 '관념'으로 완전히 역전되었다고만 생각하는 것도 아니다. 그러나 예수에 관한 마르코와 바울로의 관점 사이에 명백히 차이가 있다는 점은 인정하지 않을 수 없다. 내 생각에 마르코는 죽음에 내몰린 예수의 **삶**에, 이에 비해 바울로는 삶의 '낮은 곳'으로서의 예수의 **죽음**에, 각기 그 시좌視座를 설정했다. 또한 마르코는 크게 보면 예수의 말 전승과 기적 이야기 전승에 의존하고 있고, 바울로는 이들 전승 계열과는 반드시 상통하는 것은 아닌, 예수를 '그리스도'로 고백하는 '신앙 고백 전승'에 의존한다. 그렇다면 마르코를 시조始祖로 하는 복음서 문학을 사료로 삼아 예수에 접근할 때, 불트만 학파의 다수 연구자들에게서 찾아볼 수 있듯이 바울로의 **관점**에 자신들의 **그것**을 겹쳐서 보는 것은 방법론적으로 옳지 못할 것이다.

또 불트만 학파가 묘사하는 『예수』에는 당시의 사회적 구조와 예수의 연관성이 완전히 빠져 있는 것도 다가와 겐조가 지적한 대로다. 이는 그들이 채용하는 실존론적 방법이 역사적 방법으로는 유효하게 기능하지 않는다는 증거일 것이다. 다만 다가와의 경우, 그의 입장에서 베드로와 바울로뿐만 아니라 마르코 이전의 예수에 관한 전승도 비판의 대상으로 삼을 때 전승 비판 관점에서 예수의 사상에 대해 성급하게 결론을 내리려 함으로써 전승 그 자체의 역사, 전승 담당자의 변화, 그 배후에 상정될 수 있는 사회적 요인, 특히 전승사와 예수의 관계에 대한 치밀한 고찰이 간과되는 아쉬움이 있다. 또 한 가지는, 과연 다가와처럼 예수를 그 생활 기반 위에서만 추체험하는 것으로, 바꿔 말하면 그런 기반 위에 구축된 예수의 신神 신앙을 비판적으로 지양止揚함으로써 예수의 행동과 사상을 **전체적으로** 이해할 수 있을지 그 여부를 물어봐야 할 것이다. 이 문제는 본론에서 살펴보기로 하고, 여기서는 전승으로부터 역사적으로 예수에 접근하는 방법의 가능성을 따져봐야 한다.

복음서의 전승사

불트만에 따르면, 마르코(서기 60년대)가 채용한 예수에 관한 전승은 그 '양식様式'에 따라 다음과 같이 분류된다.

A. 예수의 말
  1. 아포프테그마Apophthegma(예수의 말에, 그 말이 전승 과정에서 언어로 설파된 역사적 상황이 이야기 형식으로 사후에 덧보태진 것)
  2. 주主의 말(상황 묘사 없이 단독으로 전승된 예수의 말)

B. 이야기 자료
  1. 기적 이야기
  2. 역사 이야기

그런데 마태오와 루카(모두 70~80년대)는 위의 B의 많은 부분과 A의 일부를 마르코에게 빚지고 있으며, 그 밖에 양자 공통으로 예수의 말 자료(이것을 독일어로 '자료'를 의미하는 쿠엘레

Quelle의 두문자를 따서 'Q자료'라고 부른다)를 이용하는데 거기에 마태오와 루카에게 고유한 이른바 특수 자료를 보태서 각자의 입장에서 복음서를 편집했다.

요한(90~100년)은 위의 A, B 및 Q와 겹치는 부분도 채용하고 있는데, 그 많은 부분이 필시 B의 1과 부분적으로 겹친다. 또 요한은 그 시대에는 문서로 존재했던 것으로 보이는 '증거 자료'*에 의거하고 있고, 한편으로는 공관복음서(⟨마태오 복음서⟩, ⟨마르코 복음서⟩, ⟨루카 복음서⟩를 함께 대조하며 볼 수 있는 복음서로 간주해 '공관共觀복음서'로 총칭한다)의 경우와는 상당히 양식을 달리하는 예수의 말(예컨대 '나는……이다'라는 선언 형식, 예수의 '이별의 말' 등)을 이용해서 공관복음서와는 이질적인 관점에서 복음서를 썼다.

⟨도마 복음서⟩(150년 무렵)는 예수의 어록만으로 되어 있는데, 이 복음서의 말 전승을 더듬어 가면 위의 A 및 Q, 특히 루카의 특수 자료와 겹치는 부분이 많다. 그러나 이 복음서에서만 확인되는 미지의 예수 말은 대부분 도마(또는 그가 속한 교단)에 의해 —그리스도교 가장 초기의 이단이라 불리는— 그

---

* semeia source. 루돌프 불트만이 제창한 ⟨요한 복음서⟩에 '기적의 복음서'라는 자료가 사용되었다고 보는 가설. 공관복음서에는 없고 ⟨요한 복음서⟩에만 나타나는 기적 이야기들과 'semeia(기적)'란 표현이 ⟨요한 복음서⟩에만 나타난다는 사실에서 어떤 문서, 혹은 구술 자료가 존재했을 것으로 본다. – 옮긴이

노시스주의Gnosticism의 관점에서 창작된 것으로 생각된다.

어쨌든 요한과 도마는 공관복음서와 비교하면, 각각의 복음서를 편집할 때의 관점이 다르며 성립 연대도 후기에 속하기 때문에 예수에 관한 사료로서는 2차적인 것이다. 다만 본론에서 지적하겠지만 〈요한 복음서〉의 B의 1과 B의 2 중에 '수난 이야기 전승'에 해당하는 부분, 또 〈도마 복음서〉에서 Q와 겹치는 부분은 예수의 사료로서 무시할 수 없다.

그런데 M. 디벨리우스Martin Dibelius(1883~1947)는 복음서의 '양식사樣式史'적 연구를 통해 앞서 얘기한 전승 양식의 배후에 이런 여러 양식을 낳은 전승자들의 '생활의 자리'*로서, **원시 그리스도 교단의 의도적인 작업**이 자리 잡고 있었음을 확인했다. 즉 A의 1 및 B의 1 배후에 '설교說敎', A의 2 배후에 '훈계', B의 2 배후에 '설교'와 '제의祭儀'라는 교단의 '생활의 자리'가 있었다는 것이다. 그리하여 만일 전승 자체가 교단의 설교, 훈계, 제의라는 의도적인 작업에 봉사하는 형태로 그 양식이 형성되었고 거기에 내용이 채워져 전해졌다면 전승은 교단의 설립 이전에 활동한 예수와는 반드시 직접적으로 연결되지는 않는 셈이 된다.

---

* 독일어 Sitz im Leben에서 유래한 신학 용어. 기원후 100년 무렵까지의 그리스도교 원시 그리스도 교단이 예배와 교육, 훈련, 논쟁 등을 한 것으로 가정되는 장. – 옮긴이

이에 덧붙여, 최근 복음서 연구에 '편집사'적 방법이 도입되어 전승 자료에 대한 각 복음서 저자의 편집 작업과 편집의 관점에서 보이는 그들 고유의 사상이 확인되고 있다. 그리고 최근에는 복음서 전승 그 자체 ―특히 Q ― 속에 전승 담당자로서의 교단에 의한 편집 부분을 상정함으로써 그것을 실마리로 삼아 이른바 'Q교단' 사상을 밝혀내고 있다.(S. 슐츠Siegfried Schulz) 이런 연구의 성과는 복음서를 사료로 삼아 시행된 예수 상像의 역사적 복원을 점점 더 어렵게 만든다. 왜냐하면 복음서의 예수 상은 편집사적으로 보면 각 복음서 저자 또는 복음서 전승을 담당한 각 교단의 고유한 관점에 따라 그려진 예수의 여러 상들로, 그것이 반드시 예수의 원상原像과 합치하는 것은 아니기 때문이다.

따라서 이상의 사실들을 충분히 인식한 바탕 위에서, 지금 가능한 한 역사적으로 예수에 대한 전기를 집필하려 한다면, 예컨대 트로크메처럼, 위에서 얘기한 전승 양식에 의거해서 그런 전승 양식을 담당했던 집단의 예수상을 병렬적으로 묘사하지 않을 수 없게 될 것이다. 실제로 트로크메는 다음과 같은 순서로 예수를 묘사하고 있다. '주의 말로서의 예수' '아포프테그마의 예수' '이야기 전승의 예수' '비유 이야기의 예수' '기적 이야기의 예수' '공인으로서의 예수' '예수는 누구였나'. 그리고 트로크메가 채택한 방법의 새로움은, 비유 이야기 전승을 담당했던 집단의 배후에 소시민층을, 기적 이야기 전승을 담당했던 집단의 배후에 민간전승 담당자로서의 농민층을 각각 상정하고 있는 점이다. 그러나 그는 유감스럽게도 이런 전승자와 특정 사회층 간의 결합을 전승 양식 전반에 걸쳐 철저히 파헤치지 않고 있다. 이것이 후술할 우리의 방법에서 하나의 과제가 될 것이다.

그런데 이처럼 역사적 예수의 상을 복원하려 시도하는 이에게는 매우 비관적인 복음서 연구의 경향을 답습하면서도, 여전히 예수에 대한 역사적 접근의 길을 방법론적으로 열어갈 가능성이 적어도 나에게는 남아 있다는 생각이 든다.

그 하나는, 다가와 겐조가 지적한 것처럼, 편집사적 방법을 통해 확인된 마르코의 역사관이 그 관점을 갈릴래아 민중에 두고 예수의 말 전승에 기적 이야기 전승을 끼워 넣어 역사적 상황을 되돌리는 데에 기여한 것이라면, 어쨌든 〈마르코 복음서〉는 그 성립 연대가 다른 복음서들에 선행하고 있는 사실을 보더라도 예수에 역사적으로 접근하는 사료로서 비교적 신뢰성이 풍부한 것이라는 점이다.

다음으로 〈마태오 복음서〉는 예수의 가르침을 구약 율법의 완성으로 간주하는 마태오의 관점에서 편집되었다는 것이 편집사적 연구를 통해 밝혀져 있다. 하지만 이 복음서에는 유대인으로서의 마태오에 걸맞은 예수의 언행—여기에는 유대주의적 경향이 강하게 드러나 있다—과 함께, 이것과는 정반대의 경향을 보이는 예수의 말, 예컨대 '네 원수를 사랑하라'와 같은, 그 역사적 신빙성을 부정할 수 없는 말도 그대로 포함되어 있다. 이것은 〈마태오 복음서〉가 마태오 개인의 강력한 편집 작업을 통해 만들어진 것이라기보다 오히려 마태오가 소속된 교단 내의 여러 입장을 병치시키면서 최종적으로는 마태오 자신이 그 관점에서 통합 정리하려 한 결과로 봐야 할 것이다. 그렇다면 마태오의 편집 작업으로부터 예수 전승을 그 이전으로 되돌림으로써 비교적 믿을 만한 사료를 확정해 가는 것이, 편집사적 연구의 결과로 오히려 가능해진 셈이 된다.

〈루카 복음서〉의 경우 루카는 신에 의한 구원의 역사의 중심에 '시간의 중심'으로서 '그리스도'를 놓고, 그리스도의 '열두 사도'가 떠맡았던 예루살렘 원시 그리스도 교단의 역사 속에서 '진짜 이스라엘'의 완성을 보기 시작하면서, '시간의 중심'으로부터 '원시 그리스도 교단의 역사'를 질적으로 구별하고 있다. 그리고 루카는 이른바 이 '구제救濟 사관'의 관점에서 예수의 개인 지향성, 그것과 대비되는 사도들의 공동체(교단) 지향성을 각기 질적으로 다른 것으로, 대조적으로 묘사한다. 물론 그때 루카는, 예컨대 개인 지향성을 보이는 예수의 말을, 루카에게 고유한 공동체 윤리의 관점에서 손을 본 뒤 복음서 속에 편집했다. 그러나 루카가 '잃어버린 **한 마리의 양**' 비유의 원형이나 '선한 사마리아인' 비유처럼 다른 복음서에는 없는, 게다가 매우 신빙성이 높은 예수의 말을 자신의 복음서 속에 도입할 수 있었던 것은, 루카가 특히 예수의 개인 지향성을 강조하려 한 결과다.

한편 〈요한 복음서〉에서 예수는 십자가를 통해 하늘로 들려 올려진 '영광의 그리스도'의 '표지標識'로 그려져 있다. 그리고 여기에서도 예수의 이적은 요한의 해석에 기초한 편집을 거쳐 재현되어 있다. 그러나 그는 몇몇 경우 예수의 이적에 관한 전 승을 원형 그대로 남겨, 그 해석을 ─요한이 지향하는 방향으 로이긴 하지만─ 복음서의 독자들에게 맡긴다.

마지막으로, 〈도마 복음서〉에서는 도마의 사상을 예수에게 돌리는 말이나, 공관복음서와 병행並行되는 예수의 말에서도 도마의 편집이 가해진 부분을 상당히 많이 확인할 수 있다. 그 러나 이 복음서에는 적어도 형식적으로는 공관복음서의 전승 과 거의 다름없는, 또는 전승사적으로는 그것보다 더 이전의 단계를 보여주는 예수의 말도 보존되어 있다. 이것은 도마의 목적이 예수의 말 해석을 ─도마가 지향하는 방향으로─ 독 자들에게 촉구하는 데에 있다는 것을 보여주는 것이지만, 그 해석이 도마의 손을 거치지 않고도 가능한 경우에는 예수의 말을 전승 그대로 제시한 결과일 것으로 생각된다.

이상과 같이 복음서의 편집사적 연구를 통해 각 복음서 기 자들의 독자성이 드러나게 됨으로써, 거꾸로 거기에 비춰봐서 복음서에서의 전승 부분도 명확해지게 되었다. 그렇다면 우리 는 이 부분을 예수 언행의 사료로서 활용하기 쉬워졌다고도 할 수 있다.

그런데 이렇게 해서 획득한 전승을 사료로 삼아 적극적으로 역사적인 예수의 모습에 접근하는 방법을, 최근의 '문학사회학'의 방법이 시사하고 있는 것으로 보인다. 이것은 성서학의 경우, 종래의 양식사적 연구 방법과 연속되는 것으로, 나 자신도 오래 그것을 모색해 왔는데, 최근 독일의 젊은 신약학자 G. 타이센Gerd Theißen의 연구에서 동일한 방법을 확인할 수 있었다.(다만, 이 방법을 복음서에 적용한 **결과**는 타이센과 나의 경우 상당히 다르다) 즉 이것은 종래 양식사적으로 규명되어 있던 전승의 유형적 '생활의 자리'를 전승 형성의 '의도' 또는 '지향'으로 받아들이면서도, 또 그 밖에, 또는 그것을 넘어서 전승 **문학**을 담당했던 사람들의 생활 '행동'의 여러 '조건'들을 **사회학**적으로 밝혀내려는 것이다. 그때 이 조건들은 다음과 같은 세 가지 요인으로 분류된다. (1)사회경제학적 요인(전승자의 사회층). (2)사회생태학적 요인(전승자의 지역성). (3)사회문화적 요인(전승자의 언어와 가치관).

그런데 이 방법을 복음서 전승에 적용하면 ―논증은 본론에 양보하기로 하고, 여기에서는 결론만을 얘기해 둔다― 먼저 B의 기적 이야기 전승의 경우 그 최고층最古層을 담당했던 사람들의 행동 조건들은 (1)사회의 최하층, 특히 사회적으로 차별 대상이 되어 있던 이른바 '땅의 백성'(히브리어로 '암 하 아레츠Am Ha'aretz') 내지 '죄인', (2)갈릴래아의 농촌, (3)아람어, 사회(가족) 복귀의 가치 이념이 된다. 이에 대해 A의 말 전승의 경우 그 고층古層을 담당한 사람들의 행동 조건들은 (1)소시민층, (2)주로 갈릴래아의 도시, 다만 **가치**에서는 농촌 지향, (3)아람어, 사회(가족) 이탈·소유 포기의 가치 이념이 된다.

그렇다면 여기서 확인된 사회적 조건들 가운데서 예수 자신의 행동에서 보이는 사회적 조건들을 상당한 개연성을 갖고 추정할 수 있지 않을까. 즉 만일 그의 또는 그의 아버지의 직업이 목수고(〈마르코〉 6장 3절, 〈마태오〉 13장 55절), 그의 고향이 갈릴래아의 나사렛이었으며, 사용하는 언어가 아람어였다면, 그는 A의 말 전승을 담당했던 사람들과 그 사회적 조건들을 공유하고 있었던 셈이 된다. 그리고 그는 갈릴래아의 도시나 마을에서 '땅의 백성'과 어울리고(B의 (1)과 (2)), 주로 갈릴래아의 도시에서 소시민층과 얘기했다(A의 (1)과 (2)). 아마도 그런 행동이 기반이 되어서 예수 전승이 형성되고, 그것을 각각의 사회층에 속하는 사람들이 떠맡게 되었으며, 그들의 가치 이념에 적응하는 형태로 전승되어 갔다는 얘기가 된다. 이런 추정이 만일 성립된다면, 여기에서 볼 수 있는 전승의 **고층**古層, 특히 **최고층**最古層에는 원시 **그리스도 교단**의 '생활의 자리'를 형성하는 **교훈이나 선교나 제의**祭儀**의 의도는 아직 명확한 형태로 나타나 있지는 않았다**는 얘기가 된다.

어쨌든 예수의 언행을 전승사적인 연구**만으로** 확정하기는 불가능하다. 전승은 예컨대 그 원형이 복원되었다 하더라도 예수 자신이 스스로의 언행에 관한 기록을 남기지 않은 한, 그의 행동 양태는 전승자의 행동 양태를 거쳐서 이뤄진 로고스(언어)화이며, 그런 의미에서 2차적인 것이기 때문이다. 이것은 특히 예수의 말 전승에 타당한 것이라 할 수 있을 것이다.*

그러면 예수의 원상原像의 **역사적** 복원을 시도해 본다면, 예수의 행동 양태 중에서 역사적 개연성이 가장 높은 부분부터 문제를 다시 설정해야 한다. 내 생각에는 이 부분이 바로 예수의 십자가형이다. 십자가형의 역사적 사실성은 그리스도교 이외의 사료(F. F. 브루스Frederic Fyvie Bruce[1910~1990])를 보더라도 우선 부정할 수 없을 것이며, 예수 전승도 설사 그것들이 단편적으로 전해졌다 하더라도 궁극적으로는 십자가형으로 최고조에 달한 예수의 행동 양태의 '로고스화'였다. 한편 예수의 기적 이야기 전승이나 언어 전승과 전혀 그 성질을 달리하는 수난 이야기 전승의 고층古層에서 보더라도 예수가 이 십자가형에 이르는 길에서 당시 사회적으로 차별받고 있던 '죄수'와 동행한 것, 그리고 그러한 행동 양태가 이런 사람들을 차별함으로써 자신들의 사회 체제를 유지할 수 있었던 유대의 최고법원(산헤드린) 세력과 그 종교적=경제적 거점으로서의 신전

---

* 이런 의미에서 필자는 예수의 말 전승, 특히 Q자료(및 〈도마 복음서〉의 예수 어록)만으로 새로운 예수상을 복원하려는 미국 신약학자들의 최근 연구 성과에 회의적이다. 예컨대 버턴 맥Burton L. Mack(『잃어버린 복음서-Q자료와 새로운 예수상』)에 따르면, 예수는 그 라이프 스타일과 사상에서 키니코스학파Kynikos(견유파 犬儒派)와 흡사하다고 한다.

을 비판하기에 이르고 마침내 그 배후에 서 있는 로마의 국가 권력을 개입시키게 되는 결과를 수반하게 된 것도 역사적 사실로서 부정할 수 없는 것으로 생각된다.

따라서 이상의 전제로부터 예수 전승의 역사적 신빙성을 물으려 한다면, 그것이 한편으로 전승사적으로 최고층으로 거슬러 올라가는지의 여부가, 또 한편으로는 그것이 십자가형으로 그 최고조에 이르는 예수의 행동 양태에 곧바로 부합하는지의 여부가 문제로 될 수밖에 없다. 그리고 우리에게는 이 조건을 충족시키는 전승의 고층에서 비교적 신빙성이 있는 예수 사료를 찾아낼 수 있는 것이다.

역사가의 예수 연구

이상의 방법론적 성과들을 살펴본 토대 위에서 우리는 마지막으로 최근 역사가의 예수 연구와 그것에 대한 성서학자들의 반응을 검토해 보기로 하자.

먼저 J. 카마이클Joshua Karmicael은 역사적으로 부정할 수 없는 예수의 십자가형에 시선을 맞추고, 여기서부터 그의 삶의 정치적 의미를 묻는다. 이것은 역사가로서 당연하고 유효한 방법이지만, 유감스럽게도 여기에서는 위에서 얘기한 성서학자들의 사료 비판 성과가 완전히 무시되고 있다. 카마이클에 따르면, 예수는 스스로 '유대인의 왕'으로서 로마의 지배 체제에 반항하면서 무력 혁명을 시도한 결과, '젤로타이'Zelotai('열심당熱心党'의 그리스어. 당시의 종교적·정치적 반로마 급진주의자들)의 한 사람으로서 로마의 유대 총독에 의해 황제에 대한 반역죄로 몰려 십자가형에 처해졌다. 이런 주장은 그것 자체로는 별로 새로운 것은 아니다. 이런 유형의 테제는 이미 19세기 이래, 주로 유대계 학자들에 의해 반복되어 왔다. 다만 주목해야 할 것은 이것과 유사한 테제가 영국의 종교사학자 S. G. F. 브랜던Samuel George Frederick Brandon(1907~1971)과 일본의 서양사학자 도이 마사오키土井正興(1924~1993)에 의해 거의 때를 같이해서, 그것도 서로 독립적으로 제기되었다는 점이다. 하지만 도이의 경우는 '암 하 아레츠'('땅의 백성')와 함께 서 있던 예수의 관점과 그의 '젤로타이'적 입장을 올바르게 구별하고 있다. 그러나 도이에 따르면, 예수는 자신의 '암 하 아레츠'와 함께 서는 입장(그들을 종교적으로 구제하려는 입장)과 젤로타이 지향성(정치 혁명 지향성)을 통일해서 유효한 혁명 이론을 확립하고 행동을 조직화하는 데 실패했기 때문에 그의 운동이 좌절당했다고 본다. 이처럼 도이가 예수 자신의 언행 속에서 젤로타이적 요소를 적극적으로 인정하고 있는 한 내게는 도이도 궁극적으로는 카마이클이나 브랜던과 동일한 지평 위에 서 있는 것으로 생각된다. 어쨌든 이들 역사가가 쓴 노작은 1960년대 후반에 이쪽이든 저쪽이든 급진적 그리스도교 신자 학생들 사이에서 널리 읽힌 사실로 보더라도 하나의 시대적 산물이라고 할 수 있을 것이다. 미야타 미츠오宮田光雄에 의해 일본에도 소개된, 독일을 중심으로 구미에서 유행한 이른바 '혁명의 신학'도 '1960년대 현상'의 하나라고 할 수 있지 않을까.

당연하겠지만, 이에 대해 성서학자들 쪽에서 반론이 제기되었다. 그 전형이 쿨만Oscar Cullmann(1902~1999)의 『예수와 당시의 혁명가들』일 것이다. 그에 따르면 예수는 '혁명가들'(젤로타이)보다도 더 급진적radical이었다. 왜냐하면 예수는 그 종말론을 통해 혁명가들의 궁극적 목표인 이 세상에 '신의 나라'를 건설하는 것과 그 수단으로서의 정치적 프로그램조차 거부했기 때문이다. 예수가 문제로 삼은 것은 오히려 정치·사회적 지평을 초월한 인간의 정신 상태, 즉 '개인의 마음의 회개'였다.(M. 헹겔의 『예수는 혁명가였나』도 거의 비슷한 논지를 전개한다) 이 문제에 관해서는 중립적인 입장에 있는 것으로 생각되는 서양사학자 한다 모토오半田元夫(1915~1977)의 예수의 죽음을 둘러싼 여러 학설들의 정리, 소개는 참으로 주목할 만한 성과이다. 그러나 한다 모토오 역시 적어도 그 결론에서 쿨만 설을 넘어서고 있다는 생각은 들지 않는다.

이상 요컨대 예수를 혁명가로 보는 역사가들과 거기에 반대해 예수를 정신의 변혁(개혁)자로 보려는 성서학자들은 모두 정치와 종교를 두 개의 다른 영역으로 구별하는 **근대적** 발상에서 자유롭지 못하다. 그래서는 예수를 **고대의** 역사적 문맥 속에서 그 위치를 설정하는 것은 불가능하지 않을까.

이하에서 나는 가능한 한 엄밀한 사료 비판을 통해 예수 전승의 고층을 발굴해서 이를 사료로 삼아 이 전승을 담당했던 사람들—그들은 모두 서민층에 속한다—에게 시선을 맞추면서, 십자가의 죽음으로 최고조에 이른 예수의 행동 양태에 대해 이 시대의 역사, 그중에서도 특히 사회 구조와의 관계를 통해 접근해 갈 것이다. 그것을 위해서는 우선 예수 시대의 역사적–종교사적인 여러 가지 양상을 전체적으로 파악해놓을 필요가 있다.

02

시대

예수의 탄생과 사망 연도

예수는 아마도 헤로데 왕 치세(기원전 37~4년) 말기에 갈릴래아의 나사렛 마을에서 태어나 기원후 30년 무렵 유대의 수도 예루살렘에서 로마의 유대 총독 폰티우스 필라투스Pontius Pilatus에 의해 십자가형에 처해진 것으로 보인다.

그렇지만 예수의 탄생 연도를 기원전 7년으로 보는 설(슈타우퍼, 유게 토루크削達)이 있고, 또 그의 사망 연도를 기원후 31년, 또는 32년으로 보는 설(슈타우퍼, 유게, 도이)이 있다. 나 자신은 예수가 기원전 4년 무렵에 태어나 기원후 30년에는 처형당한 것으로 생각되는데, 그 논거를 제시할 용의도 충분히 있다. 그러나 그 어느 설도 궁극적으로는 〈마태오〉와 〈루카〉 두 복음서의 탄생 이야기, 또는 네 복음서의 수난 이야기의 증언에 의존하지 않을 수 없다. 그리고 이런 이야기들은 ―나중에 지적하겠지만― 전승사적으로는 비교적 새로운 전승 단계에 속하며, 또 이야기 전체 속에 각 복음서 기자에 의한 편집 부분이 많기 때문에 그 어느 것도 연대 결정 사료로서는 확실성이 결여되어 있다. 또한 예수의 생몰 **연대 설정**에 관한 논의가 그의 행동이나 사상에 그다지 중요한 의미를 갖고 있다고 생각하지는 않으며, 지면의 제한도 있기 때문에 이 문제에 관한 나의 견해에 대한 논증은 모두 생략하기로 하겠다.

다음에 문제가 되는 것은 예수의 탄생지다. 전통적으로는 〈마태오 복음서〉 1~2장과 〈루카 복음서〉 2장에 따라, 예수는 유대 마을 베들레헴에서 처녀 마리아가 낳은 것으로 사람들은 믿고 있다. 그러나 가장 오래된 〈마르코 복음서〉도, 그 대부분이 〈마르코 복음서〉 이전에 쓰인 바울로의 편지도, 나아가 복음서 중에서 가장 후기에 쓰인 〈요한 복음서〉도 예수가 베들레헴에서 처녀 마리아의 몸에서 태어났다는 것에 대해서는 아무런 증언도 하고 있지 않다. 뿐만 아니라 〈요한 복음서〉 7장 41~43절에서는 예수가 그리스도(구세주)라면 유대 왕의 자손으로 다윗의 탄생지인 베들레헴에서 출생했어야 하는데 예수의 출생지는 갈릴래아라고 주장하고 있다. 한편 〈마르코 복음서〉 12장 37절뿐만 아니라 〈마태오 복음서〉 22장 45절, 〈루카 복음서〉 20장 44절도 예수가 다윗의 자손임을 부정하고 있다. 이 구절들에는 예수가 '사람의 아들'* 또는 '주±'로, 즉 초지상적인 존재로 신봉되고 있으며, 예수는 설령 '그리스도'일지라도 다윗 왕의 자손으로 이어지는 단순한 지상의 왕은 아니라는 주장이 보인다. 그리고 매우 흥미롭게도 〈마태오 복음서〉나 〈루카 복음서〉가 전하는 처녀 수태에 의한 탄생 이야기 자체 속에 한편으로 예수가 '다윗의 아들'로서 베들레헴에서 태어났다는 전승이 있는가 하면, 다른 한편에서는 예수가 초지상적 존재로 **처녀**한테서 태어났다는 전승이 겹쳐져 있다. 만일 예수가 처녀한테서 태어났다면 무엇 때문에 예수, 그리고 마리아와도 관계가 없는 **요셉의 족보**를 다윗에게까지 거슬러 올라가게 할 필요가 있었을까.(〈마태오〉 1장 1~16절, 〈루카〉 3장 23~38절) 게다가 그것을 마태오는 다윗을 넘어 아브라함으로까지, 그리고 루카는 나아가 신에게까지 거슬러 올라가게 하고 있다. 이런 처녀 수태에 의한 탄생 이야기에는, 예수를 '다윗의

---

* '사람의 아들the Son of man'은 예수를 지칭하는 표현으로 그리스어 성서의 네 복음서에 81회 등장하고, 〈사도행전〉, 〈요한 묵시록〉에도 나온다. 히브리어의 토라Torah에도 100회 이상 등장하는데 구약의 '사람의 아들ben-adam'이란 표현은 단순히 최초의 인간 아담의 후손으로서의 인간을 가리키는 것인데 비해 신약성서의 '사람의 아들'은 오직 예수만을 가리킨다. 이 '사람의 아들'이란 표현은 초기 그리스도교에서부터 예수의 신성을 둘러싼 뜨거운 논쟁의 주제였으나 현재에 이르기까지 학자들 간에 그 의미를 두고서 합의가 이뤄지지 않고 있다. 한편 구약성서에서 '신의 아들'이란 표현은 신과 특별한 계약을 맺은 이스라엘 민족을 가리켰으며, 솔로몬 왕이나 천사, 역대 이스라엘의 왕들도 '신의 아들'로 지칭되었다. ─옮긴이

아들' 그리스도로서 믿는 신앙이, 아마도 그것에 대한 유대교 쪽으로부터의 비판에 자극받아 예수를 '신의 아들' 그리스도로 믿는 신앙에 의해 초월되어가는 전승의 과정, 또는 복음서 기자들의 편집 흔적을 인지할 수 있다. 따라서 역사적 사실로서는 모든 복음서가 공통적으로 예수에 대해 사용하고 있는 술어인 '나사렛 사람' 또는 '나사렛 출신자'를 글자 그대로 받아들여 예수의 출신지를 갈릴래아의 나사렛으로 봐야 할 것이다.

어쨌든 우리에게 중요한 것은 예수 시대의 정치적·사회적·종교적 배경을 가능한 한 정확하게 파악해 놓는 일일 것이다.

정치적 배경

유대 남쪽에 인접한 이두매아 출신의 '반半유대인' 헤로데는 그 혈통, 권력욕, 잔인한 성격 때문에 유대인들에게는 증오의 대상이었으나 그의 탁월한 정치 수완에 의한 친로마 정책의 공로 덕분에 로마 황제 아우구스투스로부터 '맹방의 왕rex socius'이라는 칭호와 지위를 받아 약 30년간 팔레스티나 전역에 그 권세를 자랑했다. 그러나 그의 사망 뒤 이 지역은 아우구스투스의 승인 아래 그의 세 아들에게 분할되었다. 즉 유대와 사마리아와 이두매아는 아르켈라오스에게, 갈릴래아와 페레아는 안티파스에게, 이투레아와 테라코니티스를 포함한 북 트랜스요르단 지방은 필리포스에게 분할 상속되었다. 그때 그들에게는 아버지 헤로데와 같은 '왕'의 칭호는 주어지지 않고 아르켈라오스는 '민족 지도자'(에트나르케스), 안티파스와 필리포스는 그것보다 한 단계 낮은 '분봉 지도자'(테트랄케스)라는 칭호를 얻는 데 그쳤다. 그리고 안티파스는 기원후 39년까지 필리포스는 34년까지 그 지위를 유지했으나 아르켈라오스는 이미 기원후 6년에 유대로부터 추방당했으며, 이후 그의 영지는 로마 황제 관할 속주로 편입되어 '유대 주州'로서 로마의 총독(Praefectus 또는 Procurator)의 직할 통치를 받게 된다.

그렇다고 하면 예수가 그의 공적인 생애를 보낸 시기(28/29~30년 무렵)는 갈릴래아에서는 헤로데 안티파스의, 유대에서는 로마 총독의 치세에 해당되는 셈이다. 예수는 그 생애의 대부분을 갈릴래아에서 보냈고, 갈릴래아는 유대에 비해 풍토적으로도 사회적으로도 고유성을 지니고 있었던 것은 사실이다. 그러나 정치적·종교적으로 갈릴래아는 압도적으로 유대의 지배 아래에 있었다. 즉 정치적으로는 갈릴래아의 영주 헤로데 안티파스도 로마인 유대 총독의 허수아비에 지나지 않았으며, 종교적으로는 갈릴래아도 철저히 유대교화되어 있었다. 이것을 염두에 두고서 먼저 유대의 상황부터 고찰해 나가기로 하겠다.

유대와 사마리아와 이두매아의 영주 아르켈라오스는 거듭되는 실정, 특히 그의 유대교 대사제에 대한 탄압 정책과 불법적인 결혼 때문에 끊임없이 유대인의 반항에 부닥쳤는데, 결국 유대인 지배자(귀족 사제와 대토지 소유자)층이 불구대천의적인 사마리아인과 손잡고 아르켈라오스를 황제 아우구스투스에게 참소讒訴하는 지경에까지 이르렀다. 황제는 참소를 받아들여 아르켈라오스의 영토 내에 있는 재산을 몰수하고 그를 갈리아로 추방했다. 유대인 지배층과 로마 황제의 이런 용이한 유착은 얼핏 기이하게 생각될지도 모르겠다. 그러나 실은 거기에 양자의 이해가 일치했기 때문이었다. 이미 기원전 4년에, 즉 헤로데 왕이 사망한 해에 유대인 지배층, 유대교도는 신 외에 왕을 섬기지 않는다는 이유로 팔레스티나를 로마의 시리아 주州로 편입시켜 달라고 황제에게 탄원서를 제출했다. 이런 유형의 청원은 표면적으로는 종교적으로 그럴싸하게 위장을 했지만 실제로는 유대인 부유층이 자신들의 재산을 헤로데 가문이 잠식해 오는 것으로부터 지키려는 자위 수단이었다. 기원전 4년에는 헤로데의 자식들의 정치 수완이 유대인 지배층보다는 우위에 있었기 때문에 그들의 청원은 실현되지 않았다. 하지만 이번에는 이런 유형의 청원이 무능한 영주의 중개와 중간착취를 거치지 않고 유대 지방을 직접 지배 아래에 두려 하고 있던 로마 쪽의 이해와 제대로 일치하는 결과가 되었다. 로마 황제는 유대인 지배층에게 신앙의 자유와 어느 정도의 자치를 인정하고 그들의 재산에 보호막을 제공하기로 약속했으나, 실제로는 아르켈라오스의 옛 영지를 시리아 주로 편입하지 않고 오히려 이것을 시리아 주와 나란히 황제 관할 속주, 이른바 '유대 주'로 만들어 황제의 직할령으로 만들었다. 이렇게 해서 유대인의 일부 특권 계급은 황제의 보호하에 '평화'를 누렸지만, 대부분의 유대 민중은 아르켈라오스의 치세 때보다도 못한, 새롭게 로마 측에서도 부과된 중세重稅를 견딜 수밖에 없는 궁핍한 상황으로 떨어지게 되었다. 갈릴래아의 유다가 호적 조사 거부를 슬로건으로 봉기를 일으킨 것은 정확히 이 해에 해당되는데 이 문제에 관해서는 뒤에서 다룰 것이다.

그 이후 유대 주는 로마의 총독의 통치를 받게 되었다. 폰티우스 필라투스는 유대 주의 5대째 총독에 해당하며(26~36년 재직), 그 시대가 되면 황제는 아우구스투스에서 티베리우스(14~37년 치세)로 바뀌었는데, 필라투스는 로마에서 황제 이상으로 실권을 휘두르고 있던 친위대장 세야누스의 비호도 얻어서 유대인에 대한 탄압 정책으로 일관했다.

유대 주 총독이 이집트 주 총독과 마찬가지로 프라이펙투스(기사 신분으로, 주로 속주 재정 업무를 황제 대신 행사하던 관료)였는지, 프로쿠라토르(마찬가지로 기사 신분으로, 황제의 사적인 군사·사법권을 속주에서 대행)였는지, 아니면 이 두 직무를 모두 갖고 있었는지, 이 문제에 대해서는 논의의 여지가 있다. 유대교 쪽 사료에 따르면, 필라투스는 프라이펙투스로도 불렸고 프로쿠라토르로도 불렸는데, 그가 실제로 수행한 기능은 복음서를 통해서 보더라도 오히려 군사·사법권에 관한 것이 많기 때문에 일반적으로는 프로쿠라토르로 간주되고 있었다. 그러나 1961년에 카이사리아Caesarea에서 발견된 비문에서 PON]

TIUS PILATUS[PRAE]FECTUS라는 문자가 판독된 이래 '폰티우스 필라투스'의 정식 직명이 '프라이펙투스'였다는 것이 확인되었다.(D. 플루서David Flusser) 다만 이 경우의 프라이펙투스는 프로쿠라토르의 직권도 함께 갖고 있었던 것으로 생각된다. 따라서 필론Philon이 필라투스에 관해 '유대의 프로쿠라토르에 임명된 프라이펙투스의 한 사람'이라고 쓴 것은 새로 발견된 사료를 통해서도 그 정확함이 뒷받침된 것으로 봐도 좋을 것이다.

그런데 로마의 총독이 유대 주에서 소유하고 있던 최대의 권한에는 징세권이 있었다. 이것은 '호적 조사'를 통해 부과된 인두세人頭稅, 지조地租의 직접세와 이동세, 시장세 등의 간접세로 이뤄져 있으며, 로마 총독과 계약을 맺은 '징세 청부인들 Publicani'을 통해 ― 직접적으로는 그들에게 고용된 '세리'에 의해― 징수해 바로 황제의 금고Fiscus에 넣었다. 군사면에서는 유대 주 총독은 5개의 '천인대千人隊(코호르스Cohors)'로 구성된 '보조군'補助軍(아우크실리아Auxilia)을 장악하고 그중에서 4개 코호르스를 총독이 상주하는 카이사리아(가이샤라)에, 1개 코호르스를 예루살렘에 배치했다. 그 밖에, 사법권으로는 예수 시대에 정치범에 대한 사형집행권을 갖고 있었을 것이다. 그리고 이런 직권들 이외의 모든 것은 유대인의 자치기관인 '최고 법원Sanhedrin'에 위탁되어 있었다.

유대 최고법원의 꼭대기에는 '대사제(아르키에레우스)'가 있었고, 그 자리에 있는 인물은 '유대인의 원수元首(프린케프스)'라고 불릴 정도의 절대 권력을 적어도 유대 민중에 대해서는 쥐고 있었다. 대사제직에는 전통적으로 사두가이파 자손들이 앉아 있었는데, 하스몬 왕조 시대(기원전 134~63년)에는 왕이 대사제를 겸직했고, 로마 폼페이우스에 의해 왕조 체제가 폐지된(기원전 63년) 이후에도, 그리고 헤로데 가문의 치세 중에도 모두 당시 위정자의 꼭두각시 같은 존재이긴 했지만 하스몬가의 사람들이 그 자리를 지켰다. 그러나 기원후 6년에 아르켈라오스의 영지가 황제 직할 속주로 편입된 시점에 반反아르켈라오스 운동의 공적을 인정받은 안나스Annas(사두가이파의 귀족 사제)가 시리아 주 총독 퀴리니우스Quirinius에 의해 대사제에 임명되었으며, 이후 그는 로마 당국의 절대적 신임을 얻어 그가 그 자리에서 떠난(15년) 뒤에도 5대에 걸쳐 안나스 집안에서 대사제가 임명되었고, 예수 시대의 대사제 카야파(18~36년 재직) 때도 실제로는 오히려 안나스가 대사제로서의 실권을 쥐고 있었다.

어쨌든 최고법원에는 이 대사제 아래 8명 내지 10명으로 구성된 최고평의원회 조직이 있고 그 구성 멤버가 '수석 사제들Archiereis' 또는 '관리들Archontes'이라 불렸다. 이 자리는 귀족 사제와 귀족 신도들(모두 대토지 소유자들)이 차지했는데, 전자는 신전에서의 제의 집행의 장長 역할을, 후자는 주로 신전 금고 관리 역할을 수행했다. 게다가 대사제가 집무할 수 없는 경우에는 그 역할을 신전 수비대장이 대행하는 것으로 되어 있었다. 물론 그의 본래 직무가 신전 수비대를 통솔하는 것이었으므로 당시 유대에서는 종교(입법·사법)와 정치(행정·군사)가 얼마나 밀접하게 결합되어 있었는지를 알 수 있을 것이다. 한편 신전 금고 관리자는 이른바 '수확의 첫 이삭', 나아가 축제일마다 ―특히 디아스포라(국외 이주) 유대인들로부터― 봉납된 막대한 양의 공물 외에 20세 이상의 모든 유대인들로부터 매년 징수하는 신전세(이른바 '2드라크마')를 관리 운영함으로써 유대 국내의 재무를 담당했다. 뿐만 아니라 신전에서 일하는 사제들의 생활 유지를 위해 하급 사제인 '레위인'을 파견해서 이스라엘의 전통적인 이른바 '십분의 일세'를 민중으로부터 거둬들였다. 게다가 그 시대에 로마 제국과 대치했던 동쪽의 파르티아 왕국과 유대 당국 사이에는 친교가 있어서 파르티아 왕국에서 유대 신전으로 상당한 공물이 반입되고 있었다고 전해진다.(C. 코르베)

최고법원(산헤드린)은 대사제를 우두머리로 해서 70명의 의원으로 구성되었다. 그것은 앞에서 말한 사제들과 관리들 외에, '장로들'과 '율법학자들'로 이루어졌다. 전자는 귀족 신도(대토지 소유자), 후자는 주로 소시민층의 이익을 대표했다. 그리고 전자가 여당적, 후자가 야당적 성격을 지녔고, 전자의 다수가 '사두가이파Sadducees'에 속했고 후자 중에는 동지적 결합 그룹으로 유명한 '바리사이파Pharisees'가 있었다.

사두가이파와 바리사이파

사두가이파의 호칭은 이스라엘에서 가장 유서 깊은 사제 가문 '사독(차독)'에서 유래했다고 한다. 또한 일설에 의하면 이 호칭은 '의를 행사하라'는 의미의 히브리어 '사독'으로 거슬러 올라간다고도 한다. 어찌되었든 그들은 전통주의, 보수주의의 입장을 취했고, '모세의 율법' 내지는 '모세 오경'(구약성서 최초의 다섯 책)만을 성스러운 문서로 보고, 여기에 속하지 않는 그 이후의 시대에 성립되었다고 전하는 새로운 사상—예를 들면 율법의 부연 해석에 의한 법의 세칙, 천사론, 부활 사상 등—을 일절 인정하지 않았다. 정치적으로 그들은 유대 사회의 경제적 상층과 밀착해 있었던 만큼, 외국 지배 세력에 대해서는 일반적으로 협조 정책을 취했다. 그 때문에, 예를 들면 부활 사상의 부인은, 당시의 세계 체제 사상인 헬레니즘, 로마 사상을 수용한 결과라고도 설명할 수 있다. 그런 의미에서, 사두가이파의 보수적 국민주의는 자유주의로서 기능하는 것도 가능했다. 실제로 사두가이파는 기원전 66년에는 로마군으로부터 신전 제의를 지키고, 신앙의 자유를 확보하기도 했다. 그러나 예수 시대에는 로마의 괴뢰적 존재였던 안나스 가문의 대사제, 사제들, 장로들과 밀착하는 것에 의해 체제를 사상적으로 옹호하는 역할을 다하고 있었다.

이에 대해 '바리사이파'는 '분리자'를 의미하는 히브리어 '페루심perushim'에서 유래한다고 본다. 그들은 실제로, 율법을 지키지 않는 사람, 이른바 '암 하 아레츠Am ha'aretz(땅의 백성)'의 부정不淨으로부터 자기를 '분리하는' 것으로, 종교적 청정의 이념을 세속 안에서 관철하고, 그 무대를 그들의 동지적 결합 '하부라havurah' 안에 형성하고 있었다. 그때 그들이 선택한 수단은 '율법'의 부연 해석이었다. 그 목적은 원래, 오래된 율법에서 그 '이념ratio'을 추출해, 그것을 해석함으로써 새로운 시대에 그것을 살리려는, 말하자면 율법의 '합리화'에 있었다.(M. 베버) 그들이 사두가이파와 다르게 천사론이나 부활 신앙을 적극적으로 받아들인 것도, 모세 오경에 고유한 '신의 사자(천사)'의 개념이나 일원적 인간관을, 페르시아에서 도입된 신사상이나, 마카베오 전쟁(대 시리아 해방 전쟁[기원전 168-164])으로 순교자가 나오는 새로운 사태에 대해 곧바로 응하기 위해 해석한 결과이다. 이러한 법이념의 현실적 해석에 의거한 그들의 합리주의는, 타국의 지배 세력에 기대어 법의 정신을 모호하게 만드는 사두가이파, 또는 법을 준수하지 않는 '땅의 백성'으로부터 스스로를 분리했을 뿐 아니라, 마카베오 전쟁 시대에 함께 '경건파Hasidim'로서 시리아에 대해 저항 운동의 구심점이 되었던 예전의 그들의 동지, 이른바 묵시문학적 급진주의자들로부터도 결별하게 만들었다. 이 급진주의자들은 ─뒤에 나오지만 그들 중에도 다양한 분파가 존재했다─ 종말의 때에 구세주(메시아, 이것의 그리스어 역이 '크리스토스[그리스도]', 원래는 '기름 부어진 자', 즉 '왕'을 의미)에 의해 도입되는 신의 나라를 위해, 현실에서의 일체의 정치적, 종교적 타협을 거부했으며, 그 결과 영적 열광에 기초한 예언 활동을 행하고 있었다. 이에 대해 바라사이파는, 예언자의 시대는 이미 지나갔다는 인식에 기초해, 법이념을 지상에서 관철함으로써 신의 나라를 건설할 수 있을 것으로 기대했다. 그 결과, 율법과 그것의 해석에 기초한 세칙을 지키지 않는 자는 구원받지 못한다고 하는, 이른바 율법주의에 빠지는 경향은 충분히 있었지만, 이 경향이 전경前景으로 떠오른 것은 기원후 70년 이후에, 바리사이파가 유대교 정통파의 위치에 오른 뒤의 일이고, 예수 시대에 이런 경향을 읽어내려는 것에 관해서는 신중해야 할 필요가 있다. 또한, 주로 바리사이파 출신의 율법학자들은 '랍비(교사)'라고 불렸고, 갈릴래아도 포함한 지방 각지에 설립된 '회당synagogue'에서 예배를 올리고, 민중에게는 율법 교육을 펼쳤다. 산헤드린에서는 장로들이 보수 세력을 대표한 데 반해, 그들은 도시(주로 예루살렘)의 소시민 계급을 배경으로 혁신 세력을 대표했다. 그들 자신이 대부분 일상생활에서는, 피혁공, 천막 제작자, 목수 등의 수공업에 종사하고 있었다.

사회 구조

이처럼 유대의 최고법원은 사회적으로는 귀족 사제와 대토지 소유자, 그리고 수공업자를 중심으로 하는 소시민층의 이익 대표자들로 구성되어 있었고, 사두가이파와 바리사이파는 각각의 사회층의 존립을 종교적으로 정당화하는 역할을 하고 있었다. 그러나 당연한 일이겠지만, 유대 사회 전체는 최고법원에 그 이해를 직접 반영시킬 수 없는 압도적 다수의 민중에 의해 지탱되고 있었다. 그렇지만 이들 민중의 목소리가 어느 정도 바리사이파 율법학자들을 통해 유대 지배층에 전달되고 있었으리라는 것은 부정할 수 없다. 바리사이파 중에는 예컨대 힐렐Hillel같은 '땅의 백성' 출신자도 소수이긴 했지만 존재했기 때문이다. 하지만 민중은 전체적으로 경제면에서는 로마 당국자, 대토지 소유자들의 착취 대상이 되었고, 종교적·사회적으로는 바리사이파 등으로부터 명백히 차별을 받고 있었다.

먼저 주의해야 할 것은 예수 시대의 유대에서는 아직 대토지 소유자와 대상인이 분리되어 있지 않았다는 사실이다. 예를 들어 대토지 소유자는 그들의 광대한 토지에 발삼나무나 종려나무를 심어 거기서 채취하는 고가의 약품이나 향료를 수출해서 막대한 이익을 얻고 있었을 뿐 아니라 밀까지 ―국내 수요조차 충분하지 않았음에도― 그들의 이익을 위해 수출 대상으로 삼았다. 한편 그들은 국내에서는 곡물 매점을 수단으로 동원하는 투기를 통해 악랄한 거래를 했다. 곡물 은닉이 자행된 것은 〈잠언〉 11장 26절에도 이미 드러나 있다. '곡물을 숨기고 팔지 않는 자는 백성의 저주를 받으리라. 그것을 파는 자의 머리에는 축복이 내려질 것이다.'* 이것이 랍비 문헌으로 가면 ―랍비들 다수가 소시민층에 속해 있었다― 그들에 대

한 원망의 소리로 가득 차 있다. 예컨대,

축제(초막절)의 마지막 날 저녁이 되면 모든 사람들이 연기를 올려다봤다. 그것이 북쪽으로 흘러가면 가난뱅이들은 기뻐했고 토지 소유자들은 슬퍼했다. 왜냐면 그해에는 많은 비가 내려 곡물이 (감춰 두더라도) 썩어버리기 때문이다. 연기가 남쪽으로 흘러가면 가난한 사람들이 슬퍼하고 토지 소유자들이 기뻐했다. 왜냐면 그해에는 비가 적어 토지 소유자들이 곡물을 은닉해 둘 수 있었기 때문이다.

그 밖에도 '비를 가져다주는 구름은 시장 가격을 결정하는 자에게는 흉조다. 비는 많은 수확을 안겨줘 값이 내려가는 원인이 되기 때문이다'라는 의미의 말이 있는데, 여기에는 물론 시장의 공급량을 조절할 수 있는 사람들이 시장 가격을 결정한다는 것이 전제가 되어 있다.

그리하여 대토지 소유자들은 풍작이 드는 해에는 곡물을 은닉해 둘 수가 없어 그것을 터무니없는 싼 가격에 방출할 수밖에 없었다. 그러나 이는 동시에 잉여 곡물을 거의 갖고 있지 못

---

* 〈공동번역성서〉와 〈가톨릭성경〉에는 단순히 '곡식을 내놓지 않으면……'
이라고 되어 있어 원문의 monopolize란 단어의 의미가 누락되어 있다.
따라서 여기에서는 저자의 성서 해석에 따랐다. – 옮긴이

한 소농민들도 부당한 헐값으로 곡물을 강제적으로 팔 수밖에 없는 결과를 수반했다.

이런 상태에서 특히 고대에는 곡물 생산이 자연적 조건에 크게 지배되고 있었기 때문에 시장 가격을 일정한 선에서 유지하는 것은 아예 논란거리가 되지 않았다. 예컨대 곡물 4세아 Seah(1세아는 약 13리터)의 통상적인 가격은 1셀라였다. 구체적으로 말하면, 한 양동이 정도의 곡물 가격은 날품팔이 노동자의 하루 평균 임금에 해당하는 1데나리온이었다. 그런데 흉작이 든 해에는 그것이 그 16배로 뛰어 올랐다. 게다가 예루살렘의 시장 감독관은 됫박의 크기는 감독했지만 가격을 감독하지는 않았다.(이상 H. 크라이시히Heinz Kreißig[1921~1984] 참조)

이런 대농장 경영에 입각한 이른바 고대 자본주의 경제기구는 로마 시민 공동체의 입장에서 거시적으로 보면 노예를 비롯한 이른바 '외부인Peregrini'에 대한, 그리고 이를 속주인 유대 자치공동체 입장에서 보면 소농민에 대한 경제적 착취에 의해 지탱되고 있었다. 유대 농민들은 ―그것이 대토지 소유자들에 고용되어 있는 소작인들이 아니라― 소토지를 사유하는 독립 자영농민의 경우에도 많은 경우 그 농기구를 대토지 소유자들로부터 돈을 빌려 사든지 그들로부터 일정한 금액으로 현물을 대여받든지 해서 농사를 지어야 하는 상태에 놓여 있었다. 게다가 그 빌린 돈 내지 빌린 재물에는 율법으로 금지되어 있었음에도 실제로는 이자가 붙었다는 사실은 랍비 문헌에서도, 복음서에서도(〈마태오〉25장 27절) 확인된다.

이런 상태에서 어느 정도 생활 조건을 안정시키기 위해 소농민은 일반적으로 가내수공업이나 소규모 가축(주로 양) 사육, 그리고 갈릴래아에서는 어업 활동을 했다. 그러나 그래도 생활을 유지할 수 없는 악조건 아래서는 땅을 포기하고 스스로 소작인이 되든지, 도시에 나가 날품팔이 노동자가 되든지, 아니면 부채 노예가 되든지, 여자의 경우는 몸을 팔든지 어느쪽이든 선택할 수밖에 없었다. 물론 유대에서 노예는 ―다른 로마 속주들의 경우와는 달리― 7년마다 오는 안식년에는 자동적으로 해방된다는 관습이 있었기 때문에 그들은 비교적 인도적 대우를 받았을 것이다. 하지만 실제로 또 완전하게 이 관습이 지켜지고 있었는지는 의문이며, 또 설사 그것이 준수되고 있었다고 하더라도 해방 뒤에 스스로 또다시 노예가 된, 또는 노예가 될 수밖에 없었던 사례도 확인되고 있다. 특히 그런 상태에 있는 농민이 불구자가 되거나 중병에 걸렸을 때는 대상인大商人에게 독점되어 있는 고가의 약품을 입수하는 것이 거의 불가능했던 그들에게 그 비참은 극에 달했을 것이다.

물론 여기서도 고대사회에서는 예외적이었던 빈민 구제 조직이 유대에는 있었다는 사실을 들 수 있을 것이다. 그러나 그 조직이 유효하게 기능하고 있었다는 예증을 우리는 확인할 수 없다. 또 설사 그런 구제 조직에 일정한 평가를 해준다고 하더라도 유대 사회에서 ―물론 가난한 자의 입장에서 볼 때― 최악의 사태는 소규모 가축 사육자, 날품팔이 노동자, 매춘부, 노예, 불구자, 병자 ― 게다가 그들 중 다수가 농민층에서 나왔기 때문에 ― 소농민 자체가 '땅의 백성'으로, 또 한편으로는 대토지 소유자들에게 원망의 소리를 높이고 있던 랍비들 자신에 의해 종교적=사회적인 차별의 대상이 되었다는 점이다. 그리고 그 이유는 요컨대 랍비 쪽 입장에서 보자면, 그들이 율법을 지키지 않는다는 데 원인이 있었다. 그러나 사실은 그들은 율법을 지키지 **않는** 것이 아니라 그것을 **지킬 수 없었던 것이다.** 또는 지킬 수 없는 **상황에 놓여 있었던** 것이다. 즉 그들은 로마 당국으로부터 인두세와 간접세를 징수당했으며, 유대 자치 기구로부터 신전세(이것은 빈부의 차에 상관없이 일률적으로 부과되었다)와 십분의 일세가 부과됐는데, 후자는 설령 그 시대에는 글자 그대로 실행되고 있지는 않았다 하더라도, 또 거기에다 대토지 소유자들의 투기로 인한 피해까지 그대로 당하는 상태로 내몰리고 있던 때여서 그러한 생활 상태에 놓여 있을 수밖에 없었던 것은 오히려 당연한 일이라고 해야 할 것이다. 그런 그들을 랍비들, 특히 바리사이파가 종교적 차별 대상으로 삼은 것은, 종교가 정치·경제와 밀접하게 얽혀 있던 유대 사회에서 설사 그들(랍비와 바리사이파)이 귀족 사제·대토지 소유자들의 정치·경제 정책을 거세게 비판했다 하더라도 전체적으로는 사회의 유동화流動化를 저지하고 그 고정화固定化를 종교적으로 정당화함으로써, 결과적으로는 당대의 사회 체제를 이데올로기로 보완하는 역할을 수행한 셈이 되는 것이다.

다만, 여기서 주의해야 할 것은 예수의 시대, 사제와 민중 사이에 사회계층상의 구별이 반드시 명확하게 지어져 있었던 것은 아니라는 사실이다. 귀족 사제가 동시에 대토지 소유자 겸 대상인이고, 최고법원의 정점에서 유대 자치조직 체제를 움직이고 있었던 것은 이미 얘기해 온 대로다. 그러나 일반 하급 사제들, 특히 '레위인'들은 오히려 소농민과 같은 상황, 또는 그보다 더 경제적으로 열악한 생활을 꾸려나갈 수밖에 없었다. 당시 예루살렘 신전에는 약 8천명의 사제들과 약 1만 명의 레위인들이 복무하고 있었다고 하는데, 그중에서 약 8천명의 사제들과 레위인들은 해마다 교대로 1, 2개월만 신전에서 봉사하고 그 밖의 기간은 많은 경우 지방에서 일개 노동자로서 생활비를 벌어야 했다. 요세푸스에 따르면, 한번은 고위 사제들이 농민들의 탈곡장에 종들을 보내 사제들에게 주어야 할 십분의 일세를 약탈해 갔기 때문에 '사제들 중 곤궁한 자들은 빈곤 속에서 죽어 갔다'고 한다.(『유대 고대지』 20장 181절) 한편 랍비 문헌에도 실제로 하급 사제들이 십분의 일세를 요구하며 농민의 탈곡장에 들어가 쭈그리고 앉아 있었으며, 그것을 얻지 못할 때는 스스로 농민에게 고용되어 양치기 등의 노동을 제공하고 그것을 십분의 일세로 대체했다는 사례가 기록되어 있다. 따라서 그 시대에는 사제층 사이에도 계급적 격차가 있었다는 것을 알 수 있다. 어찌됐든 '가진 자는 더 가질 것이고 가지지 못한 자는 그 가진 것마저 빼앗길 것이다'라는 복음서 (〈마르코〉 4장 25절, 〈마태오〉 25장 29절, 〈루카〉 19장 26절)에도 수록되어 있는 격언은 당시의 사회 구조를 여실히 증언하고 있다. 그러면 다음에는 이런 유대의 사회 구조에 대한 인식을 토대로 유대교의 비주류적 분파의 형성을 개관해 보기로 하자.

유대교 비주류파

기원후 66년부터 70년까지 이어진 제1차 유대전쟁에서 로마에 대항해 해방 운동을 가장 적극적으로 이끌었다고 하는 이른바 '젤로타이'(열심당)의 내실은 지극히 복잡했고, 그만큼 가설도 많아서, 그것들 전부를 계통적으로 여기에서 논하기는 불가능하다.

먼저, 이 전쟁을 이끈 사람은 대사제 아나니아의 아들 엘레아자르, 하급 사제를 대표하는 시몬의 아들 엘레아자르, 갈릴래아의 민족파 기스칼라의 요한, 나아가 전쟁 말기에 이르러서는, 노예 해방의 프로그램까지 갖추었던 기오라의 아들 시몬으로 대표되는 각 분파, 여기에 더해, 아나니아의 아들 엘레아자르와 예루살렘에서 처참한 내부 항쟁을 되풀이한 끝에, 그 지도자 메나헴을 잃었지만, 그 뒤 마사다 요새로 들어가 73년 전원 자살에 이르기까지 전쟁을 끝까지 수행한 이른바 시카리파에 의해 대표될 것이다. 그리고 마사다 전투(73년)에는 뒤에 서술할 에세네파Essenism도 가담했다는 것이 최근의 발굴로 거의 확실시되고 있기 때문에 이 제1차 유대전쟁은, 여기에 소극적으로밖에 가담하지 않은 바리사이파와 아마도 참가를 기피했을 것으로 생각되는 그리스도교도를 예외로 한다면, 유대에서 갈릴래아에 이르는 유대인 사회의 각 계층이 이끌었던 셈이 된다. 그들은, 로마로부터의 독립을 승리로 쟁취한다고 하는 하나의 목적을 위해 결집했고, 그 의미에서 그들의 이데올로기 안에 묵시默示적 유대민족주의를 명확하게 읽어낼 수가 있다. 그러나 그것의 구체화가 새로운 사제 체제 국가인지, 메시아 국가인지 혹은 사회 혁명 프로그램까지 포함한 것인지를 둘러싸고 대립해, 서전緖戰에서 얻은 예상외의 승리도 잠깐, 로마군의 우세한 무력까지 만나 자멸의 운명을 걷게 되었다.

어찌되었든 그중에서, 예수의 고향인 갈릴래아와 관련해서 주목해야 하는 것이 시카리파의 경우일 것이다. 즉 마사다 전투를 지휘했던 엘레아자르는 예루살렘에서 살해된 메나헴의 친척이라고 전해지고 있는데, 이 메나헴은, 유대-사마리아-페레아가 로마 황제 관할 속주로 편입될 때 시행된 호적 조사(6년) 때 거기에 반대해 반란을 일으킨 갈릴래아의 유다의 자식이었다고 전한다. 게다가 유다는 이미 헤로데 왕의 치하 때 갈릴래아에서 반란을 이끌었던 ―요세푸스가 말한― '도적'의 수령 헤시키아의 자식으로 간주되고 있다. 이러한 갈릴래아의 유다 일가가 일관해서 반反로마, 반체제 운동에 관련되어 있었을 뿐 아니라, 앞에서 이미 서술했듯이, 기스칼라의 요한도 유대전쟁에, 멀리 갈릴래아로부터 농민들을 이끌고 참가했던 것이다. 이 요한이 신봉했던 이데올로기에 관해서는 상세한 것은 아무것도 알 수 없다. 그러나 갈릴래아의 유다에 관해서는 그가 바리사이파의 사독과 함께 반란을 일으켰다는 사실, 그의 아들 메나헴이 메시아를 자칭했다는 사실 등으로 인해 일반적으로 바리사이파의 좌파라고 간주되어 왔다. 다만 최근에 들어서, 그 묵시적 급진주의를 오히려 에세네파 계통으로 분류하려는 작업이 시도되고 있다.(쿠르트 슈베르트Kurt Schubert[1923~2007]) 여하튼 요세푸스에 의해 '도적'이라고 불린 봉기나 반란의 다수가, 유대전쟁이 발발하기 60년 이상이나 이전에, 게다가 그것이 유대가 아니라 다름 아닌 갈릴래아에서 연달아 일어난 이유는 아직까지 충분히 밝혀지지 않고 있다.

이 문제와 관련해서 갈릴래아의 풍토적 특색이 —예를 들어 다가와 겐조에 의해— 거론되고 있다. 갈릴래아는 유대 북방에 인접한 사마리아보다 더 북쪽에 위치하고, 유대교의 중심인 예루살렘에서 보면 지리적으로도 변경이라고 할 수 있다. 이 지역은 원래 북이스라엘 왕국에 속해 있었는데, 기원전 722년(혹은 771년)에 사마리아와 함께 아시리아의 속령屬領이 된 이래, 아리스토불로스 1세의 치세(기원전 104~3년) 때 유대의 하스몬 왕조의 지배하에 놓여 이른바 '유대화'되기까지 약 600년 동안 끊임없이 외국의 지배하에 있었고, 유대와는 격리

되어 있었다. '이방인의 갈릴래아'(마태 4장 15절)라는 호칭에는 이 땅이 지리적으로뿐 아니라 정신적으로도 변경에 있었다는 의미가 포함되어 있을 것이다. 이러한 정신적 풍토를 배경으로 해서, 갈릴래아인에게는 반유대적-반도시(예루살렘)적 경향이 출현했다고 한다. 그러나 이것만으로는 적어도 갈릴래아의 유다, 특히 그의 아들 메나헴의 열광적인 메시아주의를 설명할 수 없을 것이다. 갈릴래아인들은 오히려 변경에 위치했기 때문에, 중앙의 유대인 이상으로 유대인적이었던 것은 아닐까.

한편 갈릴래아는 그리스의 식민 도시 '데카폴리스Decapolis'를 동쪽으로 두고 있었을 뿐 아니라, 영주 헤로데 안티파스가 스스로 티베리우스 황제의 이름을 딴 도시 티베리아스를 중심으로 해서, 신중하면서도 적극적으로 갈릴래아의 헬레니즘·로마화 정책을 펴고 있었다. 거기에다가 시리아의 다마스쿠스에서 지중해의 카이사리아로 연결되는 '바다의 길Via Maris'이 이곳을 관통하고 있었기 때문에 교통, 상업이 발달했고 겐네사렛 호수를 중심으로 한 어업에서도 이익을 얻고 있었다. 이 호수의 서북 기슭은 평평한 구릉으로 둘러싸인 목초지대로, 팔레스티나에서는 보기 드문 아열대성 기후의 혜택을 받고 있었다. 요컨대 갈릴래아는 유대에 비해 명백히 풍요로운 자연 조건 속에 있었다. 실제로 유대는 갈릴래아 없이는 경제적으로 유지되기 어려웠을 것이라는 말이 나왔을 정도여서, 예루살렘에 거주하는 귀족 사제, 대토지 소유자는, 그들 토지의 많은 부분이 갈릴래아에 있었을 거라는 사실은 당연히 예상할 수 있을 것이다. 그리고 율법학자, 바리사이파 사람들은 '랍비'로서 갈릴래아의 여러 회당을 지배하고 있었다. 유대의 다른 지역에서 땅을 잃은 농민들이 갈릴래아에서 어업 등의 직업을 얻으려 했으리라는 것도 생각할 수 있을 것이다. 이러한 사정들이 전부 겹쳐져서, 갈릴래아에서 '도적' 혹은 '젤로타이'의 선구자가 배출되었다고 봐도 무리는 아니지 않을까.

그런데 팔레스티나에는 또 하나의 유대교 분파가 있었다. 시대를 거슬러 올라가 마카베오 전쟁 무렵, 원래는 바리사이파와 마찬가지로 경건파Hasidim에 속했지만, 전쟁이 끝난 뒤 신체제를 떠맡았던 하스몬 가문에서 대사제가 나왔을 때, 이것을 거부하고 이스라엘 종교의 전통적인 사독 가문 출신자를 대사제로 받들며 황야로 도망쳐, 거기에서 자신들의 고유한 역법曆法(축제일과 안식일이 겹쳐지지 않는 태양력)에 따라 철저한 율법 준수와 구약성서의 이른바 '나지르파'(〈민수기〉 6:1-21)의 이상 실현을 꾀한 사제들의 그룹이 있었다. 이것이 '에세네파'라고 불리는 유대교의 분파이다. 한편 사해死海의 서북 기슭에는 이른바 '쿰란Qumran 교단'이 존재했고, 그들이 〈사해문서〉를 소유하고 있었다는 사실이 최근의 본문 발견과 유적의 발굴에 의해 밝혀졌다. 그리고 이 교단이 아마도 에세네파의 한 형태였을 것은 거의 틀림없어 보인다. 그들은 원칙적으로 독신 생활을 지켰고, 일종의 재산 공유제에 의한 공동생활을 꾸려나

갔다. 여기에서는 엄격한 종규宗規에 따른 철저한 율법 생활과, 동시에 신의 은총에 대한 절대적 신뢰에 기초해 신도 상호간에 실천되어야 하는 사랑의 윤리가 강조됐다. 게다가 그 가운데 신의 계약이 갱신되어서, 세계의 종말에 관한 신의 예언이 실현된다는 확신을 갖고 있었다. 그들은 이 세상을, 빛과 어둠, 허위와 진리, 의와 불의, 생과 사 같은 두 개의 원리가 대립 항쟁하는 장소로 간주했다. 종말의 날에는 ―필시 이 교단의 창립자인 '의義의 교사'의 재림으로써의― 한 명의 '예언자'와 '아론의 메시아' 및 '이스라엘의 메시아'라는 사제적, 왕적인 두 명의 메시아가 내림來臨해, 빛의 아들들에게 결정적 승리를 가져다줄 것이었다. 또한 이 교단에는 두 개의 전례典禮, 즉 세례와 성찬聖餐이 있었다. 세례는 사제에게 부과되는 매일 물에 몸을 담그는 의식으로, 회개하고 율법을 지키면 그로 인해 더러움이 씻겨진다고 간주되었다. 성찬은 '완전한 사람'만이 참가할 수 있는, 빵과 포도주에 의한 회식인데, 여기에는 종말이 왔을 때 메시아와 함께하게 될 성스러운 연회를 미리 체험한다는 성격이 있었다. 즉 쿰란의 사람들은, 사제들에게 신전 봉사 기간 중에만 부과되는 의무(사제 율법의 준수, 금욕, 공동생활, 세례, 성찬 등)를 그들의 생활 전체를 통해 철저히 지키려 한 것이었다. 이러한 에세네파, 특히 쿰란 교단에 가입한 사람들은 역사적으로 보아 예루살렘 신전에 기반을 둔 대사제, 수석 사제들, 사제 집단에 대항해 이스라엘 종교의 전통과 그것의 순수성을 지키려 한 '반대 사제 집단'이었던 것이 분명하다. 하지만 쿰란 교단에는 실제 일반 신도도 가세했고, 또 이 교단 이외의 에세네파는 마을에 살면서 처자도 있었다는 증언도 있으므로, 이 파에 결집한 사람들 중 다수는 대大플리니우스의 표현으로 말하자면 '인생의 권태로 피로한 사람들', 이 시대의 사회체제에 순응할 수 없었던 사람들, 즉 하급 사제나 농민들이었을 것으로 생각된다. 다만 그들의 다수는, 적어도 쿰란 교단의 경우, 재산을 교단에 기탁한다는 조건이 있었기 때문에 빈민층에 속해 있었다고는 생각되지 않는다.

이처럼 유대교의 주류·반주류 어느 쪽에도 소속시킬 수 없는 이른바 '사람의 아들'의 내림來臨을 대망하는 묵시默示 문학자 집단도 존재했던 것으로 생각된다. '사람의 아들'의 표상은 다시 저 하시디즘 운동 담당자들에 의해 창출된 〈다니엘서〉(7장)로 거슬러 올라가며, 이것을 전개한 묵시 문학으로는 〈에티오피아어 에녹서〉, 〈제4에즈라서〉, 〈시빌라나의 신탁 Oracula Sibyllina〉(제5권)이 존재하고 있다. 그중에서도 기원후 1세기에 성립된 것으로 보이는 〈에녹서〉에는 신화적인 '사람의 아들' 상像 중에 왕으로서의 메시아 상이 흡수되어 있는데, 주의해야 할 것은 여기에서 사람의 아들이 '학대받는 자의 희망'으로 간주되고 있는 점에서, 〈이사야〉 61장 1절(66장 2절)의 의미에서의 '가난한 자'에 대한 '복음'의 고지告知자에 가까운 표상을 동반하고 있는 점일 것이다. 그리고 이런 묵시 문학들에는 많은 소재가 신전과 관계가 있는 표상들에서 채용되고 있다. 그렇다면 이런 묵시 문학을 담당했던 사회층은 지방에서 가난한 생활로 내몰렸던 하급 사제 외에는 생각할 수 없는 게 아닐까.

마지막으로 사마리아에 대해 한마디 해두겠다. 사마리아는 갈릴래아와 유대의 바로 중간에 위치하는데, 이 지역은 갈릴래아와 함께 아시리아의 한 속주로 편입된 이래 예수 시대에 이르기까지 7백여 년 동안 유대와는 거의 접촉이 없었다. 그 때문에 여기에서는 그 기원을 유대교와 공유하지만, 유대교와는 다른 독자적 종교, 이른바 '사마리아교'가 만들어졌다. 즉 사마리아인은 구약성서 가운데에서도 모세 오경만을 그들의 경전으로 간주하고 예루살렘 신전 체제를 거부해 그들 독자의 신전을 게리짐산에 세웠으며, '메시아'도 '사람의 아들'도 아닌 '예언자Taheb'의 내림을 대망했다. 그 때문에 유대교도와 사마리아인 사이에는 분쟁이 끊이지 않았으며, 갈릴래아인이나 유대인이 사마리아를 지나가는 것조차 거의 불가능할 정도였다. 로마 제국 쪽에서 보면 사마리아도 유대도 모두 '유대 주'의 일부였음에도 그러했다.

예수는 이런 시대에 그 생애의 대부분을 갈릴래아에서 보내고 만년에 예루살렘으로 갔으며, 그 땅에서 로마의 극형인 '십자가'형에 처해져 죽었다.

03

선
구

예수의 세례

예수가 '세례자'로 불린 요한으로부터 세례를 받았다는 이야기(〈마르코〉 1장 9~11절, 〈마태오〉 3장 13~17절, 〈루카〉 3장 21절, 22절, 〈요한〉 1장 29~34절)의 역사적 사실성은 부정할 수 없을 것이다. 네 복음서의 세례자 요한에 관한 증언을 토대로 종합적으로 판단하면, 요한의 사후에 형성된 요한 교단과 예수 사후에 성립된 그리스도 교단이 일종의 경합 관계에 있었다는 것을 사실로 간주하지 않을 수 없고, 우리가 이제부터 검토할 예수가 세례를 받기 이전의 요한에 관한 기사(〈마르코〉 1장 2~8절, 〈마태오〉 3장 1~12절, 〈루카〉 3장 1~18절, 1장 5~25절, 57~80절, 〈요한〉 1장 6~8절, 15절, 19~28절, 3장 22~36절 등)에도 이런 관계가 반영되어 있다. 그리고 이 사실이 확인되면 확인될수록 예수가 요한으로부터 세례를 받았다는 것, 즉 예수가 설령 단기간일지라도 요한의 사상적 영향 아래 있었다는 것은 요한 교단과 경합 관계에 있던 그리스도 교단에게는 불리한 사태였을 것이다.

실제로, 앞에서 얘기한 예수가 세례를 받은 기사들을 비교해서 읽어 보면 알 수 있듯이, 〈루카 복음서〉(3장 21절)는 예수가 세례를 받은 것이 '요한으로부터'(〈마르코〉 1장 9절)였다는 것을 언급하지 않으며, 마태오는 세례를 받을 때 요한을 예수의 아래에 세우려 하고 있고(〈마태오〉 3장 14절, 15절), 〈요한 복음서〉의 기자는 예수의 세례를, 요한이 예수에 관해 '증언'을 한 행위로 의미를 부여하고 있다.(〈요한〉 1장 32, 33절) 요컨대 후대로 내려오면 내려올수록 예수의 세례에서 요한의 위치가 폄하되어 가는데, 이 사실로 보더라도 예수가 요한으로부터 세례를 받은 것은 역사적 사실로 간주해야 할 것이다.

그렇다고 한다면, 당연한 일이겠지만, 예수의 행동과 사상을 파악하기 위해서는 그가 최초의 시기에 영향을 받았던 요한의 사회적-종교사적 위치를 확인해 둘 필요가 있다. 그러기 위해 우리는 먼저 요한에 관한 복음서의 기사와 요세푸스의 증언(『유대 고대지』 18장 117~119절)에서 '세례자' 요한의 원상原像에 접근해 보기로 하자.

'황야'의 '세례자'

요한이 요르단 강 부근에서 세례 활동을 벌이고, 그 때문에 '세례자'로 불렸다는 것은 모든 사료들이 일치해서 증언하는 대목이다. 공관복음서에 따르면, 그 장소가 더욱 한정되는데, 그곳은 '황야'였다고 전해진다.(〈마르코〉 1장 4절, 〈마태오〉 3장 1절, 〈루카〉 3장 2절) 다만 이 '황야'에는 요한에 관한 특정한 해석이 전제되어 있다. 공관복음서가 일치해서 얘기하고 있듯이 (〈마르코〉 1장 3절, 〈마태오〉 3장 3절, 〈루카〉 3장 4절), 세례자 요한이 '황야'에서 벌인 선교 활동은 〈이사야서〉의 예언(40장 3절)의 성취로 해석되고 있는 것이다.

> 황야에서 한 소리가 외친다. '주의 길을 예비하라, 벌판에 큰 길을 훤히 닦아라.'

이 해석은 필시 요한 교단으로 소급될 것이며(여기서 '주主'는 '신'을 의미), 그것을 그리스도 교단이 수용했을(여기에서 '주'는 '예수'를 의미) 것이다. 따라서 '황야'를 단순히 요한이 활동한 장소로만 봐서는 안 된다. 하지만 그렇다고 해도 '황야'라는 장소가 해석에 의해 도입된 창작이라고 단정할 수는 없을 것이다. 당시 유대교도들이 메시아적 존재가 황야에서 등장하기를 대망待望하고 있었던 것은 사실이며, 요한 교단이나 그리스도 교단이 요한을 그러한 존재―그렇다고 해도 뒤에서 서술하듯이, 요한이 적어도 '정치적 메시아'로서 받아들여지지는 않는다―라고 의미 부여를 한 것은 사실이라 하더라도, 한편으로 당시에는 자신이 메시아적 존재라고 주장하는 사람들이 실제로 황야에서 민중을 불러 모았다는 것도 역사적 사실로 확인되고 있다.(요세푸스 『유대 전기』 2장 259절, 〈마태오〉 24장 26절, 〈사도행전〉 21장 38절 등) 나아가 쿰란 교단 또한 사해 서북 연안의 황야에 설립되어 있었으며, 게다가 이 교단에 속한 사람들은 앞서 인용한 〈이사야서〉 40장 3절을 근거로 자신들의 존재에 의미를 부여했다.(〈종규 요람〉 8장 13절) 게다가 요르단 강 부근에는 황야가 많다는 것도 사실이다.

마찬가지의 사실이, 요한의 생활양식에도 부합하는 것으로 생각된다. 〈마르코〉 1장 6절, 〈마태오〉 3장 4절에 따르면 '요한은 낙타 털옷을 입고 허리에는 가죽띠를 두르고, 메뚜기와 들꿀을 먹고 살았다.' 그런데 이런 묘사는 기원전 9세기의 이른바 '행동의 예언자' 중 한 사람인 엘리야의 생활양식과 거의 일치한다. '가죽으로 아랫도리를 가리고 몸에는 털옷을 걸친 사람이었다.'(〈열왕기하〉 1장 8절) 게다가 이 엘리야도 '황야'에서 활동하고 있었다고 한다.(〈열왕기상〉 19장 4절 이하) 그렇다고 한다면 요한의 이런 생활양식에 관한 묘사에도 요한을 '재림한 엘리야'로 간주한 교단의 해석이 반영되어 있는지도 모른다. 실제로 요한의 활동에 관한 예언 가운데 하나로, 이미 언급한 〈이사야서〉 40장 3절 외에 〈말라키서〉 3장 1절 '보라, 내가 나의 사자를 보내리니 그가 내 앞에서 길을 닦으리라'(〈마르코〉 1장 2절, 〈마태오〉 11장 10절, 〈루카〉 7장 27절)가 언급되고 있는데, 이 구절 속의 '사자'는 〈말라키서〉의 문맥에서 보자면 '주의 커다란 공포의 날'(종말의 날)이 오기 전에 신이 보낸 '예언자 엘리야'일 가능성이 높다. 다만 요한을 명확하게 '예언자 엘리야의 재림'으로 간주하는 것은 마태오이고(〈마태오〉 11장 14절, 14장 5절, 17장 12절, 13절), 마르코는 그런 견해를 억누르려는 경향을 보이며(문맥으로 볼 때 요한의 생활양식에 관한 서술의 문학적 효과는 마태오에 비해 마르코의 경우 분명히 후퇴해 있는데다, 〈마르코〉 1장 6절의 '허리에 가죽띠를 두르고'라는 구절은 본문 비평학상으로는 원래 없었을 가능성이 있다. 또한 〈마태오〉 11장 14절, 17장 13절의 병행竝行 기사는 〈마르코 복음서〉에는 없다. 또 〈마태오〉 14장 5절 '예언자'는 〈마르코〉 6장 20절에는 '의롭고 거룩한 사람'으로 되어 있다), 루카는 이 견해를 뒷받침하는 부분을 거의 삭제했고(〈마르코〉 1장 6절=〈마태오〉 3장 4절, 〈마태오〉 11장 14절, 〈마르코〉 9장 13절=〈마태오〉 17장 12절의 병행 기사는 〈루카 복음서〉에는 없다), 〈요한 복음서〉 기자는 이것을 명백히 부정하고 있다.(〈요한〉 1장 21절) 그러나 이런 복음서 기자에게서 보이는, 요한=엘리야관을 억누르거나 부정하는 경향은 아마도 오히려 요한 교단에서 요한을 엘리야의 재림으로 보고 있었을 가능성을 시사하고 있을 것이다. 즉 마르코, 루카, 요한 복음서의 각 기자들은 ―각자의 관점은 다르지만― 엘리야의 재림을 후경後景으로 물러나게 함으로써, 요한을 예수의 선구자(마르코와 루카), 또는 증인(요한)으로 그리스도교화하려 한 것이다. 마태오의 경우는 엘리야 이념을 오히려 적극적으로 요한과 결부시킴으로써 그러한 요한 상을 예수의 선구자로서 자리매김하고 있는 것이다.

이처럼 마르코와 마태오가 증언하고 있는 요한의 생활양식에는 요한을 엘리야풍으로 묘사하는 교단의 필치를 인지할 수 있다. 따라서 이를 그대로 역사적 사실로 봐서는 안 된다. 그러나 한편으로 이런 생활양식은 거의 일반적으로 당시의 유목민의 생활양식으로 볼 수도 있는 것이다. 어쨌든 요한이 황야에서 유목민풍의 거친 생활양식을 군이 취했다는 것의 역사적 사실성은 부정할 수 없으며, 아마도 이를 기반으로 해서 요한을 금욕적·은자隱者풍의 인물로 보는 전승이 생겨난 것으로 보인다.(〈루카〉 1장 15절, 〈마태오〉 11장 18절=〈루카〉 7장 33절)

'죄의 용서에 이르는 회개의 세례'

그런데 요한은 '"회개하고 세례를 받아라. 그러면 죄를 용서받을 것이다" 하고 선포했다'(〈마르코〉 1장 4절, 〈루카〉 3장 3절)고 전해진다. '세례'의 의미를 이렇게 총괄한 것은 요한 또는 요한 교단의 세례 활동을 거의 정확하게 표현한 것으로 보인다. 다만 마르코는 이러한 총괄 속에 '세례'와 관련해서 '회개'보다는 오히려 '죄의 용서'에 강조점을 두고 있으며, 이에 대해 루카는 이 점을 비교적 후경後景으로 물러나게 하고 있는 것 같다. 왜냐하면 마르코는 —바로 뒤에 언급하겠지만— 요한의 설교(1장 7, 8절)에서 루카와 마태오가 공통적으로 사용한 Q자료(〈루카〉 3장 7~9절, 〈마태오〉 3장 7~10절)가 특히 강조하고 있는 요한의 '회개'의 요청에 대해서는 완전히 침묵하고 있으며, 또 루카는 〈마르코〉 1장 5절, 〈마태오〉 3장 6절의 '그들의 죄를 고백하고……'라는 대목을 삭제했기 때문이다. 이것은 루카가 '죄의 용서'에 이르는 회개의 세례를 가장 초기의 그리스도 교단의 선교로 자리 매김하려는 경향(〈사도행전〉 2장 38절, 3장 19절, 5장 31절, 10장 43절, 13장 38절)과 일치할 것이다. 하지만 이런 경향에도 불구하고 루카 자신이 아마도 그 사료를 요한 교단에서 채용한 것으로 생각되는 이른바 '즈카르야의 찬가'(〈루카〉 1장 67~79절)에서 요한을 '죄를 용서받고 구원받는 길[인식knowledge]을 알리고' '지극히 높으신 자(신)의 예언자'로 고지告知되었다는 것으로 보더라도 요한의 세례에서의 '죄의 용서'라는 동기를 적어도 그리스도 교단의 창작으로 돌리기는 불가능할 것이다.

어찌되었든 요한의 세례에서 '회개'의 동기를 가장 강하게 전경前景으로 당겨서 보여주는 것은 마태오다. 물론 마태오도 '그들의 죄를 고백하고……'라는 말을 남기고 있는 만큼(3장 6절) '죄의 용서'의 동기를 완전히 없애지는 않았지만, 주목해야 할 것은 앞서 살펴본 요한의 '세례'의 총괄적 의미 부여가

〈마태오 복음서〉에는 빠져 있고 그 대신에 '회개하라. 하늘나라가 가까이 왔다'(3장 2절)라는 요한의 선교의 말이 들어가 있다는 점이다. 요한이 ―뒤에서 논할― 자신의 설교에서 회개를 요구할 때, '종말'이 다가오고 있다는 것과 그때 이루어질 최후의 심판과 관련해서 그것을 제시했다는 것은 사실일 것이다. 그러나 이러한 선교의 말 속에서 먼저 '하늘나라'는 '신의 나라'를 마태오식으로 고쳐 쓴 것이고, 또한 '회개'를 '하늘나라'의 접근에 기반을 두었다는 것('하늘나라'가 가까이 **왔기 때문에**)은 마태오 자신의 종말관·윤리관과 일치한다. 게다가 〈마태오 복음서〉에 의하면, 그것도 〈마태오 복음서〉만에 의하면, 예수 또한 앞에서 얘기한 요한의 말과 완전히 같은 말로 선교를 시작했다.(4장 17절) 이 사실은 이런 말들 속에 요한과 예수의 선교가 적어도 최초의 시기에는 완전히 일치했다고 하는 마태오 자신의 해석이 반영되어 있다고 볼 수밖에 없을 것이다. 그렇다고 한다면 '회개하라. 천국이 가까이 왔으니까'라는 요한(그리고 예수)의 말은 적어도 그 언어의 용어법으로 볼 때 요한(과 예수)이 한 말이라고 보기에는 신빙성이 희박하다.

요한의 종말 사상

그러나 요한 자신이 '죄의 용서'에 이르는 **'회개의 세례'를 종말이 다가왔다는 것과의 관계 속에서** 선교했다는 것의 역사적 사실성은 의심할 수 없다. 이것은 Q자료로 그 연원이 소급되는 요한의 설교(〈마태오〉 3장 7~12절, 〈루카〉 3장 7~9, 16, 17절)를 봐도 확실할 것이다. 이 대목에서는 〈루카 복음서〉보다 〈마태오 복음서〉 쪽이 Q자료의 원형에 더 가까운 것으로 생각되기 때문에, 마태오의 본문에 의거해서 요한의 설교를 검토해 보기로 하겠다.

7 그러나 요한은 많은 바리사이와 사두가이가 자기에게 세례를 받으러 오는 것을 보고, 그들에게 말하였다. '이 독사의 족속들아. 닥쳐올 그 징벌을 피하라고 누가 일러주더냐. 8 너희는 회개에 합당한 열매를 맺어라[회개했다는 증거를 행실로써 보여라]. 9 그리고 "아브라함이 우리 조상이다" 하는 말은 아예 할 생각도 마라. 사실 신은 이 돌들로도 아브라함의 자녀를 만드실 수 있다. 10 도끼가 이미 나무뿌리에 닿아 있다. 좋은 열매를 맺지 않은 나무는 모두 찍혀 불 속에 던져진다. 11 나는 너희를 회개시키려고 물로 세례를 준다. 그러나 내 뒤에 오시는 분은 나보다 더 큰 능력을 지니신[힘이 강한mightier] 분이시다. 나는 그분의 신발을 들고 다닐[벗겨 드릴] 자격조차 없다. 그분께서는 너희에게 성령과 불로 세례를 주실 것이다. 12 또 손에 키를 들고 당신의 타작마당을 깨끗이 하시어 알곡은 곳간에 모아들이시고 쭉정이는 꺼지지 않는 불에 태워 버리실 것이다.'(마태 3:7~12)

여기에서 먼저 문제가 되는 것은 11절(=〈루카〉 3장 16절. 이

절만 〈마르코〉 1장 7, 8절과 거의 병행한다)의 '내 뒤에 오시는 분'
이 Q자료 또는 복음서 기자의 관점에서 보면, 곧 그리스도교
의 입장에서 해석하면 명백히 예수를 시사하고 있다는 것이다.
그러나 전승의 원래 의미에서는, 즉 요한 또는 요한 교단이 의
미한 바에 따르면, '내 뒤에 오시는 분'은 '신'을 가리키는 것으
로 생각된다.

　왜냐하면, 우선 문맥으로 보면(특히 7, 9절) 최후의 심판은 신
에 의해 이루어지리라는 것이 전제로 되어 있다. 둘째로 '힘
(능력)이 강한 분'은 복음서에서도 ―그것의 그리스어 형태는
다르지만― '신'의 의미로 사용되고 있다.(〈마르코〉 14장 62절,
〈마태오〉 26장 64절, 〈루카〉 22장 69절) 셋째로 우리는 복음서의
요한 상像에는 요한을 예수의 선구자 또는 증인으로 보면서 어
느 쪽이든 모두 전자를 후자의 하위에 놓으려 하는 경향이 있
다는 점에 주의하지 않으면 안 된다.

　다음으로 문제가 되는 것은 Q자료(〈마태오〉 3장 11절=〈루카〉
3장 16절)에서는 '힘이 강한 분'은 **성령과 불**로 너희에게 세례
를 베푸실 것'이라고 되어 있는데 비해 〈마르코〉 1장 8절에서
는 '**성령**으로 세례를 베푸실 것'이라고 되어 있어서 〈마르코〉
에는 Q자료에 있는 '불'이 빠져 있다는 점이다. 이 사실은 전
승사적으로 통상 다음과 같이 설명되고 있다.(슐츠 참조) Q자
료에서는 원래 신이 '불로 너희들에게 세례를 베푸실 것'이라
고 되어 있었다. 그리고 여기에서는 '세례를 베푸실 것이다'라

는 표현이 '나는 물로 너희에게 세례를 베풀 것'의 대구對句로 사용되고 있고, 실제로는 '불로 너희들을 담근다', 즉 '불로 너희들을 태워 버린다'는 의미였다. 이것은 종말의 때에 신의 불에 의한 심판을 시사한 것이다. 여기에 대해 마르코는 그리스도교의 입장에서, 즉 예수의 '성령'에 의한 세례의 예언으로 수정했다. 이를 받아서 마태오와 루카는 '불'과 '성령'을 결합했다는 것이다.

그러나 이런 견해에 대해 최근에 이의가 제기되고 있다.(다가와 겐조) 여기에 의하면 전승의 최고最古 단계에서, 또는 요한 자신이 '성령'과 '불'에 의한 세례를 예언했던 것을, 마르코는 요한에서의 심판의 요소를 후경後景으로 물러나게 하고, 그 대신에 '죄의 용서'의 동기를 강조하기 위해 심판의 '불'을 누락시키고 지복至福으로서의 '성령'을 남겨 두었다는 것이다. 그리고 그것에 대한 논거로서 '성령'에 의한 세례라는 표현이 반드시 그리스도교의 '전매특허'가 아니라, 당시의 유대교에서도 예컨대 〈열두 족장의 유언〉 속의 〈레위의 유언〉 18장에(〈유다의 유언〉 24장도 참조) '종말의 때에 지복의 선물로서의 이 성령의 부여'가 언급되고 있다는 사실을 들고 있다.

나로서는 '성령'이 아니라 '영靈'이라고 한다면 요한 또는 요한 교단이 그렇게 얘기했을 가능성을 배제할 수 없다고 본다. 왜냐하면 종말의 때에 지복으로서의 '영'을 부여하는 것에 대해서는 구약성서(〈요엘〉 3장 1, 2절, 〈에제키엘〉 36장 26, 27절,

37장 14절)에도, 요한-요한 교단과 거의 동시대의 유대교 문서들(앞의 〈레위의 유언〉 18장 11절, 〈유다의 유언〉 24장 2절 외에 〈종규 요람〉 4장 21절 등)에도 얘기되고 있고, 이미 우리도 확인했듯이 마르코는 특히 요한의 지복至福에 이르는 '죄의 용서'를 강조하고 있기 때문이다. 그러나 이것이 '성령'이라면 그 전거典據는 2세기 이후의 랍비 문헌을 제외하면(이런 의미에서 '성령'이라는 표상이 반드시 그리스도교의 '전매특허'인 것은 아니다), 가능성이 있는 것은 〈레위의 유언〉 18장 11절밖에 남지 않게 된다.(〈유다의 유언〉 24장 2절은 '은총의 영') 게다가 이 유일한 근거도 '성령'이 아니라 '성화聖化된 영'으로 되어 있다. 설사 이 표현이 '성령'과 같은 뜻이라 하더라도 이 하나만으로는 지금 우리가 문제로 삼고 있는 요한의 설교 문맥 속의 '성령에 의한 세례'의 신빙성을 뒷받침할 방증傍證으로서는 심히 약하다고 하지 않을 수 없을 것이다. 이에 대해 종말의 심판으로 불을 내리는 것에 대해서는 구약 및 후기 유대교 문헌 속에 종말론적인 지복으로서의 영의 부여, 심지어 성령의 부여보다 압도적으로 더 많이 증언으로 제시되며(예컨대 〈아모스〉 7장 4절, 〈말라키〉 3장 2절, 〈요엘〉 3장 1절, 〈이사야〉 31장 9절, 43장 2절, 〈솔로몬의 시〉 15장 4절, 〈시리아어 바룩서〉 48장 39절, 〈종규 요람〉 4장 13절), 한편 요한의 설교에서의 중심 테마는 문맥으로 보건대 종말의 심판으로서의 불의 투하(〈마태오〉 3장 11절 '성령과 불로……'를 사이에 둔 10절과 12절에 '불'의 투하와 '불'에 의해 소진

된다는 것이 반복되고 있다!)의 임박을 전제로 한 회개의 권유에 있다는 것이 명백하기 때문이다. 그렇다고 한다면 '성령에 의한 세례'라는 동기는 적어도 이 설교의 문맥에서는 드러나고 있다. 따라서 이것은 역시 궁극적으로는 '영의 부여'라는 그리스도교화의 소산으로 보지 않을 수 없을 것이다.

요한의 설교 직후에 기록된, 예수가 세례를 받을 때의 성령 강하降下(〈마르코〉 1장 10절, 〈마태오〉 3장 16절, 〈루카〉 3장 22절, 〈요한〉 1장 32절), 부활의 그리스도에 토대를 둔 '성령의 강림'(〈사도행전〉 2장 1~4절) 또는 '성령의 세례'(2장 38절, 8장 15절 이하, 10장 44절 이하, 19장 6절)라는 표상은 ―마지막에 든 〈사도행전〉에서는 전체적으로 루카의 이념에 토대를 둔 구성으로 생각되지만― 명백히 그리스도교 전승으로 거슬러 올라가기 때문에, 이런 전승들과의 관계 속에서 '불에 의한 세례'에 '성령에 의한 세례'가 아마도 Q자료의 단계에서 채용되었을 것이고, 한편으로는 마르코가 만일 Q자료의 소재 중 일부를 알고 있었다면 '성령과 불'에서 마르코가 강조하는 종말의 구제에 입각해서 '불'을 누락시켰으리라는 것이 나의 견해다. 다만 '성령'이 채용되는 배경에 그리스도교화의 동기와는 별도로, 또는 그것의 기저基底로서 ―요한으로까지 거슬러 올라가는― '영의 부여'가 존재했을 가능성을 부정하는 것은 아니다.

이상의 논의에서 우리는 요한의 설교 가운데서, 〈마태오 복음서〉에서는 3장 11절에 해당하는 부분의 원형에 가까운 형태는 다음과 같았을 것이라고 상정할 수 있다. '나는 회개를 위해 물로 너희에게 세례를 준다. 그러나 내 뒤에 올 분(신)은 나보다도 힘이 강한 분으로…… 그분은 (영과) 불로 너희에게 세례를 줄 것이다.'

그런데 요한은 이 설교 속에서 설사 유대인이 자신들의 조상 아브라함을 매개로 신에게 선택받은 민족에 속해 있다고 하더라도, 그 사실 자체가 다가올 종말의, 신에 의한 심판에서 벗어날 수 있는 조건은 아니라고 말한다. 신은 '이 돌들로도', 즉 전혀 가치가 없는 것으로 여겨지는 존재로부터도 진정한 '아브라함의 자녀'를 일으킬 수가 있는 것이다. 신의 심판에서 벗어날 수 있는 유일한 길은 '회개에 합당한 결실을 맺는' 것이다. 이 회개에 이르게 하기 위해 나는 물로 세례를 준다. 그러나 앞으로 올 힘이 강한 신은 회개하지 않는 자들을 모조리 불로 태워버릴 것이다.

요컨대 요한에게 세례란 —이 설교로 보는 한— '회개에 이르게 하는 수단으로서의 종교 의례'가 되는 셈이다. 그리고 '회개'란 그 본래 뜻에 의거해서 말하면 '인간 존재의 지향을 전체적으로 전환하는 것'이다. 즉 인간은 그 존재의 근거를 종교적·문화적·민족적 **과거**의 영광(아브라함의 자손이라는 것)에 두면서 과거를 지향하고 있으나, 그런 지향을 180도 전환시켜 존재의 근거를, 과거의 영광조차도 상대화하는 다가올 신의 **장래**로 바꿔 놓는 것이다. 이렇게 해서 유대 민족에게 특정적인 선민選民의식은 신의 장래에 의해 분쇄되고, 개개의 인간들은 '보통 인간'으로서 대등하게 종말의 심판 아래에 서게 될 것이다. 그 심판대 앞에서 나올 물음은 '회개에 합당한 결실을 맺는 것', 즉 신의 장래에 살게 될 생활을 윤리적으로 충실하게 가다듬는 것뿐이다.

요한의 청중

이러한 가르침은 당연한 일이지만, 특히 선민의식이 강한 유대인의 종교적=정치적 지도층에 대한 격렬한 비판이 되었을 것이다. 실제로 〈마태오 복음서〉에 의하면, 이 설교는, 요한 밑에 모여든 '바리사이파와 사두가이파', 즉 종교적=정치적 지도자들을 향하고 있었다.(3장 7절) 그러나 〈루카 복음서〉에 따르면, 설교의 청중은 '군중'이었다고 한다.(3장 7절) 이런 상황 설정의 차이는 먼저 두 복음서 기자의 경향성으로 설명할 수 있을 것이다. 즉 〈마태오 복음서〉는 요한뿐만 아니라 예수가 한 비판적 언사의 대상이 거의 예외 없이 바리사이파와 사두가이파, 그중에서도 특히 전자로 향해 있다. 이것은 마태오와 그 교회가 놓여져 있던 역사적 현실(바리사이파에 의해 지도된 70년[예루살렘 신전 파괴] 이후의 유대 교단과의 대결)이 반영된 것으로 생각된다. 한편 루카는 예수를 '군중' 특히 '가난한 자'들의 벗으로 보고 있고, 이를 예수의 선구자 요한에까지 투영시켰을 가능성이 있다. 게다가 루카는 요한의 설교를 연장해,

요한으로 하여금 군중에게 그들의 일상생활상의 도덕적 훈계를 들려주게 한다.(3장 10~13절) 이 부분은 명백히 —그 배후에 개개의 전승이 존재하고 있었다고 하더라도— 전체적으로 루카의 창작일 것이다. 그렇다고 한다면 요한 설교의 청중 가운데 '바리사이파와 사두가이파'를 전경前景에 내세운 것은 마태오이며, 그에 대해 이를 '군중'으로 바꿔 말한 것은 루카인 셈이 된다.

한편 요한의 설교 중에서 종말의 심판과 회개의 고지告知에 관해서는 전혀 언급하지 않는 마르코는 설교의 청중에 관해서도 침묵하고 있다. 그러나 〈마르코 복음서〉에 따르면, '온 유대 지방과 예루살렘에 사는 모든 사람'이 요한 아래로 모여들었다.(1장 5절) 이것을 〈마태오 복음서〉 3장 5절, 〈루카 복음서〉 3장 3절과 비교하면서 읽으면 곧바로 알 수 있듯이 '온 유대 지방' 특히 '예루살렘의 모든 사람'을 강조하고 있는 것은 마르코이고, 이러한 강조는 갈릴래아의 예수와 예루살렘을 중심으로 한 유대의 요한을 대조적으로 묘사하려는 마르코의 경향성에서 유래하는 것으로 생각된다. 따라서 아마도 역사적 사실로서는 '요르단 강 부근의 사람들'(〈마태오〉 3장 5절), 유대 주민, 나아가 갈릴래아 주민도, 각각의 지역에서 다양한 사회 계층에 속하는 상당히 많은 사람들이 요한에게 모여들었을 것이다. '갈릴래아'에 대해서는 복음서에서는 직접 언급되어 있지 않지만 이미 확인했듯이 갈릴래아의 예수가 요한한테서 세례를 받았고, 나중에 언급하겠지만, 요한을 처형한 것은 갈릴래아 (그리고 페레아)의 영주 헤로데 안티파스였다. 그리고 그 처형의 기사로부터도 추정할 수 있듯이 당시 사회의 중류 이상의 계층에 속한 사람들은 요한의 설교에 반발했으며, 여기에 반해 요한에게 모여든 사람들은 아마도 중류 이하의 비교적 가난한 사람들이었을 것으로 생각된다. 예수가 '목수' 또는 '목수의 아들'이었다면(〈마르코〉 6장 3절, 〈마태오〉 13장 55절), 예수는 그 계층에서 많은 율법학자와 바리사이파가 배출된 소시민 중의 한 사람이었을 것이며, 또한 〈마태오 복음서〉에 따르면 요한을 믿었던 것은 '세리와 창녀'들이었다고 한다.(21장 31절, 32절) 그런데 이 기사는 〈마태오 복음서〉에만 실려 있기 때문에 사료 가치가 낮을지도 모르지만, 요세푸스에 따르면 헤로데 안티파스가 요한을 처형한 것은 '많은 사람들이 그(=요한)의 밑으로 무리를 지어 모여들자 헤로데는 민중에 대한 요한의 큰 영향력이 반역으로 이어지지 않을까 두려워했기' 때문이었다는데, 그렇다면 이 '민중' 가운데 다수는 당시 사회적으로 차별받고 있던 계층에 속하는 사람들이었으리라는 것은 상상하기 어렵지 않을 것이다. 그 사람들은 아브라함이 자신들의 조상이라고 아예 생각도 할 수 없었던 계층의 사람들이었다.

사회 계층과 종교사적 위치

그러면 요한 자신은 어떤 사회 계층에 속했을까. 〈루카 복음서〉1장 5절 이하에 따르면, 요한은 사제의 가계家系였다고 전한다. 게다가 그의 부친은 예루살렘 신전에서 봉직한 사제였다. 다만 그의 부친이 교대로 제의를 집행하는 '조組'에 속해 있었던 것이 사실이라면, 그는 하급 사제 가운데 한 사람이었던 셈이 된다. 그리고 이미 확인했듯이 당시 유대에서는 종교적 계층과 사회적 계층은 반드시 일치하지는 않았으며, 하급 사제의 다수는 사회적으로는 오히려 하층민에 속했다. 어쨌든 요한 자신은 예루살렘 신전에 봉직하는 사제로 활동하지는 않고 황야에서 당시의 종교적=정치적 체제를 떠받치고 있던 신전 세력에는 비판적 입장이었던 것으로 생각된다.

여기서 주목해야 할 것은 요한이 사제의 가계 출신이었다는 것, 그리고 예루살렘의 신전 세력에 대해 비판적 자세를 보였다는 것, 나아가 그 활동의 무대가 황야였다는 것 등이 쿰란 교단의 구성원과 그 환경의 유사성을 보여주고 있다는 점이다. 이 밖에도 유사점으로 다음과 같은 것들을 들 수 있을 것이다. 쿰란 교단의 창시자로 간주되는 '의로운 교사'와 요한은 공통적으로 '나는……할 것이다'라는 발언의 형식에서 보이듯이 자신의 권위로서 예언 활동을 했으며, 쿰란 교단과 요한 교단은 모두 각자의 창시자를 종말로 가는 길을 닦는 '예언자'로 간주하고 있다. 또한 양자는 공통적으로 회개를 설파하면서 특히 이를 세례 제의와 연결 짓고 있다.

그러나 또 한편으로 요한과 쿰란 교단 사이에서 확인되는 차이도 간과해서는 안 될 것이다. 이것은 이미 회개와 세례의 상호관계, 특히 그 의미 부여 속에서 확인된다. 즉 쿰란 교단에서는 신으로부터 교단에 내려온 '성스러운 영'에 의해 인간의 죄는 씻겨지고, 올바르고 겸허한 영에 의해 그 과오가 덮이고, 특히 신의 율법을 준수함으로써 그 육체가 정결해지고 악으로부터 되돌아온다는 것, 이렇게 해서 인간이 회개하는 것이 더러움의 정화 의례로서의 세례에 불가결한 전제로 되어 있다.(〈종규 요람〉 3장 6~9절, 5장 13~14절) 이에 반해 요한은 죄를 고백하고 회개할 용의가 있는 자에게 전제 없이 무조건 세례를 주고, 죄의 용서를 선언하고 거기에 걸맞은 결실을 거둘 것을 권장했다고 생각된다. 그로 인해 쿰란 교단에 가입하는 것은 율법의 준수를 서약하고 그것을 교단 안에서 실천할 수 있는 사람에게만 한정되어 있었던 것에 비해 요한에게는 율법을 지킬 수 있는 자도 지킬 수 없는 자도 모두 모여들었으며, 여기에는 적어도 쿰란 교단과 같은 배타적이고 폐쇄적인 공동체는 형성되지 않았던 것으로 생각된다. 게다가 쿰란 교단에서는 세례의 전제로 영에 의한 **죄의 정화**와 율법 준수를 통한 **육체의 정결**이 강조되고, 세례는 부정을 씻어내는 하나의 정화 의식이었던 것—따라서 세례는 되풀이해서 이루어졌다—인데 반해 요한(교단)의 경우는 세례가 죄의 용서에 이르게 하고, 회개를 확인시키는 **단 한 차례의** 종교 의식이었던 것으로 보인다.

다만 여기서 주목해야 할 것은 '세례자' 요한에 관한 요세푸스의 증언이다. 요세푸스에 따르면 '요한은 의인으로, 유대인에게 타인에 대한 의義와 신에 대한 경건을 통해 덕을 쌓고, 세례가 죄의 용서는 아니니 먼저 의로써 혼을 정화한 뒤에 몸을 정화하기 위해 그것(세례)이 이뤄진다면 신이 기뻐하실 것이므로, 그런 덕을 행한 뒤에 세례를 받으러 오도록 권했다.' 우리는 이것을 읽을 때 요세푸스가 헬레니즘 세계의 비유대인들을 독자로 상정하고, 게다가 그들에게 유대교를 옹호할 의도를 갖고 책을 썼다는 사실을 고려에 넣지 않으면 안 된다. 예를 들어 여기에서 인간을 혼과 육체 둘로 나눠서 생각하고 있다는 것, 또 '덕을 쌓는다'는 표현, 그리고 —이 글에 이어지는 요한의 처형에 관한 기사와 관련해서 보면— 요한은 이런 도덕 교사로서의 의인이며 육체를 정화하기 위해 세례 활동을 한 것에 지나지 않는데 헤로데 안티파스가 그를 처형했다는 주장 등에서 분명히 요세푸스 고유의 경향성을 읽어내야 할 것이다. 그러나 이런 것들을 도외시한다면 요한이 의인이었다는 것(〈마르코〉 6장 20절, 〈마태오〉 21장 32절), 요한이 사람들에게 세례를 준 것은 복음서의 요한 상과 일치한다고 하더라도 세례에 대한 의미 부여, 특히 세례를 죄의 용서가 아니라 '덕을 쌓는' —유대교적으로 바꿔 말하면— '율법을 지키는' 것을 통해 '의로써 정화한 뒤에 몸을 정화하기 위해 행했다'는 것은, 앞서 언급한 쿰란 교단의 세례에 대한 의미 부여와 매우 유사하다. 물론 요세푸스 자신은 요한과 쿰란 교단의 관계에 대해서는 한마디도 증언하지 않고 있다. 하지만 요세푸스의 앞에 나온 서술은 우리가 주로 복음서의 증언을 통해 상정한 요한 과 쿰란 교단의 유사성을 한층 더 강화하는 것이라는 점은 사 실일 것이다.

어쨌든 요한은 그가 이른바 한 마리 늑대로서, 요르단 강 부 근의 황야에서 세례를 수반한 선교 활동을 하고 있던 시기에 쿰란 교단과 아무 관계가 없었던 것은 사실이다. 이것은 특히 세례의 의미 부여를 둘러싼 요한과 쿰란 교단의 차이점에 의 해 뒷받침되고 있다. 그러나 동시에 종교사적으로 볼 때 당시 의 유대교 각 파들과 요한(교단)을 대비시켜 보면 후자가 비 교적 쿰란 교단의 사상과 행동에 가깝다는 것도 부정할 수 없 다. 이 사실에서 요한은 원래 쿰란 교단의 구성원이었는데 나 중에 거기서 떨어져 나와 독자적인 활동을 했다는 가설을 세 울 수 있으나(예컨대 슈타우퍼), 이것을 정확하게 뒷받침해 주 는 사료는 존재하지 않는다. 다만 당시에 적어도 세례라는 것 을 통해서는 쿰란 교단과 유사점을 지닌 광의의 이른바 '세례 교단' ─ 예를 들면 요세푸스가 그의 『자서전』(2장 11절)에서 얘 기하는 은자 반누스, '나초라이에'('비의秘義에 참여하는 자'라 는 뜻)로 자칭한 원시 만다교도* 등 ─ 이 요르단강 부근에서 다

---

* manda. 지식, 인식을 뜻하는 아람어로, 만다교 또는 만다야교는 고대 그 노시스주의 종파의 하나. ─옮긴이

소 확인된다. 따라서 만일 종교사적으로 요한(교단)의 위치를 설정한다면 쿰란 교단을 포함한 '세례 교단'의 하나로 넣을 수 있을 것이다.*

요한의 죽음

요한이 갈릴래아의 영주 헤로데 안티파스에게 체포당한 것에 대해서는 공관복음서(〈마르코〉 6장 17절, 〈마태오〉 14장 3절, 〈루카〉 3장 19, 20절)와 요세푸스가 일치해서 증언하고 있다. 그리고 이 헤로데에 의해 요한이 처형당한 것도 〈마르코〉 6장 18절 이하, 〈마태오〉 14장 4절 이하, 요세푸스 『유대 고대지』 18장 119절이 공통적으로 확인하고 있다. 그러나 헤로데가 요한을 체포하게 된 원인, 특히 처형에 대한 설명은 공관복음서와 요세푸스의 기술은 상당히 차이를 보이고 있다. 먼저 〈마르코〉와 〈마태오〉에 따르면, 요한이 결박되어 감옥에 갇힌 원인이 헤로데 안티파스가 그의 첫 아내, 나바테아 왕 아레타스의 딸과 이혼하고 자신의 배다른 형제 헤로데(〈마르코〉 6장 17절, 〈마태오〉 14장 3절에는 '자신의 형제 필리포스'로 나와 있으나 이는

---

* '세례자 요한이 예전에 쿰란·에세네파의 일원이었다, 또는 어쩌면 에세네파에 소속되어 있었을지도 모른다'는 설에 대해서는, 최근에도, 예컨대 제임스 찰스워스James H. Charlesworth(〈사해문서와 역사의 예수〉)는 긍정적이다.(찰스워스 편 『예수와 사해문서』)

사실 오인이다)의 처 헤로디아와 결혼한 것을 요한이 율법(〈레위기〉 18장 16, 20, 21절-'자기 형제의 아내와 결혼해서는 안 된다')을 위반한 행위로 비판했기 때문이라고 되어 있다. 요세푸스는 이에 대해 직접 언급하고 있지는 않으나, '유대인 중에는 헤로데가 (아레타스 왕에게) 패배한 것은…… 요한에 대해 헤로데가 내린 조치에 대해 내려진 벌이라고 생각하는 자가 있었다'고 증언하고 있는 것으로 보아, 요세푸스도 요한의 체포가 헤로데 안티파스의 이혼과 불법적인 재혼과 어떤 관계가 있었음을 시사하고 있을 가능성이 있다.(적어도 아레타스 왕이 헤로데에게 싸움을 건 직접적인 원인은 이 이혼 문제였다)

한편 〈마르코〉 6장 21절 이하(〈마태오〉 14장 6절 이하)에 따르면, 요한이 참수당한 것은 헤로데 안티파스가 헤로데아가 데려온 딸의 요구에 응한 결과였다. 그러나 후세에 오스카 와일드 등의 문학 작품 주제로 유명해진 '살로메Salome'의 연회에서의 춤 장면은 너무도 전설적인 요소가 강해서, 그 소재나 모티프는 구약성서(〈에스테르기〉 5장 3절, 7장 2절)나 당시의 헬레니즘 문학에서도 폭넓게 보인다는 사실, 또한 아마도 헬레니즘 문학에 정통했을 루카가 그 장면을 삭제하고 있는 점 등으로 볼 때 사료로서는 거의 신빙성이 없는 것으로 생각된다. 이는 아마도 요한을 재림한 엘리야로 믿었던 요한 교단의 창작일 것이다.

이에 대해 요세푸스는 이미 언급했듯이, 요한의 곁에 모여든 군중이 헤로데 안티파스에 대해 반역 행위를 저지를 가능성이 있었기 때문에 그를 마카이루스 요새에 투옥한 뒤 처형했다고 전하고 있다. 마카이루스 요새는 사해 동쪽, 그리고 요르단강 근처에 있는데, 요한의 처형 장소로는 〈마르코〉나 〈마태오〉가 전하는 처형 장소(아마도 갈릴래아의 수도 티베리아스)보다도 더 자연스러워 보인다. 게다가 요한은 ─우리가 이미 확인했듯이─ 유대의 종교적=정치적 지배자층을 격렬하게 비판했다. 그리고 그의 곁에 모여든 사람들은 그 지배자들로부터 착취와 차별을 받았으며, 그런 그들이 그 체제를 지탱하고 있던, 비교적 사회 하층에 속한 사람들이었다. 그렇다면 요한의 사상과 행동은 당시의 사회 질서를 다소간 흔들리게 했으리라는 것은 당연히 예상할 수 있다. 따라서 그런 사태를 비교적 유능한 정치가 헤로데 안티파스가 간파하고 있었다는 요세푸스의 기사는 상당히 신빙성이 높아 보인다.

이런 운명을 맞은 요한, 이 요한으로부터 세례를 받았던 사람들 중에 예수라는 한 갈릴래아 사람이 있었다.

04

민
중
과

1. 요한과 예수

〈마르코〉 1장 14절에 따르면, 예수는 요한이 갈릴래아의 영주 헤로데 안티파스에게 '인도된 뒤에' 갈릴래아에서 공개적으로 선교 활동을 시작했다고 한다.(〈마태오〉 4장 12절도 마찬가지) 그런데 〈요한〉 3장 22~24절에서는 예수는 유대 땅에서, 요한은 아이논에서 **함께** 세례 활동을 하고 있는 것으로 되어 있다. 어느 쪽 기사가 역사적 사실에 가까울까.

먼저 〈요한 복음서〉 기자가 쓴, 예수가 유대 땅에서 세례 활동을 했다는 기사는 공관복음서에 병행 기사가 전혀 없다는 것, 예수가 유대와 갈릴래아를 몇 차례 오가는 것으로 쓴 것은 〈요한 복음서〉 기자에게만 있는 독자적인 경향이라는 것 등으로 볼 때, 역사적 신빙성이 없어 보인다. 게다가 〈요한 복음서〉

기자에게는 공관복음서 기자들과 달리 ―이미 언급했듯이―
세례자 요한을 예수의 선구자라기보다는 오히려 예수의 증인
으로 자리매김하려는 의도가 있다.(〈요한〉 3장 26, 28절. 1장 7, 8,
15, 32, 34절도 참조) 〈요한 복음서〉 기자에 따르면 세례자 요한
과 예수는 **동시에** 세례 활동을 하지 않으면 안 되었던 것이다.

그렇다면 〈마르코 복음서〉(그리고 거기에 따랐던 것으로 보이
는 〈마태오 복음서〉)의 기사 쪽에 역사적 사실이 반영되어 있
을까. 이에 대해서도 유감스럽지만 확언할 수 없다. 왜냐하
면 ―앞서 확인했다시피― 〈마르코 복음서〉에는 요한의 시
기와 예수의 시기를 확실히 구별해서 요한을 예수의 선구자로
자리매김하려는 경향이 있다. 그 때문에 요한이 체포당한 뒤
에 예수가 공개 활동을 시작했다고 하는 것은 복음서 기자로
서의 마르코가 요한과 예수의 관계에 대해 해석을 한 결과일
가능성이 있다. 게다가 이 기사에 의해 도입되는 1장 14, 15절
은 이른바 '정리 구절'에 해당한다. 이런 '구절'을 설정함으
로써 마르코는 ―고대의 역사 기술자와 공통적으로― 그가
복음서에 채용한 개별적인 전승 자료(여기에서는 1장 9~11절,
16~20절)들을 엮어 거기에 일반적인 상황을 설정하는 것과 함
께 사건의 추이에 대해 자신의 해석을 내세우려 하고 있는 것
이다.

이상과 같은 이유로 예수가 이른바 공적 생애를 시작한 시
점에 요한이 이미 체포되어 있었느냐 아니냐에 대해서 역사적

으로 정확한 판단을 내릴 수는 없다. 어느 쪽이든 요한으로부터 세례를 받은 예수가 요한의 만년에 그로부터 독립해서 아마도 먼저 갈릴래아에서 공적 활동을 시작한 것은 공관복음서에 공통되는 기사들로 볼 때 의심할 수 없을 것이다.

그런데 다시 〈마르코 복음서〉에 따르면, 예수는 다음과 같은 말로 선교 활동을 시작했다.

'a 때가 찼다. b 신의 나라가 가까이 왔다. c 회개하라. d 복음을 맞아 믿으라.'(1장 15절)

이미 얘기했다시피, 이 말은 '정리 구절' 속에 놓여 있다. 따라서 이것을 전체적으로 예수 자신이 한 말로 보는 데에는 신중해야 한다.

먼저 마지막 문장 '복음을 맞아 믿으라'는 분명히 마르코에 의해 덧붙여진 것이다. '복음'이라는 개념은 예수의 사건 전체를 현재의 자기 행위와 관련된 사건으로 마르코 자신이 총괄한 개념이기 때문이다.(〈마르코〉 1장 1, 14절, 8장 35절, 10장 29절, 13장 10절, 14장 9절 참조. 1장 15절을 포함해서 적어도 처음의 5곳에는 〈마태오〉에도 〈루카〉에도 병행 기사가 없다!) 그리고 여기에는 '복음을 **맞아** 믿으라'라고 되어 있다. 즉 복음은 신앙의 대상이 아니라 오히려 그 근거가 되어 있다. 그것을 부연하자면, '복음이라는 것이 널리 퍼지고 있는 가운데 스스로 몸을 던져서 그것을 자기 인생의 장場으로 삼고 살아라'(다가와 겐조)라는 게 될 것이다. 이것은 명백히 예수 사건에 대한 마르코의 해석이다.

다음에 '때가 찼다'는 문장에도 마르코의 해석이 들어가 있는 것으로 보인다. 물론 예수와의 관계에서 약속받았던 '시간이 찬다'라는 표상은 역사를 신의 구제救濟의 역사로 보는 원시 그리스도교의 시간-역사관(이른바 '구제사관救濟史觀')에 대응하는 표현으로서 다른 곳에서도 인지된다.(〈갈라티아〉 4장 4절. 또한 〈루카〉 9장 51절, 〈사도행전〉 2장 1절도 참조) 그러나 위의 문장에서 '때'를 나타내는 그리스어에는 일반적으로 '시간'을 의미하는 '크로노스' 또는 그 복수형으로서의 '크로노이'가 아니라 정관사가 붙은 단수형으로 '카이로스'가 사용되고 있다. 그리고 이 명사는 특히 〈마르코〉에서 '계절'(12장 2절), '지금(현세)'(10장 30절), '종말의 때'(13장 33절)를 의미하고 있다. 그렇다면 우리가 다루고 있는 문장에도 예수와 함께 '**결정적인 때가 왔다**'는 마르코의 해석이 들어가 있다고 봐야 할 것이다. 즉 마르코는 원시 그리스도교의 구제사관에 토대를 둔 용어법에 의존하면서도 거기에 '카이로스'를 도입함으로써 예수의 때를 **현재** 우리가 관여해야 할 **결정적인** '때'로 이해하고 있는 것이다.

그런데 뒤에 남은 '신의 나라가 다가왔다. 회개하라'라는 문장에 대해서 말하자면, 이 문장이 예수 자신에게 거슬러 올라갈 가능성을 부정할 수 없을 것으로 보인다. 먼저 이 문장에는 〈마태오 복음서〉에, 그리고 마태오식으로 수정된 형태로, 병행

구가 있다. '회개하라, 왜냐하면 하늘나라가 가까이 왔다.'(4장 17절)

이 구절이 전체적으로 마태오의 구성에 의한 것임은 이미 확인했다. 여기에는 예수가 요한과 완전히 같은 말(〈마태오〉 3장 2절)로 선교를 시작했다는 마태오의 예수와 요한의 관계에 관한 해석이 내세워져 있을 뿐만 아니라, '회개'를 '하늘나라의 접근'을 위해 기초를 다지는('왜냐하면…… 왔으니까') 것으로 보는 것은 마태오의 종말론적 윤리관에 맞추기 위해서였다. 그렇다면 마태오가 이 구절을 구성할 때 아마도 소재로서 활용했을 〈마르코〉 1장 15절bc는 비교적 신빙성이 있는 예수의 말로 봐도 좋은 게 아닐까. 게다가 이 구절을 루카는 자신의 복음서 속에 채용하지 않았다. 이는 루카에게는 '회개'를 '신의 나라의 접근'이 아니라 '교회에 대한 신앙'과 결부시키는 경향이 있다는 것(〈사도행전〉 2장 38절, 3장 19절, 17장 30절, 26장 20절)으로 설명할 수 있을 것이다.

그리하여 '신의 나라가 다가왔다. 회개하라'라는 문장을 예수 자신의 말에 가까운 것으로 볼 수 있다면, 예수는 이 구절로 무엇을 주장하고 있고, 그것이 세례자 요한의 선교 내용과 어떤 관계를 갖고 있을까.

먼저 문제가 되는 것은 신의 나라가 '다가왔다'는 동사가 의미하는 바다. 이 동사는 어쨌든 '다가오다'라는 의미를 가지고 있는 것이므로, 그것 자체로 보면 신의 나라의 도래는 또한 장래(미래)의 일로 간주되고 있는 셈이다. 그러나 여기에서 이 동사는 다름 아닌 완료형으로 사용되고 있다. 이것은 그리스어 형태로 보더라도 현재형의 '다가오고 있다'고 하는 경우보다 사태가 더욱 가까이 현재 닥쳐오고 있다는 뉘앙스를 담고 있는 것으로 보인다. 이에 더해 '다가왔다'는 그리스어 완료형을 ―아마도 예수가 말했을 것이다― 아람어로 거꾸로 번역하면 '왔다'와 동의어가 된다고 한다. 그렇다면 이 동사는 앞에서 지적한, 마르코의 해석으로 생각되는 '때가 찼다' 또는 '결정적인 때가 왔다'라는 말과 바로 대응하게 된다. 그리고 예수는 ―뒤에서 자세히 서술하겠지만― '신의 나라'를 현재의 가능성으로 파악하고 있다.(〈루카〉 17장 21절 참조) 이런 것을 고려하면 '신의 나라가 다가왔다'는 말에는 그것이 현재의 사태가 되어가고 있다는 의미가 들어 있는 것으로 생각된다.

요한도 또한 종말의 접근을 고지했다. 그러나 그에게는 종말이 아직 장래의 일로 간주되고 있었다. 예수는 이를 계승하면서 종말을 현재의 일로 고지한다. 그리고 이 일을 전제로 해서 '회개하라'고 명한다. 이 회개의 개념은 그것 자체로 요한의 그것과 본질적으로 다르다고는 생각되지 않는다. 인간 존재의 지향을 과거에서 미래로, 아니 현재의 가능성으로서의 미래로 전환하라, 라는 정도의 의미일 것이다.

다만 여기서 주의해야 할 것은, 예수는 ―적어도 〈마르코 복음서〉에 따르면― '회개'의 권유를 이 시점 이후에는 거의 하지 않는다는 사실이다.(6장 12절에만 나온다!) 이에 대해 '회개하다'는 동사는 Q자료에서 2번(〈마태오〉 11장 21절=〈루카〉 10장 13절, 〈마태오〉 12장 41절=〈루카〉 11장 32절) 나오고, 그 외에는 루카만 사용한다.(5장 32절, 13장 3, 5절, 15장 7, 10절 16장 30절, 17장 3절, 〈사도행전〉 2장 38절, 3장 19절, 5장 31절, 10장 43절, 13장 38절, 17장 30절, 26장 20절) 그렇다면 우리는 '회개'의 권고를 적어도 예수 사상의 중심에 놓을 수는 없게 된다. 그리고 이것은 '회개'의 전제로서의 '신의 나라의 접근' 또는 그 '현재성'에도 어느 정도 타당한 것으로 생각된다. 이것도 나중에 검토하겠지만, 예수의 기적 이야기 전승이나 말의 전승, 특히 그 신빙성이 많은 경우 인정되고 있는 예수의 비유 이야기에서 '신의 나라'는 전승의 비교적 새로운 층에서 나타난다. 바꿔 말하면, 이것은 전승의 오랜 층에서는 거의 나오지 않는 것이다. 나는 결코 예수가 '신의 나라'를 중요시하지 않았다고 얘기하는 것은 아니지만, 예수의 사상과 행동의 모든 것을 종말론적으로, 즉 그의 '신의 나라'관으로 이해하려는 종래의 시도가 반드시 사태에 부합하는 것은 아니라고 생각한다. 따라서 내게는 예컨대 불트만이나 보른캄처럼 '신의 나라가 다가왔다. 회개하라'고 하는 말―이라기보다도 그에 대한 마태오식의 해석―에 의거해서 예수의 사상을 신의 나라가 현재화하고 있는 접근을 근거로 회개의 결단을 촉구하는 쪽으로 총괄하는 것은 지극히 일면적이라고 생각된다. 그런 요소가 확실히 예수에게 있기는 있었을 것이다. 그러나 그것은 아마도 세례자 요한의 영향 아래에 있던 시절의 예수의 사상이고, 그것이 반드시 예수의 행동 양태 그 자체에 불가결한 구성 요소는 아니었던 것으로 보인다.

여기에서 당연히 문제가 되는 것은, 요한과 예수의 결정적인 차이점이다. 먼저 요한은 황야에서 머물며 거기에서 이 세상의 지배자들을 비판한 데에 비해, 예수는 먼저 황야에서 도시나 마을로 나아간다. 그리고 그의 경우 도시나 마을의 민중 또는 거기에서조차 살 수 없었던 나병환자나 '악령에 걸린 자'와 함께하는 행동 양태가 눈에 띈다.* 물론 요한의 경우도 이미 확인했듯이, 그의 아래로 모여든 사람들의 다수는 사회의 하층에 속한 사람들이었다. 하지만 주목해야 할 것은 요한 전승에는 민중을 기반으로 해서 성립된 것으로 생각되는 기적 이야기가 거의 없는 데 비해 예수에 대해서는 그것이 대단히 많이 거론된다는 점이다. 이것은 아마도 민중이 요한 아래로 모여들었다 하더라도, 요한이 황야에 머무는 한 그들로부터도 **사회적으로 차단되어 있던 사람들**은 요한 곁으로 급히 달려갈 수 없었던

---

* 종래 '나병癩病'으로 번역되었던 히브리어 '차라아트Tzaraath', 그리스어 '레프라Lepra'는 한센병으로 이해되어 왔으나, 현재는 반드시 한센병은 아니고 다양한 증상의 피부 병리 현상을 총괄하는 집합 개념으로 여겨지고 있다.

데에 비해, 예수는 오히려 **그 사람들**한테로 스스로 **나아갔던** 것과 관련이 있을 것이다.

그런데 이 기적 문제를 둘러싸고 요한과 예수 사이의 관련, 특히 양자 간의 종말관의 차이를 확인하기 위해 흔히 동원되는 예수의 말이 있다. ─요한이 옥중에서 예수의 가르침이나 기적 행위에 대해 전해 듣고, 자신의 제자들을 보내 예수에게 물어보게 했다.─

'³오시기로 되어 있는 분이 바로 선생님이십니까. 그렇지 않으면 우리가 다른 분을 기다려야 하겠습니까?' ⁴예수가 대답했다. '너희가 듣고 본 대로 요한에게 가서 전하여라. ⁵소경이 보고 절름발이가 걸으며 나병환자가 깨끗해지고 귀머거리가 들으며 죽은 사람이 살아나고 가난한 사람들에게 복음이 전해진다. ⁶나에게 의심을 품지 않는 사람은 행복하다.'(〈마태오〉 11장 3~6장)

이 부분은 〈루카〉 7장 18~23절과 병행하고 있고, 이른바 Q자료의 일부인데, 일반적으로 〈마태오〉 쪽이 〈루카〉보다 Q자료의 원형에 가깝다고 보는 게 통설이다. 그리고 위에 인용한 〈마태오 복음서〉의 대목을 많은 학자들은 진정한 예수의 말로 간주한다. 하지만 내게는 그렇게 생각되지 않는다.

첫째로, 이 말의 상황 설정으로 되어 있는 〈마태오〉 11장 2절에는 요한 교단과 그리스도 교단 간의 요한과 예수를 둘러싼 경합 관계가 전제되어 있으며, 여기에서 그리스도 교단 측은 요한 교단 측에 요한에 대한 예수의 우월성을 주장하고 있는 것처럼 보인다. 둘째로, 5절의 배후에는 명백히 〈이사야서〉 29장 18, 19절, 35장 5절, 61장 1절이 있고, 예수의 기적 행위는 이사야 예언의 성취로 자리매김되어 있는데, 그것은 종말의 때에 등장할 예언자의 행동으로 해석되고 있다.

셋째로, 이런 예수의 기적 행위의 종말론적 의미 부여는 예수의 말의 전승, 특히 Q자료에서만 확인되는 것으로, 기적 이야기 전승 그 자체에는 하나도 나오지 않는다.

그렇지만 이것은 불트만 이래 많은 성서학자들에 의해 다음과 같이 설명되고 있다. 즉 예수에 관한 전승 중에서 말 전승 쪽이 기적 이야기 전승보다 오래되었고, 따라서 역사적으로 신빙성이 있다. 게다가 기적 이야기에는 헬레니즘 문학에 존재하는 같은 유형의 이야기를 범례로 삼은 유형화가 확인되며, 여기에서 예수가 원래 갖고 있던 종말론적 의미가 제거되고 예수는 '신의 사람' 또는 '신' 자체로 신앙의 대상이 되어 있기 때문에 역사적으로 신뢰할 수 없다는 것이다.

확실히 복음서에 기록되어 있는 기적 이야기의 다수는 유대-헬레니즘적 문학 양식에 따라서 정리되어 있으며, 그중에서 '신의 사람' 또는 '신'으로서의 예수가 전경前景에 내세워져 있다. 그러나 우리는 이런 양식화가 일어나기 이전에 상정되는 기적 이야기 전승의 역사를 고려해야 한다. 그리고 바로 뒤에 보게 되겠지만, 전승의 오랜 단계에서는 헬레니즘적 양식화를 전제하지 않고도 그것에 다가갈 수 있는 전승의 '원형原型'이라고도 할 수 있는 것을 확인할 수 있다. 그리고 여기에는 이미 제1장에서 상정했듯이 예수의 행동 양태와 대응하는 요소가 존재한다. 이에 더해 예수의 말 전승과 기적 이야기 전승은 원래 독립적으로 전해진 것이었다. 그렇다면 기적 이야기 전승이 오래되었다는 것을 인정하는 한에서, 예컨대 지금 문제가 되어 있는 Q자료의 기적 행위에 대한 언급은 원래 기적 이야기 전승이 예수의 말 전승 속에 들어가는 과정을 보여주는 것으로 간주할 수밖에 없을 것이다. 물론 '기적'에 대한 '말'의 우위성을 고집하는 많은 성서학자들은 종래의 복음서 전승의 양식사적 연구 성과에 그 근거를 두고 있다. 그러나 그 배후에는 기적에 대한 근대주의적 편견과, 무엇보다도 '신의 언어의 신학'에 대한 의존이 자리 잡고 있는 것은 아닐까. 이미 얘기한 대로 나는 오히려 전승에서의 예수의 말은 예수의 행동 양태의 '로고스화'로 보고 있기 때문에, 개개의 말에 대한 신빙성은 의심할 수 없는 것이라 하더라도 전체적으로는 예수의 행동 양태에 대해 2차적인 것이라 생각하고 있다. 그리고 이 행동 양태에 바로 대응하는 전승이 내게는 기적 이야기 전승의 최고층最古層인 것으로 생각된다.

이상의 논술이 만일 옳은 것이라면, 예수의 진정한 말로서 흔히 인용되는 다음과 같은 말도, 적어도 그 전반前半은 예수의 기적에 대한 원시 그리스도 교단의 해석으로 봐야 할 것이다.

> 나는 신께서 보내신 성령의 힘으로 마귀를 쫓아내고 있다. 그러니 신의 나라는 이미 너희에게 와 있는 것이다.(〈마태오〉 12장 28절=〈루카〉 11장 20절)

2. 기적 이야기 전승

다음으로 우리는 기적 이야기 전승을 통해 민중과 함께한 예수의 행동 양태에 접근해 보기로 하자. 그렇지만 예수가 실제로 기적을 행했느냐 아니냐와 같은 질문에 역사적 또는 전승사적 방법을 통해 확답을 하기란 불가능하다. 원래 기적은 그것 자체의 성질상 객관적으로 대상화할 수 있는 차원을 넘어선 영역에 속하는 것이다. 여기에서는 문제가, 기적을 만난 인물 또는 그 기적을 사실로서 받아들이는 인간 개인의 가치관 또는 주관성과 관련되어 있기 때문이다.

그것은 그렇다 치고, 내게 흥미로운 것은 이런 문제보다도 이런 것이 문제가 되는 사회적 배경 내지는 그 사회적 의미다. 왜냐하면 서양사를 돌아보면, 기적 행위자나 엑소시스트(악령 추방술사)가 특히 문제가 된 시대는 현대, 중세 말기, 그리고 ―지금 우리가 다루고 있는― 고대 말기다. 또 이들 각 시대는 모두 시대의 전환기에 해당하며, 거기에서는 사회적 변동과 거기에 따르는 가치관의 변화가 진행되고 있었다.

그런데 고대에 대해 살펴보면, 종교적 형태를 동반한 초자연적 현상이 특히 주목을 받은 것은 헬레니즘 시대부터 고대 말기에 걸쳐 있고, 또 그 지역은 원래 거의 예외 없이 로마 제국 주변, 특히 그 동부 속주들이었다. 로마 제국 황제의 직할 속주인 유대, 그리고 이 유대에서 볼 때 정말로 변경에 해당하는 갈릴래아 또한 거기에서 예외가 아니었다. 게다가 갈릴래아는 일단 독립을 유지하고 있었지만 로마-유대 당국에게는 경제적 착취의 대상이 되어 있었을 뿐만 아니라 종교적으로도 유대의 지배 아래에 있었다. 거기에다 갈릴래아의 북서부는 헬레니즘적 색채가 짙은 시리아와 연결되어 있고, 그 동부에는 원래 그리스 식민 도시였던 '10개의 도시' 이른바 데카폴리스가 있었다. 즉 갈릴래아는 이異문화의 접촉 지대임과 동시에 당시의 '체제'인 로마-유대의 경제적·종교적 지배 아래에 있었던 만큼 이 지역의 비교적 하층 사회에 속해 있던 사람들은 이 사태를 의식적·무의식적으로 느끼고 있었을 것이다. 사실 이 사회층에서 배출된 것으로 보이는 지식인들 일부는 유대교를 역으로 이용하여 로마에 대한 종교적·정치적 반역 행위를 했다. 그 하나의 예가 이미 언급한 갈릴래아의 유다의 경우일 것이다. 그의 납세 거부 운동이 대규모의 봉기로까지 확대될 수 있었던 것은 사회적으로 학대받고 있던 민중의 지지가 있었기 때문이다. 그러나 한편 이런 봉기에조차 바로 가담할 수 없는, 사회 최하층에서 신음하던 사람들도 있었다는 것을 우리는 잊어서는 안 된다. 그것은 나병환자를 비롯한 병자들, 불구자들이다. 이미 살펴봤듯이 그들은 사회로부터 차단당한 채 살아가고 있었으며, 그런 차단은 종교적으로 정당화되고 있었다. 그렇다면 그들에게 남은 유일한 희망은 병이 나아서 사회로 복귀하는 것 외에는 없었을 것이다. 하지만 당시 우리로서는 상상도 할 수 없을 정도로 비싼 의약품은 거의 모두 사회의 상층부에서 독점하고 있었다. 그들이 그 희망을 이루기 위해 기댈 수 있는 것은 주술이나 마술, 기적 행위밖에 없었다. 그런데 이런 행위가 당시의 체제 측에 바람직한 사태가 아니었다는 것은, 적어도 당초에는 ―후대가 되면 이런 유형의 행위도 체제 측에 의해 채용되었다― 거의 예외 없이 금지되었고, 거기에 어떤 형태로든 관련되었다고 판정된 자들에게는 '엑소시스트'나 '기적 행위자'란 딱지가 붙여지고 처형당했다는 사실을 보더라도 분명하다.

　실은 복음서에 기록되어 있는 기적 이야기의 원형은 이런 사회적 배경 아래서 만들어졌다. 그렇다면 기적 이야기 전승은 이 전승 성립의 기반이 된 사람들, 나아가 이 전승을 가장 이른 시기에 담당했던 사람들이 함께 품고 있었던 사회적 희구希求, 그들의 가치 이념의 '상징적 행위'(G. 타이센)였다. 그리고 이러한 희구·이념을 품는 것, 더군다나 그 실현을 돕는 것은 설령 그것이 무의식적 '행위'였다고 하더라도, 당시의 사회적 질서를 유지하려는 쪽 사람들이 보기에는 하나의 '반역 행위'였던 것이다. 내게 의미가 있어 보이는 것은 이런 민중의 지향에 예수가 바로 대응하는 형태로 행동했다는 **것**이다. 예수가 실제로 기적을 행했는지 아닌지는 역사적으로 증명할 수 없지만, 적어도 **이것**은 기적 이야기 전승의 배후에 있는 역사적 사실로서 상정할 수 있을 것이다.

그런데 한마디로 기적 이야기라고는 해도, 거기에는 여러 유형이 있고, 각각의 유형은 전승의 역사를 갖고 있다. 따라서 여기에서는 먼저 유형을 정리해서 비교적 오랜 전승을 보존하고 있는 것으로 생각되는 유형의 전승사를 더듬어 본 다음, 마지막에 약간의 기적 이야기로부터 '상징적 행위'의 사회적 조건과 그 지향성을 확인하고, 거기에 대한 예수의 행동 양태를 추정해 보자.

먼저 기적 이야기는 다음의 세 가지 유형으로 대별할 수 있을 것이다.

(1) 신 현현顯現*의 기적 ― 동정녀 수태, 예수의 세례(하늘의 소리, 성령의 강하), 수면 보행, 변모 이야기, 엠마오로 가는 길에서 만난 두 제자, 부활, 현현 등.

(2) 자연 기적 ― 폭풍을 진정시킨 기적, 고기잡이 기적, 오병

---

* 에피파니epiphany. 고대 그리스어 ἐπιφάνεια, epiphanea. 갑작스럽고 눈부신 이해. – 옮긴이

이어 五餅二魚의 기적, 산을 옮기는 기적.

　(3)치유의 기적 ── A 악마 퇴치. B 병자 치유.

　이상과 같은 유형 중에서 (1)에는 분명히 예수를 '신의 사람'이라 믿는 신앙이 전제되어 있으며, 또 거기에는 동시대의 헬레니즘 문학에도 같은 유형의 기적 이야기가 보인다. 즉 이런 유형의 이야기는 원시 그리스도 교회의 사람들이 자신들의 그리스도 신앙을 당시의 신화적 소재를 빌려 대상화하고, 그것으로 같은 유형의 신화적 관념 세계에서 살아가던 사람들, 특히 헬레니즘의 이방인들에게 그리스도의 복음을 선교할 의도를 갖고 만든 것이다. 따라서 우리는 여기에서 원시 그리스도 교단 사람들의 신앙, 그들이 품고 있던 그리스도의 진실성을 읽어낼 수 있지만, 그것을 예수에 관한 사료史料로 이용할 수는 없다.

　유형(2)에 대해서도 거의 마찬가지로 설명할 수 있다. 이들 기적 이야기에는 ──많은 사람들이 함께 식사한 기적을 예외로 하면── 거의 모두 신앙이 전제되어 있으며(〈마르코〉 4장 39~40절[〈마태오〉 8장 26절], 〈루카〉 5장 6~8절, 〈마르코〉 11장 23절[〈마태오〉 17장 20절=〈루카〉 17장 6절]), 다음으로 이야기할 치유의 기적 이야기와는 달리 '민중'과는 구별되는 '제자들'이 기적에 대한 주요 관여자로 되어 있다. 그리고 전승 양식으로서는 많은 경우 이른바 '아포프테그마'화되어, 예수의 말에 덧붙여서 얘기되고 있다. 여기에는 기적 이야기 전승과 ──앞서 지적한― 예수의 말의 전승 담당자와의 접촉이 인지되며, 전승사적으로는 비교적 후기의 것으로 판단할 수밖에 없다. 게다가 같은 유형의 기적 이야기는 아포프테그마적 특색까지 포함해서 특히 랍비 문헌에서 많은 사례를 확인할 수 있다. 그렇다면 이런 유형의 기적 이야기는 신앙의 우주론적 유효함을 증명하기 위해 형성된 것인데, 우리의 경우 그 '생활의 자리'는 원시교회의 ―대내적으로는― 교훈, ―대외적으로는― 특히 유대교에 대한 호교護敎에 있을 것으로 본다. 다만 많은 사람이 함께 음식을 먹은 기적(5천명→〈마르코〉 6장 32~44절, 〈마태오〉 14장 13~21절, 〈루카〉 9장 10~17절, 〈요한〉 6장 1~15절, 4천명→〈마르코〉 8장 1~10절, 〈마태오〉 15장 32~39절)에는 ―뒤에서 살펴볼 것이다― 예수와 '죄인들'과의 회식의 추억이 이야기의 역사적 핵核으로 존재하는 것으로 보인다. 그러나 본문의 형태로 나타난 것은 오히려 원시 그리스도 교단의 제의(성찬식)를 그것의 '자리'로 삼아 형성되었을 것이다. 따라서 이 유형에 속하는 이야기도 예수에 관한 사료로서는 적극적으로 활용할 수가 없다.

그런데 제(3)의 유형에 대해서도, 본문의 형태로 나타나는 많은 경우에 (1) 및 (2)의 유형에서 확인한 것을 그대로 적용할 수 있다. 즉 치유의 기적도 또한 원시 그리스도 교단 내부에 대해서는 예수에 관한 교훈으로, 교단 외부에 대해서는 논쟁(호교)과 선교의 소재로서 제각각 기능을 수행한 것은 의심할 수 없다. 이런 유형의 기적도 헬레니즘 세계에서는 널리 포교의 수단으로 여겨지고 있었다.(특히 신新피타고라스주의를 신봉하는 필로스트라투스의 『아폴로니오스 전기』 참조) 그러나 치유의 기적 이야기 속에서 이런 그리스도 교단 내부에서 부여된 기능을 명확하게 읽어낼 수 있는 것은 많은 경우 아포프테그마화된 이야기다.(예컨대 〈마르코〉 3장 1~5절, 22~29절, 7장 24~30절, 〈루카〉 7장 1~10절=〈마태오〉 8장 5~13절[Q], 〈루카〉 11장 14~26절 =〈마태오〉 12장 22~45절[Q], 〈루카〉 13장 10~17절, 14장 1~6절, 17장 11~19절을 참조) 이들 대목에서 Q자료가 나오는 것으로 도 알 수 있듯이, 여기에서는 기적이 '로고스화'되어 있다. 이 것은 기적 이야기 전승이 그것의 원래 담당자로부터 새로운 담당자(예를 들면 Q교단이나 마태오)로 옮겨졌다는 것을 보여주는 것으로, 전승으로서는 비교적 새로운 층에 속하는 것으로 볼 수밖에 없을 것이다.

그렇다면 우리는 치유의 기적에 관한 이야기를 이처럼 비교적 젊은 층에서 오랜 층으로 전승사적으로 더듬어 가서 이야기의 '원형'이라고 볼 수 있는 것을 상정해야 한다. 그리고 이 작업은 아래에 제시되어 있듯이, 어느 정도 가능하다고 본다.(이하의 '원형 복원'은 오누키 다카시大貫隆의 대학원 세미나에서의 발표, 및 일본성서학연구소, 1974년 6월 월례회 보고 〈기적 이야기 전승 담당자의 사회층에 관한 시론―말 전승과의 비교―〉에 많은 빚을 졌다)

그런데 기적 이야기 전승에는 일정한 양식적 법칙이 확인되는데, 그것은 다음과 같은 것이다.

전승이 새로운 층으로 이행함에 따라 (1)예수의 이니셔티브가 확대된다. (2)치유된 것에 대한 관심, 기적 그 자체에 대한 관심이 강화된다. (3)예수에 대한 호칭 속에 그리스도론적 존칭('신의 성스러운 아들' '주主' '다윗의 아들' 등)이 침입한다. (4)기적에 대한 인상, 환호가 부가된다. (5)치유된 자들에 의해 선교가 시작된다. (6)치유되는 자의 신앙이 강조된다. (7)제자들의 모티프가 전경前景으로 나온다. (8)기적이 '로고스화'된다.

이와 같은 법칙을 토대로 기적 이야기의 최종적(가장 젊은) '이념형'을 구성해 보면, 그 특색은 (1)예수 자신이 기적 행위의 이니셔티브를 쥔다. (2)기적 그 자체가 과장되고, 치유된 자에 대한 관심은 도중에 사라진다. (3)기적 행위자 예수의 권위·영광·위대성이 강조된다. 그리고 이런 '이념형'에 비교적 가까운 이야기는 위에 든 아포프테그마화된 기적과 〈요한 복음서〉 기자가 활용한 것으로 보이는 '증거 자료'라는 것이 된다.

그러면 이 법칙으로부터 거꾸로 기적 이야기의 '원형'을 이념형적으로 구성해 보면, 그 특색은 다음과 같은 점으로 드러난다. (1)예수는 외부로부터 부름을 받는다. 그때 그리스도론적 존칭은 포함되지 않는다. (2)기적 자체는 특별히 강조되지 않으며, 치유된 자에 대한 관심이 마지막까지 지속된다. 구체적으로는 이야기가 가족(사회)에게 가라는 귀환 명령으로 끝난다.(〈마르코〉 1장 44절, 2장 11절, 5장 19절, 34절 8장 26절, 10장 52절, 〈루카〉 7장 15절, 17장 19절, 〈요한〉 5장 9절, 9장 7절, 1장 44절 등 참조) (3)치유된 자의 신앙은 전제되어 있지 않다. (4)기적 행위자로서의 예수의 위대성은 특별히 강조되지 않는다. (5) 기적에 참여하는 자는 민중이다. 그리고 이런 특색을 지닌 '원형'에 비교적 가까운 기적 이야기를 복음서로부터 뽑아내면, 〈마르코〉 1장 40~44절, 8장 22~26절(단 22절a와 26절a를 빼고), 〈루카〉 17장 12~19절(단 16절b~18절, 19절b를 빼고)의 세 이야기가 된다.

이들 이야기를 여기서 모두 다룰 수는 없기 때문에 그 대표로 〈마르코〉 1장 40~44절(45절을 포함해서)을 검토하고, 그 속에서 예수의 행동과 그 의미를 추정해 보기로 하겠다.

[40] 예수에게 나병환자가 와서 애원하며 무릎을 꿇고 말한다. '당신이 하고자만 하시면 저를 깨끗이 고쳐 주실 수 있을 텐데요.' [41] 예수께서 화를 내고 그에게 손을 갖다 대시며 '그렇게 해 주겠다. 깨끗하게 되어라' 하시자 [42] 곧 나병이 이 남자한테서 떠났기 때문에 이 남자는 깨끗이 나았다. [43] 그런데 예수께서 엄하게 꾸짖으면서 곧 그를 쫓아냈다. [44] 그리고 그에게 말했다. '누구에게도 절대로 아무 말 하지 마라. 다만 사제에게 가서 네 몸을 보이고 모세가 명한 대로 예물을 드려 네가 깨끗해진 것을 그들에게 증명하여라.' [45] 그러나 그는 물러가서 요란하게 선교 활동을 시작

했고 또 〈말〉을 널리 퍼뜨리기 시작했다. 그 결과 예수께서는 이미 드러나게 동네로 들어가지는 못하시게 되고 동네에서 떨어진 외딴 곳에 머물러 계셨다. 그리고 그 예수에게로 사람들이 사방에서 모여 들었다.(다가와 겐조 역)

먼저 45절이 마르코의 편집구인 것에 관해서는 거의 모든 학자들 사이에서 이론異論이 없다. 43·44절에서 예수가 기적에 대해 누구에게도 말해서는 안 된다고 명령하고 있는데, 그럼에도, 아니 바로 그로 인해서 예수의 명성이 널리 퍼져 나갔다, 라는 동기動機는 마르코가 기적 이야기 말미에 즐겨 덧붙이는 동기이기 때문이다.(1장 28절, 7장 36, 37절 등 참조)

따라서 마르코가 채용한 전승 부분은 40~44절인 셈인데, 이 전승의 성격을 둘러싸고 일본과 독일의, 특히 기적 이야기에 관한 대표적 연구자들(다가와 겐조와 루돌프 페슈Rudolf Pesch [1936~2011])이 완전히 다른 가설을 제시했는데, 게다가 이 가설들은 이제부터 얘기할 내 견해에 모두 불리한 결론을 포함하기 때문에, 공평을 기하기 위해 먼저 이 두 개의 가설을 소개해 두고자 한다.

다가와에 따르면, 41절의 '예수는 화를 내고'(많은 성서 번역에는 '예수는 몹시 불쌍히 여겨'로 되어 있는데, 이는 '화를 내고'와 '불쌍히 여겨'라는 두 가지의 사본이 있기 때문이다. '불쌍히 여겨'로 하더라도 그것 자체가 잘못된 것은 아니지만 문헌 비평학적으로 '화를 내고' 쪽이 〈마르코 복음서〉의 원본에 가깝다고 평가되어 최근의 연구자들은 거의 대부분 '화를 내고' 쪽 사본을 채용하고 있다)라는 동기는 나병환자가 모세의 율법에 따르면 마음대로 사람들 속을 걸어 다니면 안 되는데(〈레위기〉 13장 46절), 그것을 위반하고 예수가 있는 곳으로 온 율법 위반에 대한 분노다. 마찬가지로 43절의 '엄하게 꾸짖었다'도 이 남자가 나병이 나았다고 생각하고 정규 절차를 밟아 치유를 확인받기(44절→〈레위기〉 14장 2~32절) 이전에 건강한 사람들과 여기저기 돌아다니며 자신이 나았다고 이야기하고 다니지는 않을까 하는 예수의 걱정을 표현한 것이다. 요컨대 다가와에 따르면, 이 기적 이야기의 목적은 예수의 기적적인 치유 사실보다도 예수가 구약의 율법에 충실했다는 것을 보여주려 한 것이다. 그 때문에 여기에서는 예수보다도 오히려 예루살렘 교단적인 사고방식이 표현되어 있다. 게다가 이 이야기에 장소나 시간의 규정이 없다는 사실도 이것이 지방의 민간 설화가 아니라 오히려 교단의 교훈을 전하려는 것을 목적으로 한 전승, 요컨대 신학적 창작이라고 다가와는 판단한다.

한편 페슈에 따르면, 이 이야기는 〈요한〉 11장 17~44절에 기록되어 있는 라자로의 부활 기적과 같은 유형의, 명백히 예수를 '신'이라고 믿는 신앙을 전제로 한 기적 이야기다. 그 때문에 이런 유형의 이야기에서는 그리스도론을 해석할 수는 있어도 어떤 의미에서든 역사적 사실과 관계가 있는 사항을 추정해서는 안 된다. 원래 유대교에는 나병환자를 고칠 수 있는 것은 신밖에 없다는 생각이 일관되게 존재하며, 원시 그리스도교는 예수를 이 신의 위치에 자리매김하고 많은 치유의 기적 이야기를 창작했다. 게다가 〈마르코〉 1장 40절 이하에는 구약성서의 〈열왕기하〉 5장 8~14절에 기록되어 있는 나병환자 나아만을 신의 이름으로 치유한 엘리사 이야기가 전제되어 있다. 이런 관점에서 보면 41절의 '화를 내고'는 〈요한〉 11장 33, 38절의 '비통한 심정'과 같은 뜻으로, 이는 곧 기적 행위자가 기적을 행하기 전의 성스러운 정신의 고양이며, 기적 이야기에 전형적인 동기動機다. 또 43절의 '엄하게 꾸짖으면서'는 45절의 그럼에도 불구하고 '말'을 퍼뜨렸다는 동기를 두드러지게 하기 위한 문학적 기교다. 그리고 44절의 금지 명령은 윌리암 브레데William Wrede의 유명한 가설 '메시아의 비밀'로 설명해야 된다고 본다.('메시아의 비밀'이란 생전의 예수는 아직 메시아로 알려져 있지 않았음에도 원시 그리스도 교단에서는 예수의 메시아성[그리스도라는 것]이 당연한 것으로 전제되어 있었는데, 마르코는 이 양자 간의 간극을 메우기 위해 자신의 메시아성을 가능한 한 감추려는 **생전의** 예수상을 창작해냈다는 가설로, 이것은 현대의 성서학에 상당히 강한 영향을 주고 있다)

먼저 페슈의 설에 대해서는 이미 우리도 확인했듯이, 복음서의 모든 기적 이야기는 **궁극적으로는** 예수를 '신의 사람' 또는 '신' 자체로 믿는 신앙에 의해 해석될 수 있다. 그러나 〈마르코〉 1장 40절 이하와 〈요한〉 11장 17절 이하를 동렬에 놓고, 후자의 관점에서 전자의 의미를 해석하는 것은 결국 전승사를 무시하는 것이 된다. 게다가 이 기적 이야기(〈마르코〉 1장 40절 이하)에 병행하는 〈마태오〉 8장 2절 이하, 〈루카〉 5장 12절 이하에서는 예수가 '주여'라고 부르는 대상이 되어 있다. 즉 그리스도론적 존칭이 침입해 있는 것으로 보더라도 〈마르코 복음서〉의 경우에 비해 전승이 일단 젊어져 있고, 그런 의미에서 한 걸음 더 〈요한 복음서〉의 기적 이야기에 다가가고 있는 것이다.

다음에 다가와 겐조의 가설에 대해서 말하자면, 먼저 민간전승은 일정한 지역과 엮여 있어야 한다는 전제에 나는 따를 수 없다. 물론 처음부터 특정한 도시나 마을과 엮여 만들어진 민간전승으로서의 기적 이야기가 많이 있는 것은 사실이지만, 동시에 땅과의 결합이 2차적으로 도입되는 경우도, 예컨대 〈루카 복음서〉 등에서는 많이 보이고 있다. 특히 주목해야 할 것은 앞서 골라낸 기적 이야기의 '원형'에 가까운 이야기인 〈마르코〉 8장 22~26절, 〈루카〉 17장 11~19절에서 확인되는 '땅'은 —〈마르코〉의 경우는 22절('벳사이다'), 〈루카〉의 경우는 11절('사마리아와 갈릴래아 사이')— 모두 마르코 또는 루카에 의한 2차적 추가다. 그리고 우리의 〈마르코〉 1장 40절 이하와 〈루카〉 17장 11절 이하는 모두 나병환자의 치유 기적이며, 그 본래의 전승에는 땅과의 결합은 없었던 것으로 생각된다.

그들은 마을에서 떨어진 곳에 숨어 살고 있었고, 그곳의 이름은 알려져서는 안 되는 것이다. 어쨌든 기적 이야기 전승은 원래 땅의 이름과 결부되어 있지 않았다고 하는(카를 슈미트Karl Ludwig Schmidt나 불트만의) 양식사적 연구의 성과는 아직도 전면적으로는 부정될 수 없는 게 아닐까.

둘째로, 41절의 '화를 내고'나 43절의 '꾸짖으면서'는 45절의 치유받은 인물의 행동을 효과적으로 묘사하기 위해 써 넣은, 마르코에 의한 편집적 가필加筆로 봐도 좋을 것이다. 그러나 이런 예수의 치유를 바라는 인물에 대한 부정적 반응에는 예수가 기적 행위에 대해 적어도 스스로 이니셔티브를 취하지 않았다는, 이야기의 가장 오래된 형形이 전제되어 있고, 그것을 마르코가 문학적으로 이용했을 가능성도 있을 것이다. 44절의 금지 명령도 마찬가지로 설명할 수 있다.

어쨌든 이런 나병환자와 그 치유에 대한 예수의 소극적 태도를 율법에 충실히 따르는 유대인 그리스도교적(예수살렘 교단적?) 예수 상像으로 자리 매김할 필연성이 나로서는 없는 것으로 생각된다. 44절의 사제를 통해 기적의 효과를 증명받으라고 한 권유는 확실히 유대교의 규정에 바로 대응하는 것이다. 그러나 병자가 사회로 복귀하려면 당시의 사회에서 통용되고 있던 규정에 따라 복귀 가능성을 증명받는 것 외에는 다른 방법이 없었던 서민들에 대해 그 규정에 따르도록 권고한 것이, 나로서는 유대 율법에 대한 단순한 영합이라고는 생각되지 않는다. 오히려 법에 따름으로써 법을 뛰어넘는 사례를 들이대는 것도 가능한 것이다. 법 바깥에서는 현실적으로 살아갈 수 없는 사람들도 존재한다는 것을 잊어서는 안 될 것이다. 그러나 이런 규정에 따르라는 명령이 우리의 기적 이야기의 강조점은 아닐 것이다. 그게 아니라 오히려 44절의 '가시오', 집으로 돌아가시오, 또는 사회로 복귀하시오, 라는 명령이 기적 이야기의 '원형'의 주안점이었다는 것이 우리(오누키와 나)의 결론이다.

이상과 같은 추정이 옳다면, 이런 기적 이야기의 '원형'에 자신을 대상화하고 있는 에토스와 그 담당자의 사회층은 가족 관계의 회복, 사회로의 복귀가 최대의 바람이었던, 즉 그것이 그들의 최고 가치 이념이었던 사회층이었을 것이다. 따라서 이런 유형의 이야기는 나병환자로 상징되는, 가정과 사회로부터 의례儀禮적으로 차단당한 사람들을 기반으로 해서 만들어지고, 한때의 병이 그대로 절대적인 몰락으로 직결되는 사회의 최하층 사람들이 원초적으로 짊어졌던 것이다. 그것은 예컨대 다음과 같이 예수에게 구걸하는 사람들이 속하는 사회층이다. 양손이 오그라든 사람이 예수에게 말했다.

나는 미장이였습니다. 나는 두 손으로 내 생활비를 벌었습니다. 예수님이여, 부탁드립니다. 내게 건강을 회복하게 해 주세요. 내가 경멸당하면서 식사를 구걸하러 다니지 않아도 되도록!'(〈나

사렛인 복음서〉 단편)

실제로 당시의 유대 사회에서 —그것은 유대교 지배 아래에 있던 갈릴래아에서도 그대로 통용되고 있었다— 불구자나 병자, 특히 나병환자는 그런 상태에 놓인 것 자체가 그들 자신 또는 그들의 조상이 저지른 죄에 대한 신의 벌로 여겨지고 있었고, 건강한 사람이 그들과 접촉하는 것은 부정不淨해지기 때문에 계율로 금지되어 있었다. 따라서 랍비 문헌에는 치유의 기적에 대해서는 부정적 응답이 많고, 고유한 의미에서의 나병환자 치유—이것은 죽은 사람의 부활과 같은 뜻이었다!—의 기적 이야기는 존재하지 않았다.

어쨌든 가족 관계의 회복, 사회로의 복귀를 바라는 마음을 충족시키는 것은 인간의 공리성功利性을 긍정하는 은혜恩惠 종교적 패턴에 속하는 것이다. 만일 예수가 이런 바람에 곧바로 대응하는 형태로 행동했다면, 그런 행동 양태는 은혜 종교에 전형적으로 보이는 '종교성'을 거부한 것에서 예수의 '종교 비판'의 독자성을 찾아내는 현대의 지식인들에게는 있을 수 없는 예수의 행동 양태로 비칠지도 모른다. 그러나 예수가 실제로 치유의 기적을 행사했는지 하지 않았는지와는 별개로, 이와 같은 공리적인 바람을 충족시키는 존재로 예수가 전승 속에 조형造型되어 있었던 것은 사실이며, 이런 조형이 실제의 예수 행동에 바로 대응하는 것이었을 가능성은 충분히 있다고 결론짓지 않을 수 없다. 다만 예수가 공리적 희구에 부응하는 형태로 행동한 것은 그런 희구를 충족시키는 것 말고는 살아갈 수 없는 사회층에 속하는 사람들에 대해서였다는 것을 잊어서는 안 될 것이다. 그것이 공리적이든 은혜 종교적이든 그것 외에는 살아갈 희망이 없다면 —설사 그것이 지식인의 비웃음을 사는 행위라 하더라도— 어쨌든 그들이 살아갈 수 있는 방향으로 스스로를 던진다는 것이 예수의 기본적 자세였던 것이 아닐까. 그리고 앞서 지적했듯이 이런 희구를 품는 것, 거기에 바로 대응하는 자세를 취하는 것, 그것 자체가 당시의 사회 질서를 무너뜨리는 '행동'으로 기능했던 것이다.

앞서 기적 이야기의 유형을 분류했을 때 (3)의 A에 분류된 악마 퇴치 기적도 그 원형은 위에서 확인한 치유 기적과 같은 의미를 가지고 있었던 것으로 생각된다. 기적의 대상이 나병 환자로 대표되는 불구자나 병자로부터 현대 의학이 얘기하는 정신장애자로 옮겨졌을 뿐이다. 다만 악마 퇴치 기적에 특징적인 것은 이런 유형의 이야기에 병행하는 기사가 당시의 헬레니즘 세계—특히 이집트—에 매우 많았다는 것, 또 복음서에 기록되어 있는 이런 유형의 기적 이야기에는 거의 예외 없이 저 '그리스도론적 존칭'이 들어 있다는 점이다.(예컨대 〈마르코〉 1장 24절, 3장 11절, 5장 7절 등) 따라서 이것은 전승사적으로는 치유의 기적보다는 젊은 전승 단계에 속하는 전형적인 지방 민간전승이라고 할 수 있을 것이다.

그 일례로 악마 퇴치의 대표적인 이야기, 〈마르코〉 5장 1~20절을 일별해 보자. 이 이야기는 그 구성이 상당히 뒤엉켜 있는데, 원래는 두 개(1~8절과 9절 이하) 또는 세 개(1~8절, 9~15절, 16절 이하)의 이야기가 전승 과정에서 합쳐졌을 가능성이 있지만, 여기에서는 이 문제에 깊이 들어갈 수가 없다. 어쨌거나 우리가 기적 이야기 '원형'의 특징으로 들었던 요소들, 예컨대 예수가 기적 행위의 이니셔티브를 취하지 않았다는 것, 또 치유된 자에 대한 관심이 마지막까지 지속되어 가족에게 돌아가라는 귀환 명령으로 끝나는 것(19절a) 등이 이 이야기에도 보존되어 있기는 하다. 그러나 동시에 여기에는 그리스도론적 존칭이 침입해 있고(7절), 기적 자체가 과장되어 있으며(11~16절), 기적 행위자로서의 영광이 강조되어 있고(19절b [주여!]), 가족으로 돌아가라는 예수의 귀환 명령이 지방 전도로 바뀌어 있는(20절) 등 전승 단계가 발전해 가는 과정도 읽어낼 수 있다.

그것과는 별개로 이 이야기에서 흥미로운 것은 이야기의 장면이 갈릴래아에 인접한 이방의 땅(데카폴리스 지방의 게라사인의 땅[1절, 20절])으로 되어 있고, 또 이곳의 한 주민에게 씌워져 있었다는 '더러운 악령'의 이름이 '레기온Legion'이라는 것이다.(9절) 알다시피 '레기온'이란 로마군단의 호칭이다. 그렇다면 예수가 엑소시스트로서 이 레기온을 이겼고, 레기온은 유대인들이 기피했던 돼지떼 속으로 스스로 들어갔으며, 돼지들은 바다를 향해 달려가 물속에 빠져 죽고 말았다(11~13절)는 이야기에는 이 이야기 전승을 담당했던 민중이 '레기온'으로 상징되는 로마 권력에 대해 반항 지향성과 그것을 예수의 이름으로 비악마화하려는 의지가 들어 있다고 봐도 좋을 것이다. 이런 의미에서 이런 유형의 전승은 그것을 담당했던 사람들이 사회 속에서 스스로를 조정調整하고 자기 주장을 하는 '상징적 행위'로 자리매김할 수 있는 것이다.

3. 예수의 말 전승

치유의 기적 이야기와 관련해서 우리는 그 전승의 최고층最 古層에서 치유된 자에게 가족으로 돌아가라고 한 예수의 복귀 명령을 확인했으며, 여기에서 사회의 최하층에 소속되어 있던 사람들의 가치 이념과 거기에 대응하는 예수의 행동 양태를 상정했다. 그런데 기적 이야기 전승과 나란히 원시 그리스도교 의 가장 초기 시대부터 전해지고 있던 예수의 말 전승에서 예 수는 기적 이야기 전승의 경우와는 완전히 반대의 명령을 내 리고 있다. 즉 예수는 여기에서 가족적 동포 관계에서 떨어져 나가라고 명령한다.

그분의 제자들 가운데 어떤 이가, '주님, 먼저 집에 가서 아버 지의 장례를 치르러 가게 허락해 주십시오' 하고 말했다. 예수께 서는 그에게 '너는 나를 따르라. 그리고 죽은 자들의 장례는 죽은

자들에게 맡겨 두어라' 하고 말씀하셨다.(〈마태오〉 8장 21, 22절 =〈루카〉 9장 59~60절[Q])

내가 세상에 평화를 주러 온 줄로 생각하지 마라. 평화가 아니라 칼을 주러 왔다. 내가 온 것은 아들은 아버지와 맞서고 딸은 어머니와, 며느리는 시어머니와 서로 맞서게 하기 위해서다.(〈마태오〉 10장 34~35절=〈루카〉 12장 51~53절[Q], 〈도마〉 16장)

나보다 아버지나 어머니를 더 사랑하는 사람은 내 사람이 될 자격이 없다. 나보다 아들과 딸을 더 사랑하는 사람도 내 사람이 될 자격이 없다.(〈마태오〉 10장 37절=〈루카〉 14장 26절[Q], 〈도마〉 55, 101장)

대저 나를 위해 집과 형제, 자매, 아버지, 어머니, 아들 또는 밭을 버린 사람은 그 몇 배를 받을 것이며, 또 영원한 생명을 얻을 것이다.(〈마태오〉 19장 29절=〈루카〉 18장 30절[Q].-〈마르코〉 10장 29절도 참조)

―경건한 부자 청년에게 예수는 명령한다. '네게 부족한 것이 하나 있다. 돌아가서 갖고 있는 것을 다 팔아 가난한 사람들에게 나눠 주어라. 그러면 하늘에서 보화를 얻게 될 것이다. 그리고 나서 나를 따라 오너라.'(〈마르코〉 10장 21절, 〈마태오〉 19장 21절,

〈루카〉 18장 22절)

— 시몬(베드로)과 그 형제 안드레아에게 예수는 명령한다. '나를 따라 오너라. 내가 너희를 사람 낚는 어부가 되게 해 주겠다.' (〈마르코〉 1장 17절, 〈마태오〉 4장 19절, 〈루카〉 5장 10절)

이처럼 치유의 기적 이야기의 경우와는 정반대의 명령을 내리는 예수를 우리는 어떻게 이해해야 할까. 결론을 미리 얘기하자면, 우리는 이런 예수상을 예수의 말 전승을 담당했던 소小수공업자들로 대표되는 사회층에 속한 사람들의 가치 이념(가치의 단절) 속에 자리매김할 수 있다. 즉 예수는 그를 '만난' 사람들에 의해 그들이 귀속하는 사회층과 그 이해관계에 따라 각기 다른 방식으로 이해되고 있다. — 이 결론을 얻기 위해서는 먼저 예수의 말 전승 담당자의 사회층과 그 가치 이념을 확정해야 한다.(이 확정도 또한 앞에서 언급한 오누키 타카시의 보고에 많은 것을 빚지고 있다)

첫째로, 말 전승 담당자의 사회경제적 국면에 관해서는, 예수의 각 말들로부터 다음과 같은 점들을 확인할 수 있다.

(1) 〈마태오〉 25장 14~30절=〈루카〉 19장 12~27절([Q] 미나의 비유)에서. — 위촉받은 타인의 자본을 이용해 이식利殖 행위를 하고 주인의 가산을 관리해야 하는 종. 이 비유 중의 〈마태오〉 25장 29절=〈루카〉 19장 26절(비유에 대한 Q교단의 편집

구)에서. ―경제적 경합 중에 몰락할 위험에 늘 노출되어 있는 사회층을 예상하게 하는 비관주의pessimism. 그리고 〈마태오〉 24장 45~51절=〈루카〉 12장 42b~46절(충실한 종과 그렇지 못한 종의 비유), 〈마태오〉 22장 1~10=〈루카〉 14장 15~24절(성대한 만찬회의 비유)도 참조.

(2) 〈마태오〉 6장 12절=〈루카〉 11장 4절(주의 기도)에서. ―채권·채무 관계를 가질 수 있는 사회층.

(3) 〈마태오〉 6장 24절=〈루카〉 16장 13절, 〈마태오〉 6장 19~21절=〈루카〉 12장 33, 34절, 〈마르코〉 10장 29, 30절에서. ―신(신앙)과 부(소유)의 가치적 양자택일이 가능한 사회층. 다만 여기에서는 부를 버리고 신을 섬기는 것이 사실事實이 아니라 늘 **과제**인 사회층을 상정해야 한다.

(4) 비유의 소재素材. ―회식(〈루카〉 11장 5절, 12장 19절, 14장 7~24절, 15장 16, 23, 29, 30절, 16장 19~21절, 17장 7~10절과 각 병행 기사), 재산·가산家産(〈루카〉 15장 11~32절, 16장 1~11절, 〈마태오〉 20장 1~16절, 〈마르코〉 3장 27절), 종(〈루카〉 13장 7절, 16장 1~8절, 17장 7~10절), 시의적절한 투기(〈마태오〉 13장 44~46절, 〈루카〉 15장 11~13절), 이식利殖(〈루카〉 16장 1~8절), 포도원의 부재지주·피고용 농민·노무자(〈마르코〉 12장 1~9절, 〈마태오〉 20장 1~16절), 채권·채무 관계(〈루카〉 7장 41~43절, 16장 5~7절, 〈마태오〉 18장 23~35절), 가옥 건설(〈마태오〉 7장 24~27절=〈루카〉 14장 28~30절[Q]), 결혼식(〈마태오〉 25장

1~13절), 답례 만찬을 개최할 능력이 있는 사회층(〈루카〉 14장 12~14절), '가난한 사람, 불구자, 절뚝발이(앉은뱅이), 소경'보다 상위의 사회층(〈루카〉 14장 12~14절).

―이상의 소재들에서 이들 비유를 전해 준 사람들은 사회에 대한 태도, 윤리 면에서 통상적 양식良識의 틀 안에 있으며, 바리사이파에게 구성원들을 공급한 것과 같은 소시민층에 속하는 사람들로 추정된다.

둘째로, 사회생태학적 국면에 관하여.

(1) 〈마태오〉 23장 37, 38절=〈루카〉 13장 34, 35절[Q], 〈마태오〉 10장 15절, 11장 21~24절=〈루카〉 10장 12~15절[Q] 등에는 '(내가) 너희에게 고한다'라는 선언 정식宣言定式을 통해 도입되는, 의인화된 도시에 대한 저주가 인지된다. 이것은 전승자의 도시 선교(〈마태오〉 10장 23절 참조)와 그 좌절 체험을 전제하고 있으며, 그런 점에서 말 전승의 가장 이른 시기의 담당자는 '방랑의 래디컬리즘'(G. 타이센) 속에 살았다고 할 수 있지만, 그것은 일의적一義的으로 '농촌적'(타이센)이지 않고 오히려 **과제**課題에서 도시 지향적이다.

(2) 〈마태오〉 6장 25~33절=〈루카〉 12장 22~31절 중에서 특히 〈마태오〉 6장 29절=〈루카〉 12장 27절은 '그러나 내가 너희에게 고한다'는 선언 정식을 통해 도입되는 Q교단의 부가附加 부분이며, 전승사적으로는 Q전승의 지혜문학 요소를 만든 비교적 젊은 층에 속하지만, 여기에서 보이는 '들의 백합'(농촌적

자연)과 '솔로몬의 영화'(도시적 번영)의 대비에서, 마찬가지로 **가치**에서의 농촌 지향을 읽어낼 수 있다.(〈마태오〉 4장 8절=〈루카〉 4장 6절[Q-유혹 이야기]도 참조)

셋째로, 사회문화적 국면.

(1) 말 전승에는 실로 많은 '격언'들이 수용되어 있고, 그 대부분이 Q자료에 속하는 것이 눈에 띈다. 예컨대 —

'눈은 몸의 등불이다'(〈마태오〉 6장 22절=〈루카〉 11장 34절).

'아무도 두 주인을 섬길 수는 없다'(〈마태오〉 6장 24절=〈루카〉 16장 13절=〈도마〉 47장).

'남을 판단하지 마라. 그러면 너희도 판단받지 않을 것이다'(〈마태오〉 7장 1절=〈루카〉 6장 37절).

'너희는 남에게서 바라는 대로 남에게 해 주어라'(〈마태오〉 7장 12절=〈루카〉 6장 31절).

'여우에게는 굴이 있고 하늘의 새도 보금자리가 있지만 사람의 아들은 머리 둘 곳조차 없다'(〈마태오〉 8장 20절=〈루카〉 9장 58절=〈도마〉 86장).

'죽은 자들의 장례는 죽은 자들에게 맡겨 두는 게 좋다'(〈마태오〉 8장 22절=〈루카〉 9장 60절).

'뱀같이 슬기롭고, 비둘기같이 양순해야 한다'(〈마태오〉 10장 16절).

'소경이 소경을 인도하면 둘 다 구렁에 빠질 것이다'(〈마태오〉 15장 14절=〈루카〉 6장 39절).

'누구든지 자기를 높이는 사람은 낮아지고 자기를 낮추는 사람은 높아질 것이다'(〈마태오〉 23장 12절=〈루카〉 14장 11절).

'대저 가진 사람은 더 받아 넉넉해지고 없는 사람은 있는 것마저 빼앗길 것이다'(〈마태오〉 25장 29절=〈루카〉 19장 26절=〈마르코〉 4장 25절).

(그리고 〈마태오〉 5장 13절=〈루카〉 14장 34, 35절[〈마르코〉 9장 49, 50절], 〈마태오〉 5장 15절=〈루카〉 11장 33절, 〈마태오〉 5장 18절=〈루카〉 16장 17절, 〈마태오〉 6장 26절=〈루카〉 12장 24절, 〈마태오〉 7장 7~11절=〈루카〉 11장 9~13절[〈도마〉 2장], 〈마태오〉 7장 16~20절=〈루카〉 6장 43~45절[〈마태오〉 12장 33~35절], 〈마태오〉 10장 10절=〈루카〉 10장 7절, 〈마태오〉 10장 26절=〈루카〉 12장 2절[〈마르코〉 4장 22절=〈루카〉 8장 17절=〈도마〉 5, 6장], 〈마태오〉 10장 39절=〈루카〉 17장 33절, 〈마태오〉 12장 30절=〈루카〉 11장 23절, 〈마태오〉 17장 20절=〈루카〉 17장 6절도 참조)

이런 말들은 모두 예수가 한 것인데, 이들과 유사한 구절이 당시 랍비 문헌 등에서 인지된다. 따라서 이것들은 오히려 '격언'으로 당시 널리 인구에 회자되고 있던 것으로 보인다. ─말 전승의 담당자는 이처럼 많은 격언을 수용함으로써 그들의 생활 체험에 새로운 의미를 부여하고, 자신들의 이념 표현의 한 수단으로 삼을 수 있는 능력을 갖고 있었다. 그럴 때 특히 예수의 비유에 대한 Q교단의 해석구(〈마태오〉 25장 29절=〈루카〉 19장 26절, 〈마태오〉 23장 12절=〈루카〉 14장 11절)를 보라.

⑵ 말 전승에는 응보應報 희구希求·응보 윤리가 인지된다. 예컨대 〈마태오〉 10장 10b절=〈루카〉 10장 7b절, 〈마태오〉 7장 12절=〈루카〉 6장 31절(황금률), 〈마태오〉 19장 29절=〈루카〉 18장 30절, 〈마태오〉 6장 1~18절, 〈마르코〉 3장 31~35절, 10장 28~31절 등. 특히 〈마태오〉 7장 2절(Q), 13장 12절, 25장 29절(Q) 등에서 보이는 바와 같이 격언이 이른바 '성법문聖法文'(에른스트 케제만)의 문체로 채용되고, 거기에 이어지는 절에서 그것이 종말론적 의미 지평으로 전이되고 있다. 마찬가지로 비유 전승 중의 응보 윤리와의 유사성은 다음 대목들에서 확인할 수 있을 것이다. 〈마태오〉 24장 48~51절=〈루카〉 12장 43~48절, 〈마태오〉 25장 14~28절, 〈루카〉 14장 7~10, 14절. —이상과 같은 응보 희구 또는 응보 윤리는 소시민(수공업자·소상인)이 키우는 윤리로(막스 베버), 예수 시대에 맞춰 얘기하자면, 수공업자를 주요 구성원으로 하는 랍비 계층의 생활 이념과 일치한다.

그리하여 넷째로, 말 전승의 담당자(다수의 경우 Q교단 구성원)는 베버의 이른바 '소분파Sekte'의 윤리로 살아가고 있었던 것으로 추정된다. 그들은 사상과 행위의 종합을 가치 이념으로 삼아 자신에게 요청하고(〈마태오〉 7장 18절=〈루카〉 6장 43절, 〈마태오〉 7장 16절=〈루카〉 6장 44절, 〈마태오〉 12장 35절=〈루카〉 6장 45절, 〈마태오〉 7장 21절=〈루카〉 6장 46, 47절 〈마태오〉 23장 4절=〈루카〉 11장 46절), 그에 따라 소분파의 구성원으로서의 자격이 있음을 증명하고(〈마태오〉 10장 37, 38절=〈루카〉 14장 26, 27절, 〈마태오〉 7장 13, 14절=〈루카〉 13장 23, 24절), 자기동일성을 확보하기 위해 '적'을 설정한다.(〈마태오〉 12장 30절=〈루카〉 11장 23절, 〈마태오〉 7장 15~23절. ―〈마태오〉 5장 43~48절의 '원수에 대한 사랑'도 문맥상으로 보면 응보 희구에 종속되는 방향을 갖고 있다) 다만 Q전승의 가장 젊은 층, 특히 지혜문학적 층에서는 주지주의화主知主義化 경향이 인지된다.(〈마태오〉 11장 25~27절 =〈루카〉 10장 21, 22절 참조)

이렇게 하여 말 전승 담당자는 스스로를, '예언자'(〈마르코〉 6장 4절[〈마태오〉 8장 11절]=〈루카〉 13장 28절, 〈마태오〉 10장 [40], 41절=[〈루카〉 10장 16절]. 〈마태오〉 5장 12절=〈루카〉 6장 23절. 〈마태오〉 23장 34~36절=〈루카〉 11장 49~51절. 〈마태오〉 23장 37, 38절=〈루카〉 11장 47, 48절), '율법을 엄격하게 준수해야 할 사람'으로서(〈마태오〉 5장 18절=〈루카〉 16장 17절) 이해하고, 자신과 자신이 소속된 소분파를, 엄밀하게 해석된 율법과 그 진정한 성취자인 종말론적 '진짜 이스라엘'로 간주했던 것이다.(S. 슐츠) 그 결과 그들에게는 ―원래 예수가 그 바탕 위에 서 있었던 것으로 보이는― '세리'나 '죄인', 나아가 '이방인'에 대해 다시 그들을 차별하는 의식이 생겨나고 있다.(〈마태오〉 5장 46, 47절=〈루카〉 6장 32~34절. 〈마태오〉 11장 18, 19절=〈루카〉 7장 33~35절. 아마도 마태오 자신에게 하는 말일 18장 17절도 그 선상에 있다)

마지막으로, 이미 부분적으로 지적한, 말 전승 담당자에 의한 예수의 기적 이해에 대해 여기에서 정리해 두기로 하자.

(1) 기적은 신앙의 우주론적 유효 증명有效證明으로 자리 매겨져 있다.(〈마태오〉 17장 20절[21장 21절]=〈루카〉 17장 5, 6절) 이것은 기적 이야기의 제2유형에 속하며, 랍비적인 기적 이해와 대응한다.

(2) 기적 이야기는 '아포프테그마'화되어 있다.(〈마태오〉 12장 22~30절=〈루카〉 11장 14~23절) 이것도 또한 랍비적이다.

(3) 기적은 종말론적 의미 지평에 종속되어 있다.(〈마태오〉 11장 5, 6절=〈루카〉 7장 22절, 〈마태오〉 10장 7, 8절=〈루카〉 10장 9절) 이렇게 해서 기적 이야기의 종말론적 의미 부여는 전승사적으로 2차적이라는 우리의 상정은 여기에서 그 확증을 얻어낸 셈이 될 것이다.

그런데 이상의 말 전승에 관한 문학사회학적 고찰로부터 전승 담당자가 소속된 사회 계층에 대해 다음과 같은 결론을 얻게 된다. 그들은 가족·소재산·소토지를 소유하고 체제 내의 경제적 메커니즘에 편입되어 살아가면서 늘 사회적 몰락의 위험을 예상하는 계층에 속해 있었다. 이 계층은 당시 랍비의 사회 계층과 부분적으로 중복된다. 그리고 이것은 도시적 생활을 전제로 하면서 그것을 농촌적 가치를 통해 상대화할 수 있는 위치에 있던 계층이다.

그런데 ―앞에서 살펴봤다시피― 예수는 말 전승 속에서

가족적 동포 관계로부터 벗어나도록 명령한다. 이것을 위에서 확인한 사항들을 통해 볼 때, 이 명령은 선교 대상을 사회적 일상생활 바깥으로 불러내는, 예수의 말 전승을 담당한 사람들의 계층에 특징적인 가치 이념(가치의 단절)에 부응하는 것이다. 즉 그들은 혈연적 동포 관계의 가치를 포기하고 신앙적 동포 관계에 귀속하는 것을 하나의 가치 이념으로 소유하고 있었고, 이를 예수의 저 명령 속에 대상화했던 것이다. 따라서 우리는 여기에서 말 전승 담당자의 '이념'은 상정할 수 있다 하더라도, 나아가 그것의 '사실事實'성을 추정해서 그들이 실제로 예수와 함께 '방랑의 래디컬리즘'을 그들의 생활양식으로 채용했다고 결론을 내리는 것(타이센)에 대해서는 반드시 그렇다고 할 수는 없다고 본다.

4. 예수 주변의 사람들

이렇게 보면, 예컨대 소명召命 이야기, '열두 제자'의 선출과 전도를 위한 파견에 관한 기사의 사실성에 대해서도 신중하게 결론을 내리지 않을 수 없게 된다.

베드로(본명 시몬)와 그 형제 안드레아, 그리고 제베대오의 아들 야고보와 그 형제 요한의 소명 이야기(〈마르코〉 1장 16~20절, 〈마태오〉 4장 18~22절, 〈루카〉 5장 1~11절)는 사건이지만, '나를 따라오라'라는 예수의 명령(17절)을 핵으로 해서 형성된 '아포프테그마'일 것이다. 물론 '아포프테그마화'의 역사적 배경에 적어도 베드로, 야고보, 제베대오의 아들 요한 등이 원시 그리스도교의 가장 이른 시기에 실제로 교단의 지도자적 위치에 있었고, 또는 교단 지도자로 이상화되어 있었던 것은 사실일 것이다. 그리고 이 사실은 '사람을 낚는 어부로 만들어 주겠다'는, 앞에서 인용한 예수의 명령에 대한 부가附加 부분에 반영되어 있다. 그러나 이 이야기는 전체적으로 역시 '이상적인 장면'(불트만)이다. 즉 이것은 예수의 말 전승 담당자의 가치 이념에 맞춘 예수의 명령이 베드로 등에 대한 원시 그리스도교의 '이념'으로 촉발되어 전승 과정에서 형성되어 갔던 이상적 '소명 이야기'인 것이다. 나는 베드로 등이 그 본직을 버리고서 예수를 따랐던 것의 사실성을 완전히 부정하는 것은 아니지만, 적어도 그것이 여기에 묘사되어 있는 것과 같은 이상적인 방식으로 일어났다고는 생각하지 않는다.

카이사리아 필리피 지방으로 설정되어 있는, 제자들의 예수에 대한 그리스도 고백 이야기(〈마르코〉 8장 27~30절, 〈마태오〉 16장 13~20절, 〈루카〉 9장 18~21절)도 '당신이 바로 그리스도입니다'라는, 베드로가 했다는 말(〈마르코〉 8장 29절)을 중핵으로 해서 형성된 '아포프테그마'이며, 그 역사적 사실성은 희박한 것으로 생각된다. 설령 여기에 어떤 역사적 사실이 전제되어 있다고 하더라도 〈마르코〉 8장 30절('그러자 예수는 자기 이야기를 아무에게도 하지 말라고 그들에게 단단히 당부했다')과 그 병행 기사(〈루카〉 9장 21절. —〈마태오〉 16장 17절 이하 참조)를 비교해 보면, 적어도 〈마르코 복음서〉를 통해 전해지고 있는 예수는 자신에게 그리스도론적 존칭을 쓰는 것에 대해서는 오히려 부정적인 반응을 보이고 있다. 더구나 〈마태오〉 16장 17~18절에 쓰여 있는 것과 같은 베드로의 그리스도 고백에 대한 예수의 칭찬의 말 '……너는 베드로다. 내가 이 반석 위에 내 교회를 세울 터인즉……'에는 역사적 신빙성이 없다. '교회'라는 말이 복음서에는 〈마태오〉에서만(이 기사 외에는 18장 17절) 사용되고 있고, 마태오 사상의 특색이 특히 공동체적이라는 점에서 보더라도 이 말에서는 마태오 내지 마태오가 속한 교단의 이념으로서의 베드로의 위치를 예수를 통해 정당화하려는 시도로 읽어야 할 것이다.

이에 반해 베드로의 예수 부인否認에 관한 전승(〈마르코〉 14장 66~72절, 〈마태오〉 26장 69~75절, 〈루카〉 22장 56~62절, 〈요한〉 18장 17절, 25~27절)에는 비교적으로 역사적 신빙성을 상정할 수 있는 가능성이 있다. 그렇지만 이 이야기는 '오늘 밤 닭이 두 번 울기 전에 세 번이나 나를 모른다고 할 것이다'라는 예수의 예언(〈마르코〉 14장 30절)의 성취(72절)로 구성되어 있다. 이렇게 이야기 전체를 구성한 것은 원시 그리스도 교단일 것이다. 그러나 베드로가 마지막으로 예수를 부인한 것은 아마도 사실일 것으로 생각된다. 왜냐하면, 이렇게 예수를 부인하는 베드로상은 교단 지도자로서 이상화되고 있던 교단의 베드로상에 부합하지 않기 때문이다.

이른바 '열두 제자'의 선출 기사(〈마르코〉 3장 13~19절, 〈마태오〉 10장 1~4절, 〈루카〉 6장 12~16절)는 전체적으로 원시 그리스도 교단에 의해 구성되었을 것이다. 다만 이 '열두 명'은 실제로는 예수 주변에 형성된 집단에서 지도자의 역할을 수행하지 않는다. 이는 오히려 유대인 그리스도교도의 이념으로서의 '이스라엘 열두 부족'을 상징한다. 그러나 이 기사의 신빙성을 주장하는 사람들은 많은 경우 ― 나중에 언급할 것이다 ― 유다 이스카리옷도 '배신자'로서 교단의 증오의 대상이 되어 있었음에도 '열두 제자'의 한 사람에 넣은 것, 또한 이 '열두 명'은 원시 교단 전승의 극히 오래된 단계에서 확인되는 것(〈1코린토〉 15장 5절)을 그 논거로 들고 있다. 그러나 첫째로, '배신자'로서의 유다상을 '열두 제자' 중에 넣은 동기는 예수의 죽음을 둘러싼 원시 그리스도 교단의 해석(〈마르코〉 14장 21, 41, 43, 49절) 속에서 찾을 수 있다. 다음에, 〈1코린토〉 15장 5절에 대해 얘기하자면, 이 전승의 담당자, 나아가 이 전승을 전해 주고 있는 바울로도 또한 '열두 명'의 한 사람으로서의 유다에 대해서는 알지 못했던 것으로 보인다. 왜냐하면 그들이 예수 부활의 증인 중에 유다를 추가했다고는 생각할 수 없고(다가와 겐조), 한편으로 '열두 사도'의 보궐선거에 관한 전승(〈사도행전〉 1장 15~26절)은 상당히 젊은 전승, 적어도 〈1코린토〉 15장 3~5절의 전승보다 후기의 전승이기 때문이다. 그렇다면 '열두 제자'의 한 사람으로서의 유다 이스카리옷상은 비교적 후기의 전승 단계에 속하는 것이 될 것이다.

'열두 제자'의 전도 파견 기사(〈마르코〉 6장 7~13절, 〈마태오〉 10장 1, 9~15절, 〈루카〉 9장 1~6절)는 원래 예수의 말 전승에 속한다. 그리고 그 내용에서 예수의 이른바 '방랑의 래디컬리즘'이 제자들에 의해 이어졌다는 것을 읽어낼 수 있는데, 이 '방랑'에서는 그들의 행위의 사실성보다도 오히려 ─앞에서 확인했다─ 말 전승 담당자의 가치 이념을 읽어내야 할 것이다.

그런데 고래古來로 특히 문학자의 '상상력'을 불러일으켜 온 이스카리옷 유다에 대해 얘기하자면, 먼저 그가 '열두 제자'의 한 사람이었다는 표상表象은 비교적 후기의 전승에 속하는 것이라는 점은 이미 확인했다. 그러나 그가 예수를 배신한 것은 베드로의 '부인'과 마찬가지로 아마도 사실일 것이다. 다만 유다의 배신의 진짜 원인을 확정하는 것은 유감스럽게도 거의 불가능에 가깝다. 복음서는 그 원인을 유다가 특히 돈의 유혹에 약했다는 것을 시사(〈마르코〉 14장 11절, 〈마태오〉 26장 15장, 〈루카〉 22장 5절, 〈요한〉 12장 6절, 13장 29절)함과 동시에 그것을 성서 속 말의 성취로서의 예수의 죽음과 연관을 짓거나(〈마르코〉 14장 21, 41, 42, 49절, 〈마태오〉 26장 24, 45, 46, 56절), 나아가 적극적으로 사탄의 소행으로 삼아(〈요한〉 13장 27절, 〈루카〉 22장 3절), 신에 의해 예정되어 있던 행위였다(〈요한〉 13장 27절, 〈사도행전〉 1장 16절)고 의미를 부여한다. 이런 연관 짓기나 의미 부여가 원시 그리스도 교단 또는 요한이나 루카의 사관에서 유래하는 것은 분명하다고 할 수 있다. 그러나 금전 문제에 약한 유다의 이미지도 부富를 포기하고 신을 섬기는 것이 과제였던 원시 그리스도 교단에 의해, 그들의 가치 이념과는 정반대의 예로서 예수의 곁을 떠난 유다에게 그 역할이 돌아갔을 가능성이 있다. 그리고 그 유다와 부의 연결을 특히 강조하는 것이 세 번째 복음서와 〈사도행전〉의 저자 루카이다.(〈루카〉 22장 5절, 〈사도행전〉 1장 18절)

어쨌든 예수의 측근에 '유다 이스카리옷'으로 불린 인물이 있었고, 그는 어떤 이유로 최종적으로 예수와 그 집단을 떠나 부자연스러운 죽음을 맞았다(〈마태오〉 27장 5절에 따르면 목매달아 죽었고, 〈사도행전〉 1장 18절에 따르면 추락사, 〈파피아스 단편 Papias fragments〉 3권[목차와 일부 내용만 전함]에 따르면 병으로 사망)는 것의 역사적 사실성을 완전히 부정할 근거는 없을 것이다. 그 이상의 것을 상상하는 것은 자유지만 적어도 성서학자나 역사학자에게는 예컨대 '이스카리옷'이라는 호칭을 젤로타이(열심당)의 급진파로 불린 '시카리파'에서 도출해 내거나(O. 쿨만Oscar Cullmann), 그것을 받아서 유다가 원래 젤로타이 멤버로 예수에게 정치 혁명을 기대했으나 그 기대를 예수가 배반했기 때문에 그 자신이 배신 행위를 했다(브랜던, 카마이클)는 등의 상정은 받아들여질 수 없다. 그런 상정을 뒷받침할 사료가 없기 때문이다.

또 '열두 명'의 명단(리스트) 중에 '젤로테스'('젤로타이'의 단수형)로 불린 시몬의 이름이 보인다.(〈마태오〉 10장 4절, 〈루카〉 6장 15절) 그리고 이 사실이 때때로 예수가 젤로타이 지향성을 지녔다는 주장의 논거 가운데 하나로 거론된다.(브랜던, 카마이클, 도이) 그러나 〈마르코〉 3장 18절에서는 여기에 '열심熱心'을 의미하는 아람어의 그리스어형 '카나나이오스'가 사용되고 있으며(젤로테스는 그것의 그리스어 역), 이 시몬은 '명단'에만 있을 뿐 그 밖에는 다른 어디에서도 언급되지 않는다. 우리는 예수의 측근에 젤로타이 한 사람이 있었다는 것을 부정하지는 않지만, 이것만으로 예수와 젤로타이의 관계에 대해 결론을 내릴 수는 없다. 이 문제에 대해서는 예수의 행동 전체를 보고 나중에 판단하기로 하겠다.

이처럼 예수의 '제자' 반열에 들어가는 사람들의 행동에 관한 복음서 전승에서 역사적 사실을 상정하기는 어렵다. 이들 전승에는 많은 경우 교단의 가치 이념이 투영되어 있다. 이에 대해 예수를 둘러싼 또 하나의 집단 '세리와 죄인들'에 관한 보고는 비교적 적극적으로 평가해도 좋다고 생각한다.

이미 확인했듯이 원시 그리스도교에서는 그 가장 이른 시기의 단계에서부터 이 사람들을 '짐'으로 평가하는 경향이 생겨났다. 그리고 이런 경향은 다름 아닌 예수의 말 전승을 담당했던 사회 계층에서 찾아볼 수 있다. 그런데 주목해야 할 것은 그들이 맡았던 예수의 말의 상황 설정 장면—양식사적으로 말하면 '아포프테그마화'된 부분—에 종종 '세리나 죄인들'이 등장하는 것이다. 그리고 종래의 고전적 양식사가들(K. L. 슈미트, M. 티베리우스, R. 불트만 등)의 견해에 따라 이 부분은 예수의 말에 대해 2차적인 것, 즉 후기에 전승자 또는 복음서 기자에 의해 부가된 것으로 보고, 그 역사적 신빙성은 부정되고 있었다. 그러나 현재 우리는 예수의 말 전승을 담당했던 사람들이 '세리나 죄인들'을 소극적으로 평가하기 시작할 뿐만 아니라, 그들은 처음부터 ─당연히 예상할 수 있지만─ 예수의 말과 그 역사적 상황의 연관성을 분리해서 예수의 말만을 전승했다는 것을 알고 있다. 그뿐 아니라 그 말에서, 그들의 신앙의 존재 방식을 그들이 속한 사회 계층의 이해관계에 맞는 방식으로 바꾸었다. 이런 의미에서 우리는 Q교단의 행동과 사상을 확정할 수 있는 지점까지 와 있다. 그렇다면 예수의 말이 그것의 상황과 연관되어 있는 전승 중에서, 상황에 관한 묘사가 말 자체보다 젊은 전승, 또는 복음서 기자의 창작 부분에 속하는 것이라고 단언할 수는 없게 된다. 이는 물론 개개의 이른바 '아포프테그마' 전승에 대해 검토하지 않으면 내릴 수 없는 결론이며, 이것을 결코 일반화할 수는 없다. 어쨌든 지금 우리는 적어도 예수의 말 전승의 역사적 상황 묘사에 '세리나 죄인들'이 등장하는 종래의 이른바 '아포프테그마' 전승의 성격을 재검토하지 않으면 안 될 것이다. 그 하나의 예를 들어 보자.

13 예수는 다시 호숫가로 나가셨다. 민중은 모두 따라왔으므로

예수는 그들을 가르치셨다. ¹⁴ 그리고 또 길을 가시다가 알패오의 아들 레위가 세관에 앉아 있는 것을 보고 '나를 따라 오너라' 하고 부르셨다. 그러자 그는 일어나서 예수를 따라 나섰다. ¹⁵ 그러고 나서 그의 집에서 식사 자리에 앉아 있을 때의 일이다. 많은 세리와 죄인들도 예수나 제자들과 함께 그 자리에 앉아 있었다. 이런 사람들 여럿이 예수를 따라 왔던 것이다. ¹⁶ 바리사이파 율법학자들은 예수가 죄인이나 세리들과 함께 식사를 하고 있는 것을 보고 제자들에게 말했다. '왜 그는 세리나 죄인들과 함께 식사를 하는가?' ¹⁷ 예수께서 이 말을 듣고 말했다. '성한 사람에게는 의사가 필요 없다. 필요한 것은 병자다. 내가 온 것은 의인을 부르기 위해서가 아니라 죄인을 부르기 위해서다.'(〈마르코〉 2장 13~17절, 〈마태오〉 9장 9~13절, 〈루카〉 5장 27~32절)

이 이야기 중에서 13절은 마르코의 편집구라는 것, 또 이야기는 원래 2개의 부분(14절과 15~17절)으로 이뤄져 있었던 것을 마르코가 결합시켰다는 것에 대해서는 나로서도 이견이 없다. 그러나 14절의 상황은 '나를 따라 오너라'라는 예수의 말에, 15~16절의 상황은 17절의 예수의 말에 각각 2차적으로 부가되어, 이른바 아포프테그마 형태를 갖추기에 이르렀다는 견해(불트만 기타)에 나는 따를 수가 없다. 설사 상황 설정이 2차적이었다 하더라도 예수가 **세리** 레위에게 따라 오라고 불렀고, 그가 '**세리**나 **죄인들**과 함께 식사를 하고 있었다'는 장면은 이미 얘기한 이유에서 14절이나 17절의 예수의 말의 역사적 배경으로서, **일반적으로** 사태에 부합하고 있다고 평가받아도 좋을 것이다.

여기에서 주의해야 할 것은 첫째로, 예수가 자신의 사명을 단적으로 '죄인을 부르기 위해서'라고 잘라 말하고 있는 점이다. 그것은 〈루카〉의 병행 대목(5장 32절)에서 얘기하고 있는 것처럼 '죄인을 불러서 회개시키기 위해'서가 아닌 것이다. 이 '회개시키기 위해서'라는 구절은 특히 죄인의 회개를 강조하는 루카에 의한 가필이다. 여기에서 적어도 루카는 ─저 예수의 말 전승 담당자의 경향에 따라─ '죄인'을 '회개시킬 필요가 있는 존재'로 간주하고 있고(〈루카〉 15장 7, 10절. ─15장 17~19, 21, 24, 32절도 참조), '죄인'을 짐이 되는 존재로 보고 있는 것이다. 그런 견해는 적어도 〈마르코 복음서〉의 기사에서는 전혀 인지되지 않는다. 그리고 이것은 아마도 역사의 예수의 행동 양태에 기반하고 있을 것이다.

둘째로, 15절 이하에 따르면, 예수는 ─마르코의 의미로는 아마도 세리 레위의 집에서─ '세리나 죄인들'과 함께 식사를 하고 있을 때, 그런 행동을 바리사이파의 율법학자들이 책망했다는 얘기다. 당시의 평균적 유대인들에게 식사는, 과거를 돌이켜보면 '이집트 탈출' 때의 유월절 식사의 상징적 현재화現在化로서, 또 장래를 선취先取해서 다가올 종말의 날에 오실 메시아와 함께 벌일 향연의 상징적 현재화로서 진정한 유대인의 교제를 의미하는 종교 의례적 요소를 갖고 있었다. 바로 그 때문에 이 식사 전에는 손을 씻어 몸을 청결히 한 뒤(〈마르코〉7장 3절 병행), 가부장이 빵을 떼어 이를 축복하고(〈마르코〉 14장 22절 병행) 나서, 회식자들에게 돌림으로써 그 상징적 의미를 떠올리게 했다. 따라서 설사 일상의 식사일지라도, 그리고 특히 연회 석상에서는 '부정不淨한 백성'을 초대하는 것은 법으로 금지되어 있었다. 우리의 기사에 따르면, 예수는 이 법을 무시한 것이 된다. 그리고 이런 행동을 취했다는 바로 그 이유로 인해 17절의 예수의 말은 살아 있다. 말은 행동의 '로고스화'인 것이다. 행동에서 분리된 말은 추상이며 공허하다.

　세 번째로 주목해야 할 것은 당시의 유대에서 병자나 창녀나 이방인 등과 함께 '죄인'의 범주에 들어 있던 '세리'가 예수로부터 '소명召命'을 받아, 아마도 자신의 집에 예수를 초대해 다른 '죄인들'과 함께 연회를 연 일이다.(이 기사 외에도 〈루카〉 18장 9~14절, 19장 1~10절도 참조) 예수가 병자나 창녀와 사귀고 있었다면, 사회의 최하층, 그것도 사회로부터 차별받고 있던 사람들 편에 예수는 서 있었다는 것이고, 많은 사람들이 이를 납득할 수 있을 것이다. 그러나 세리는 그들이 예전에 속해 있던 사회층이 무엇이었든 간에 지금은 적어도 경제적으로는 사회의 하층에 속하고 있지 않으며, 게다가 외국인(로마인) 지배의 앞잡이로 일하고 있다. 그들은 말하자면 자국민을 경제적으로 착취해서 자신들의 일상생활을 지탱하고 있던 부역자附

逆者였다. 바로 그 때문에 바리사이파, 특히 젤로타이로부터 사갈시蛇蠍視되었고 일반 민중도 그들과의 교제를 기피했다. 그런 사람들과도 예수는 굳이 교제했던 것이다. 이것은 예수를 지배-피지배, 체제-반체제 도식에 맞춰 그를 피지배-반체제 쪽에 세우려 하는 사람들(브랜던, 카마이클 등)에게 가장 설명하기 곤란한 부분이다. H. 크라이시히 같은 마르크스주의 고대사가도 주로 이것을 이유로 예수를 한 사람의 '땅의 백성Am ha'aretz'이라고 보고(크라이시히는 '땅의 백성'을 사회적 개념보다는 오히려 법률을 지키지 않는 사람들의 집단으로 규정짓는다), 그를 계급적 관점이 결여된 '기회주의자'처럼 자리 매길 수밖에 없게 된다. 하지만 만일 예수가 세리와 즐겨 교제한 것이 사실이었다면 그것을 어떻게 평가할 것인가는 또 다른 문제로, 적어도 나로서는 예수를 위와 같은 도식 중의 어느 한쪽에 끼워 맞출 수는 없다. 나중에 자세히 얘기하겠지만, 예수는 그 행동과 사상의 관점을 지배-피지배, 체제-반체제라는 정치적·경제적 구별을 넘어선 곳에 두고 있었다. 그러나 이런 관점에서 구체화되어 있는 그의 행동과 로고스화된 그의 말은 사람이 정치적·경제적으로 어느 쪽에 서 있더라도 어쨌든 사회적-종교적으로 이른바 '무자격자'로 간주되고 있던 사람들과의 연대를 지향하면서(사타케 아키라), 거꾸로 '무자격자'를 만들어내고 있던 사람들을 거세게 공격하는 결과를 동반했다. 예수는 세리의 마음속에서 이는 파도를 꿰뚫어 보고 있었을까.

그런데 예수를 따랐던 사람들, 적어도 그의 측근에 있던 사람들 중에 이른바 '제자들'이나 '세리와 죄인들' 외에 아마도 '창녀'까지 포함된 '여성들'이 존재했다. 이것도 당시의 랍비적 상식으로 보면 매우 눈에 띄는, 그리고 불가해한 일이었을 것으로 생각된다. 창녀가 모세 율법(〈탈출기〉 20장 14절)을 위반하고 있다는 이유로 '죄인'으로 분류되고 있었던 것은 이해한다 치더라도, 여성과 함께 있는 것이 왜 눈에 띄는 일이었을까. 그것은 당시의 유대에서 분명히 여성이 남성 사회로부터 극단적인 차별을 받고 있었던 데에서 기인한다. 랍비 문헌에 따르면 여성은 궁극적으로 아이를 낳는 수단으로서만 평가받고 있었으며, 따라서 예컨대 아내는 더 아름답고 또 더 많은 아이를 낳을 가능성이 있는 다른 여성이 출현하면 그것만으로 남편으로부터 이혼을 당할 이유가 성립되었다. 당연한 일이지만, 랍비에게는 여성 제자 따위는 존재할 수 없었다. 이와 같은 상황을 확인하고서 이제 다음과 같은 기사를 읽어 보자.

3 예수가 베타니아에 있는 나병환자 시몬의 집에서 식탁에 앉아 계실 때 한 여인이 매우 값비싼 순수 나르드 향유가 들어 있는 옥합을 가지고 와서 그것을 깨뜨린 뒤 향유를 예수의 머리에 부었다. 4 그러자 거기 있던 사람들이 불쾌해하며 저희끼리 말했다. '왜 저렇게 향유를 허투루 쓰는가. 5 저 향유를 삼백 데나리온 이상에 팔아서 가난한 사람들에게 나눠 줄 수도 있을 터인데.' 그러

면서 그 여자를 나무랐다. 6 그러자 예수는 말했다. '이 여자를 가만두어라. 왜 여자를 괴롭히느냐? 이 여자는 나에게 좋은 일을 하였다.'(〈마르코〉 14장 3~6절, 〈마태오〉 26장 6~10절, 〈루카〉 7장 36~39절, 〈요한〉 12장 3~7절)

이 이야기는 〈마르코 복음서〉에서는 ―〈마태오 복음서〉 및 〈요한 복음서〉도 마찬가지― 예수의 수난 이야기 틀에서, 그 첫 부분에 배치되어 있다. 이런 '틀'에 맞춰 이야기를 읽어 보면 이야기의 중심점은 ―내가 위에서 인용하지 않았던― 7절 이하의 다음과 같은 예수의 말에 놓여 있을 것이다.

'7 가난한 사람들은 언제나 너희와 함께 있으니 도우려고만 하면 언제든지 도울 수가 있다. 그러나 나는 너희와 언제까지나 함께 있지는 않을 것이다. 8 이 여자는 자신이 할 수 있는 일을 한 것이다. 내 장례를 위하여 미리 내 몸에 향유를 바른 것이다.

이 예수의 말은 두 가지 점에서 여성의 이상한 행위를 해석하도록 독자들에게 촉구한다. 그것은 어느 것이나 예수의 죽음을 예상하는 것인데, 하나는 예수가 생존하고 있는 동안에 예수를 섬기는 것이 자선적 행위보다 우선한다는 생각이다. 이는 '신랑(=그리스도)의 때'에 단식할 필요는 없다는 생각(〈마르코〉 2장 19절 병행)과 마찬가지로 단식이나 자선 행위가 경건의 표시로 실행되고 있던 '교회의 때'로부터 '그리스도의 때'를 질적으로 구별하려는 것이다. 또 하나는 죽은 사람을 장사 지내기 전에 유해를 기름으로 깨끗하게 닦는다는 유대의 관습을 이 여성은 상징적으로 미리 실행했다는 것이다.

그런데 7, 8절의 예수의 말에 이런 의미가 포함되어 있다면, 이런 의미 부여는 당연히 원시 그리스도 교단에서 유래하는 것이다. 그리고 이 말에 그런 틀 만들기로서의 여성의 행동이 2차적으로 부가된 것이라면, 이 여성의 행위는 그것을 통해 우리가 적어도 전승사적으로 예수 자신의 행동 양태를 추정할 수 있는 자료로는 그다지 적극적으로 활용할 수 없게 될 것이다. 그러나 주목해야 할 것은, 이 이야기의 〈루카 복음서〉 병행 기사를 보면 루카는 이를 수난 이야기의 틀에서 떼어내 예수의 비교적 전기前期 활동 쪽으로 옮겨 놓았으며, 이야기에 대한 의미 부여도 〈마르코 복음서〉 등의 경우와는 전혀 다른 것으로 해 놓았다.

36 어떤 바리사이파 사람이 예수에게 식사를 함께하고 싶다고 요청해, 예수께서 그 바리사이파 사람 집으로 가서 식탁에 앉았다. 37 마침 그때 그 마을에 죄 있는 여인이 있었는데, 바리사이파 사람 집에서 식사를 한다는 얘기를 듣고 향유가 든 옥합을 가지고 와서 38 울면서 예수 뒤에서 그 발치에 다가가 먼저 눈물로 예수의 발을 적시고 자신의 머리카락으로 닦고 나서 그 발에 입을

맞추고 향유를 발랐다. ³⁹예수를 초청한 바리사이파 사람이 그것을 보고 마음속으로 말했다. '만일 저 사람이 예언자라면 자기 발에 손을 대는 여자가 누구인지, 어떤 사람인지 알 거야. 죄 지은 여자니까.'(7장 36~39절)

그 뒤 예수는 베드로에게 하나의 비유를 얘기하는데, 이 '죄 있는 여인'의 행위는 예수에 의해 '죄를 용서받았기' 때문에 하는 사랑의 표현이라고 얘기한다.(40~47절)

⁴⁸그리고 예수께서는 그 여자에게 '네 죄는 용서받았다' 하고 말씀하셨다. ⁴⁹그러자 식탁에 함께 앉아 있던 사람들이 속으로 수군거리기 시작했다. '저 사람이 누구이기에 죄까지 용서해 주는가.' ⁵⁰그러나 예수는 여자에게 말씀하셨다. '너의 믿음이 너를 구했다. 안심하고 가거라.'(7장 48~50절)

이 경우 41~42절의 비유는 원래 다른 전승으로 거슬러 올라가겠지만, 이 비유를 여기에 삽입해서 여인의 이야기와 묶은 다음, 44절 이하에서 이를 예수에 의한 신앙을 전제로 한 죄의 용서에서 기인한 사랑의 표현이라고 해석한 것은 명백히 루카일 것이다. 왜냐하면 —우리가 이미 알고 있듯이— 다른 복음서 기자와 비교해서 특히 '회개'(=신앙)와 '죄의 용서' 및 —나중에 언급하겠지만— '사랑의 행위'를 강조하는 것은 루카이기 때문이다.

어쨌든 만일 위의 이야기에서 40절 이하가 루카가 가필한 것이라면 거기에 선행하는 이야기 부분(36~39절)은 루카의 해석의 전제로서 전승으로 거슬러 올라가게 된다. 물론 루카는 이 전승을 〈마르코 복음서〉에서 채용했다고 볼 수 있을 것이다. 그러나 루카가 〈마르코 복음서〉의 병행 기사 가운데 예수가 여인의 행위에 대해 해석한 부분(14장 6~9절)을 완전히 무시하고 있는 것은, 원래 이 해석 부분이 빠진 이야기 전승이 존재했을 가능성을 시사하는 것이 아닐까. 만일 그럴 가능성이 있다면, 〈마르코 복음서〉 14장 6~9절도 본래의 이야기 부분(3~5절)에 대해 2차적인 것이라는 얘기가 될 것이다.

그런데 〈마르코 복음서〉와 〈루카 복음서〉의 이야기 부분(〈마르코〉 14장 3~5절, 〈루카〉 7장 36~39절)을 비교해 보면, 〈마르코 복음서〉의 텍스트가 〈루카 복음서〉의 그것보다 오랜 전승을 전하고 있다는 것을 알 수 있다. 예수가 바리사이파 사람의 집에서 식사를 하는 장면(〈루카〉 7장 36절)은 루카가 즐겨 설정하는 상황인데(〈루카〉 11장 37절, 14장 1절), '죄 지은 여인'(37, 39절)은 해석 부분(41절 이하)의 '죄의 용서'에 대응시키기 위해 루카가 만든 구성일 것이다. 또 〈루카 복음서〉에서 '죄 지은 여인'이 예수에게 한 행동의 묘사(37, 38절)는 〈마르코 복음서〉의 그것(14장 3b절)에 비해 지극히 문학적이다.

따라서 〈마르코 복음서〉의 본문에 입각해서 보면(다만 14장

3절의 '베타니아'는 수난 이야기와 관련해서 2차적으로 도입된 지명인 것으로 생각된다), 이 이야기의 오랜 전승은 다음과 같은 것이 된다. ─예수가 나병환자 시몬의 집에서 식탁에 앉아 있을 때, 한 여인이 그곳에 갑자기 들어 와 값비싼 향유를 예수에게 드렸다. 이야기는 단지 이것뿐이다. 그러나 우선 '나병환자'의 집에서 식사를 한다는 것은 앞에서 검토한 예수의 행동 양태에 맞는 전승이라고 할 수 있겠지만, 일반인들에게는 걸리는 부분이다.(〈루카〉 7장 36절에서는 '바리사이파 사람'의 집, 〈요한〉 12장 1, 2절에서는 '라자로'의 집으로 되어 있다!) 다음에 유대의 풍습에 따르면, 손님을 초대한 식사에는 남성만 참석하게 되어 있으므로, 그것이 한창 진행 중일 때(그 이전이 아니다!) 여인이 들어온다는 행위 자체가 이미 이상한 것이다. 게다가 삼백 데나리온 이상 가는(이것은 당시 일용 노동자의 일당으로 치면 약 1년분에 해당한다!) 비싼 향유를 예수에게 바친다는 것은 거의 제정신이 아닌 사태라고 할 수 있을 것이다. 물론 이 모든 일이 예수의 주변에서 실제로 일어났다는 것은 아니다. 이것은 하나의 전승이다. 다만 이것이 전승으로 후세에 전해진 사실의 배후에, 당시 남성 사회에서 차별의 대상이 되어 있던 여성과도 예수가 남성과 마찬가지로 교제했다는, 당시의 상식으로 보면 이상한 행동 양태를 상정하는 것은 가능한 일이다.

또 이 여인이 이런 행위를 한 이유에 대해 적어도 전승의 이야기 부분은 우리에게 아무것도 전해주지 않는다. 이미 확인했

듯이 〈마르코 복음서〉나 〈루카 복음서〉는(그리고 〈요한 복음서〉
도) 이에 관해 각기 다른 의미 부여를 하고 있다. 한편 4세기의
신학자 시리아의 에프라임에게까지 거슬러 올라가는 교회의
전통적인 견해에 따르면, 이 여인은 '마리아'(〈요한〉 12장 3절),
나아가 '막달라의 마리아'(〈마르코〉 15장 40절)로, 그녀가 '죄 있
는 여인'(〈루카〉 7장 37절)이었다는 얘기가 된다. 이것이 '시인
의 상상력'을 자극해 '창녀 막달라 마리아'와 예수는 연인 관계
였다는 의미 부여가 나온다. 재미있게도 객관적으로는 이에 가
까운 마리아-예수 상像이 최근 발견된 〈필리포 복음서〉에 등
장한다.

주(=예수)는 (막달라의) 마리아를 어느 제자보다도 사랑했다.
그는 그녀와 종종 입맞춤을 했다. 그의 제자들이 그녀에게 와서
(그녀를) 비난했다. 그에게 그들은 말했다. '왜 당신은 우리보다도
그녀를 더 사랑합니까?' 주는 그들에게 대답했다. '왜 내가 그녀
를 사랑하는 것만큼 너희를 사랑하지 않겠느냐.'

이것은 모두 그노시스파 시인의 상상력의 소산이다. 그러나
예수가 세리와 마찬가지로 창녀와도 교제했던 것은 다음과 같
은 예수의 말에서 적어도 추정은 할 수 있을 것이다.

잘 들어라. 세리와 창녀는 너희보다 먼저 신의 나라에 들어갈

것이다.(〈마태오〉 21장 31절)

이 말은 〈마태오 복음서〉에만 집록集錄되어 있는 것인데, 다름 아닌 이 〈마태오 복음서〉에서는 — 앞에서 지적했듯이 — '세리와 죄인'에 대한 소극적인 평가가 인지되고 있는 만큼, 이 말의 신빙성은 비교적 크다고 생각된다.

예수를 둘러싼 여인과 관련해, 또 한 가지 유명한 '간음한 여인' 이야기가 있다.(〈요한〉 8장 1~11절)

1 예수께서는 올리브산으로 가셨다. 2 이른 아침에 예수께서 또 다시 성전에 들어가자 사람들이 모두 거기로 몰려들었기 때문에 예수는 그들 앞에 앉아 그들을 가르쳤다. 3 그러자 율법학자와 바리사이파 사람들이 간음하다가 붙잡힌 여인을 끌고 와서 앞에 세우고 예수에게 말했다. 4 '선생님, 이 여자가 간음하다가 현장에서 붙잡혔습니다. 5 모세는 율법에서 이런 여자를 돌로 쳐서 죽이라고 명했는데, 당신은 어떻게 생각합니까.' 6 그들이 그렇게 말한 것은 예수를 시험해서 고발할 구실을 찾기 위해서였다. 그러나 예수는 몸을 굽혀 손가락으로 땅바닥에 뭔가를 썼다. 7 그들이 계속해서 묻자 예수는 몸을 일으켜 그들에게 말했다. '너희 중에 죄가 없는 자가 먼저 이 여자에게 돌을 던져라.' 8 그리고 다시 몸을 굽혀 땅바닥에 뭔가를 계속 썼다. 9 그 말을 듣고 그들은 나이 많은 사람부터 하나씩 가 버려서 결국 예수만 혼자 남게 되고 그들 가

운데 있던 여자도 그대로 남았다. [10] 거기에서 예수는 몸을 일으켜 여자에게 물었다. '여인아, 그들이 어디에 있느냐? 너를 단죄한 자가 아무도 없느냐?' [11] 그 여자가 말했다. '선생님, 아무도 없습니다.' 예수는 말했다. '나도 네 죄를 묻지 않겠다. 돌아가거라. 앞으로 다시는 죄를 짓지 마라.'

먼저 주의해야 할 것은, 이 이야기를 우리는 지금까지 다뤄온 예수의 말이나 이야기와 같은 지평에 놓고 해석의 대상으로 삼을 수는 없다는 점이다. 현행 성서에 이 이야기가 괄호 속에 넣어져 있는 것을 보더라도 알 수 있듯이, 이는 원래 〈요한 복음서〉의 본문에는 없었던 이야기다. 그렇지만 이와 유사한 이야기가 단편적으로 2, 3세기에 만들어진 신약성서 외경外經 속에서는 발견된다. 그러나 이렇게 정리된 형태는 3, 4세기에 〈요한 복음서〉의 현재 문맥 속에 삽입된 시기 이전에는 존재하지 않았다. 게다가 이 이야기는 그 용어법으로 보거나 사상 내용으로 보거나 〈요한 복음서〉 전체와는 어울리지 않는 이물異物이라는 시각이 있다. 사상적으로는 이것은 오히려 죄인과 사귀고 그 죄를 용서하는 예수상을 강조하는 〈루카 복음서〉의 입장(5장 29절 이하, 7장 1절 이하, 15장 1절 이하, 19장 1절 이하)에 가깝다. 그리고 문맥상으로 보면(1, 2절) 이것은 〈루카〉 21장 38절 이하와 잘 연결되는 것으로 여겨진다. 게다가 이 이야기에서는 '간음한 여인'이 하나의 사회 계층을 의미하기도 하는 '죄인'의 범주로 등장하지 않으며, '죄'는 율법 위반으로 개인 윤리적 지평에서 그 의미 부여가 이뤄지고 있다. 따라서 이 이야기는 원래 〈루카〉 21장 38절과의 연관 속에서 구성되고, 3, 4세기에 이르러 〈요한 복음서〉 문맥 속에서 ―아마도 〈요한〉 8장 15절과의 연관 속에서― 그 전모를 드러냈을 것이다.

그리고 이 이야기가 3세기 이후의 시대에 처음으로 성서 정전正典 속에 채용된 직접적인 동기는, 이 시대에 이르러 잠시 교회의 주류를 점하고 있던 온건파(로마 제국의 그리스도교도 박해로 교회를 버린 '배교자들'['죄인들']을 다시 교회에서 받아들이는 것을 승인한 사람들)의 입장을 이 텍스트를 통해 정당화하는 데에 있었다. 그러나 동시에 이를 통해, 간음한 여인의 죄를 용서한다는 예수의 행위가 2~3세기 교회의 윤리적 입장과 상반되었기 때문에 이 기사가 오랜 세월 정당한 취급을 받지 못한 사정도 추정할 수 있다. 이런 사정을 고려하면, 이 이야기도 죄인과 교제하는 예수의 행동 양태에 대응하는 것으로, 비교적 적극적으로 평가받아도 좋을 것이다.(U. 베커)

그런데 율법학자나 바리사이파 사람들이 간음 현장에서 붙잡힌 여인을 예수에게 끌고 와서, 이런 행위를 한 자는 돌로 쳐서 죽여야 한다는 모세 율법(〈레위기〉 20장 10절, 〈신명기〉 22장 22절)을 그 근거로 삼아 예수에게 처리에 대한 판단을 압박한다. 이에 대해 예수는 직접 대답을 하지 않고, 저 유명한 말 '죄 없는 자가 먼저 이 여인에게 돌을 던져라'로 대응한다. 그러자 그들은 하나씩 떠나간다. 홀로 남은 여인에게 예수는 말한다. '나도 네 죄를 묻지 않겠다. 돌아가거라'라고.(여기에 이어지는 예수의 '앞으로는 죄를 짓지 마라'는 말은 이 이야기를 〈요한 복음서〉 속에 삽입할 때 당시의 교회 사정 때문에 덧붙여졌을 것이다. 앞에서 언급한 온건파에게 이런 죄를 되풀이하지 말라는 조건을 붙여서 과거 의 죄에 대한 용서를 선언할 필요가 있었던 것이다)

이렇게 보면, 이 이야기에는 ─다음 장에서 자세히 얘기할 예정인─ 예수의 논적論敵에 대한 그의 대결 방식과 실제로 부합하는 점이 많다. 즉 여기에서 예수는 특히 7절에서 율법 규정을 철저히 정신화하거나 무한히 확대함으로써 율법학자 나 바리사이파 사람들이 그들의 '의義'를 정당화할 때 근거로 삼는 율법의 조건들 자체를 상대화해 버린다. 게다가 이런 대 답을, 예수는 논적의 '율법주의'라는 논리의 수준에 맞춰서 응 하기를 거부하면서 제시하고 있는 것이다. 어쨌든 이 이야기에 는 우리가 타자를 그 법 위반이라는 부분적 행위를 가지고 전 체적으로 판가름해서는 안 되며, 오히려 타자에게 **그의 모든 것 을 자신의 것으로 여겨** 주체적으로 관여해야 한다는 것이 명시되 어 있다.

이 이야기와 관련해서 마지막으로 주목해야 할 것은, 이것 이 원래 다음과 같은 말로 끝난다는 것이다.─ '나도 너의 죄를 묻지 않겠다. 돌아가거라.' 우리는 앞에서 치유의 기적 이야기 속에서 예수가 치유된 자에게 가족한테로 돌아가라고 한 귀환 명령을 이런 유형의 전승의 특색으로 확인했다. 분명히 간음한 여인의 이야기는 치유의 기적 이야기처럼 오랜 전승은 아니며, 2, 3세기에 형성된 이야기 문학이다. 그러나 나병환자도 간음한 여인도 예수의 시대에는 모두 '죄인'이었고, 또 그들에 대해 같은 귀환 명령이 내려진 것은 주목할 만하다고 할 것이다.

이상으로 우리는 예수의 기적 이야기 전승과 말의 전승의 문학사회학적 고찰로 시작해서 예수 주변 사람들의 여러 모습을 확인했다. 이 사람들은 먼저 나병환자로 대표되는 병자나 장애자들, 창녀나 간음한 여인, 그리고 세리 등 요컨대 당시의 이른바 '죄인들', 그다음에 건전한 사람들이긴 하지만 사회적으로는 하층에 속하는, 그런 의미에서 늘 '죄인들'로 전락할 가능성을 예상하지 않을 수 없는 소시민들 ―모두 이른바 서민 또는 민중으로 한정되어 있다. 이렇게 보면 예수는 실로 민중과 함께 살았던 것이다.

다만 여기에서 해결해 두어야 할 중대한 문제가 하나 있다. 그것은 왜 예수가 '죄인'에 대해서는 가족·사회로 복귀하라고 명령을 했는데, 그 밖의 민중에게는 거꾸로 가족적 동포 관계에서 벗어나라고 명령했는가, 하는 것이다. 이것은 동일인인 예수가 그를 만난 상이한 사회 계층에 속하는 사람들에 따라 각기 다른 이해관계 속에서 상이한 방식으로 이해되었기 때문이라고 설명해 왔고(오누키 타카시), 나도 이 설명을 인정했다.

그러나 이런 상이한 예수 이해가 그리스도교의 가장 이른 시기부터 존재했다는 것을 확인하는 것만으로 끝나버릴 경우, 적어도 나로서는 지극히 위험한 것으로 생각되는 결론이 여기에서 도출될 가능성이 있다. 즉 그것은 예수는 처음부터 자신이 속하는 사회 계층의 이해관계에 따라 다른 방식으로 이해된 것이기 때문에 지금의 예수 이해의 다양성도 당연한 현상이라는 것이다. 이것은 결과적으로 상이하게 예수를 이해하는 자들끼리 해야 할 진지한 대화·대결에 브레이크를 걸고, 현상現狀을 애매하게, 그것도 '그리스도교 신앙'이란 이름으로 긍정해버리는 쪽으로 귀결되지나 않을까.

여기서 나는 예수의 귀환 명령과 이탈 명령의 양쪽의 선이 다름 아닌 예수라는 존재 속에서 교차하고 있다는 점을 굳이 명언明言해 두고자 한다. 그것은 예수가 당시의 사회 체제를, 더 구체적으로 말하면, 법으로 질서를 유지하는 사회의 구성을 흔들어 그것을 유동화시키는 존재로서의 역할을 수행했다는 것이다. 한편으로 예수가 피차별민들에 의해 그들의 사회 복귀를 촉구하는 형태로 수용되었던 것은 그들을 차별함으로써 사회 질서를 유지하고 있던 정치적=종교적 지도자층에게는 공공연한 질서 교란으로 지극히 위험한 사항이었을 것이다. 또 한편으로 소시민층 속에서 예수가 그들이 귀속된 가족으로부터 이탈하도록 촉구하는 존재로 받아들여졌다면 이 또한 가부장적 가족 구성을 중심으로 한 시민층—그리고 이 층에서 가장 많은 율법학자들이 배출되었다—과 그 이데올로기(법 해석) 위에 종교국가 체제를 구축한 유대의 상층부로서는 국가 질서를 전체적으로 유동화하는, 마찬가지로 위험한 사태였다. 이것을 도외시하고 단지 예수 이해의 다양성과 필연성을 확인하는 데에 머무른다면, 궁극적으로는 예수를 신의 아들로 믿는다면 그것으로 족하다는 입장과 본질적으로 다를 게 없어져 버릴 것이다. 우리는 여기에서 예수가 당시의 가치를 뒤엎는 존재로서 사회 각층에 수용되고 있었다는 점을 분명히 확인해 두자.

5. 예수의 비유

이상의 확인 사항을 토대로 예수가 많은 경우 '소·중 유산 계급'과의 식사 자리에서 했다는 비유(트로크메)에 접근해 보기로 하자. 종래 예수의 비유는 예수에 관한 여러 전승 중에서 역사적–비판적 성서학의 방법에 의해서도 그 신빙성을 궁극적으로는 의심할 수 없었고, 그런 의미에서 예수의 사료로서는 가장 신뢰성이 있는 것으로 간주되어 왔다. 그리고 이것은 오늘날에 이르기까지 주로 '신의 나라'라는 관점에서 종말론적으로 해석되었고, 바로 여기에서 역사 속 예수의 사상적 핵심을 찾아냈다.(불트만, 예레미아스, 도드 등) 그러나 나는 지금까지 우리가 확인한 사항들을 보면 이러한 종래의 견해에는 그 방법론까지 포함해서 의문부호를 찍지 않을 수 없다. 즉 전승사적으로 보더라도 예수의 행동 양태에 관한 전승이 말에 관한 전승보다도 오래되었을 가능성이 있다. 예컨대 기적 이야기 전승은 말 전승에 수용된 뒤의 단계에서 종말론적으로 의미 부여가 이뤄진 것이다. 이것은, 말은 행동의 '로고스화'이지 그 역逆이 아니라고 내가 일관되게 취해 온 입장에 부응하는 것이다.

물론 나는 예수가 '신의 나라'에 대해 말하지 않았다고 얘기하는 것이 아니다. 오히려 이것은 예수가 세례자 요한으로부터 계승한 가장 중요한 사상의 하나였다. 그러나 동시에 예수는 계승한 사상을 자신의 행동 양태를 통해 지양止揚해 간 것으로 내게는 생각되는 것이다. 예수의 행동 양태에 관한 전승에서는 그 가장 이른 시기의 단계에서 종말사상과의 결합은 전혀 인지되지 않기 때문이다. 이렇게 보면 '신의 나라'에 관한 예수의 발언으로 그 진정성을 일반적으로 의심받지 않는 다음과 같은 말도 우리의 견해를 지지하는 셈이 된다.

20 신의 나라가 언제 오겠느냐고 바리사이파 사람들이 물었기 때문에, 예수께서는 대답했다. '신의 나라는 눈에 보이는 모습으로 오는 게 아니다. 21 또 "보라, 여기에 있다" "저기에 있다"라고도 말할 수 없다. 신의 나라는 바로 너희 가운데에 있다'(〈루카〉 17장 20~21절)

21절의 '가운데'로 번역된 원어는 '손이 닿는 곳에'라는 의미라는 것이 현재 학계의 일치된 견해다. 이것을 근거로 우리의 관점에서 이 말을 부연하면 다음과 같이 될 것이다. ―'신의 나라는 "언제 오느냐", "어디에서 볼 수 있느냐"라는 질문의 대상이 되는 객관적인 영역의 것이 아니며, (예수를 만난) 인간의 행동 양태 속에 가능성으로서 존재하는 것이다.'

이런 부연 설명이 만일 옳은 것이라면, 행동과 무관한 '신의 나라'라는 관념은 예수에게 의미가 없다는 얘기가 될 것이다.

한편 공관복음서에 집록集錄되어 있는 예수의 비유 그 자체를 고찰해 보면, 약 40개의 비유 중에서 '신의 나라의 비유'로 얘기되고 있는 것은 실제로는 약 4분의 1에 지나지 않는다. 게다가 이런 유형의 비유는 많은 경우 그리스도교도가 그 선교 활동 중에 직면하는 사태를 전제로 해서 얘기되고 있다. 예컨대 '인내심 강한 농부'(〈마르코〉 4장 26~29절), '겨자씨'(〈마르코〉 4장 30~32절, 〈마태오〉 13장 31절 이하, 〈루카〉 13장 18절 이하, 〈도마〉 20), '가라지'(〈마태오〉 13장 24~30절, 〈도마〉 57), '누룩'(〈마태오〉 13장 33절, 〈루카〉 13장 20절 이하, 〈도마〉 96)에는 선교자의 인내와 그들에 대한 위로가, '보물'(〈마태오〉 13장 44절, 〈도마〉 109), '진주'(〈마태오〉 13장 45절 이하, 〈도마〉 76), '그물(어망)'(〈마태오〉 13장 47절 이하, 〈도마〉 8)에는 선교자에 대한 소유의 포기가, '열 명의 처녀'(〈마태오〉 25장 1~13절), '위탁받은 돈'(〈마태오〉 25장 14~30절, 〈루카〉 19장 12~27절)에는 종말의 지연

이 각각 전제되어 있다. 나는 이들 모두가 예수가 한 비유로서의 신빙성이 없다고 얘기하는 것은 아니지만, 이들이 원시교회 사태와의 관련 속에서 '종말'의 관점에서 구성되었을 가능성은 충분히 있을 것으로 생각된다. 물론 '신의 나라의 비유'로 얘기되고 있지 않은 비유에도 그 속에 종말의 지연이나 그리스도론이 전제되어 있기 때문에 아마도 2차적으로 구성되었으리라고 상정할 수 있는 것도 상당히 많이 발견된다. 그러나 지금부터 다루게 될 적어도 세 개의 비유에 대해서는 그 진정성을 의심할 수 없을 것이다. 이들 비유에는 공통적으로 예수의 행동 양태가 제시되고, 거기에 대해 지금 여기에서 취해야 할 태도 결정이 문제가 되고 있기 때문이다. 전통적으로는 이런 유형의 비유는 '신의 나라의 현재화'라는 범주에 들어가는 것이지만, 이미 확인했듯이 우리는 여기에서 '신의 나라'라는 관념에 구애받을 필요는 없다. 여기에서 먼저 '천국(하늘나라)의 비유'로 얘기되고 있는 '포도밭의 노동자' 비유를 고찰해 보자.

"[1] 하늘나라는, 어느 집 주인이 자신의 포도밭에서 일할 일꾼을 고용하기 위해 이른 아침에 나간 것과 같다. [2] 그는 일꾼들과 하루 1데나리온으로 약정하고 그들을 포도밭으로 보냈다. [3] 그리고 나서 아홉 시쯤에 나가 다른 사람들이 시장에서 할 일 없이 서 있는 것을 봤다. [4] 그래서 그 사람들에게 말했다. '당신들도 내 포도밭에 가서 일하시오. 일한 만큼 타당한 삯을 지불할 테니.' [5] 그래서 그들은 일하러 갔다. 주인은 또 열두 시와 세 시쯤에 나가서 그와 같이 했다. ⁶ 다섯 시쯤에 또 나가니 아직도 서 있는 사람들을 보았고, 그들에게 말했다. '왜 아무것도 하지 않고 온종일 여기에 서 있는 것이오.' ⁷ 그들이 '아무도 우리에게 일을 시키지 않으니까요'라고 대답했으므로, 그 사람들에게 말했다. '당신들도 포도밭에 가서 일하시오.' ⁸ 그런데 저녁이 되자 포도밭 주인은 관리인에게 말했다. '일꾼들을 불러 오시오. 그리고 마지막에 온 사람부터 시작해서 처음에 온 사람들까지 차례차례 품삯을 지불하시오.' ⁹ 그래서 다섯 시쯤에 고용된 사람들이 와서 각각 1데나리온씩 받았다. ¹⁰ 그런데 처음에 온 사람들이 와서 더 많이 받으려니 생각했는데 그들도 1데나리온씩만 받았다. ¹¹ 그들은 돈을 받아 들자 집 주인에게 가서 투덜거리며 ¹² 따졌다. '마지막에 온 사람들은 한 시간밖에 일하지 않았는데 당신은 하루 종일 뙤약볕에서 고생한 우리와 똑같이 대우했습니다.' ¹³ 그러자 그는 그들 가운데 한 사람에게 대답했다. '이봐요, 나는 당신에게 잘못한 것이 없소. 당신은 나와 1데나리온으로 합의하지 않았소. ¹⁴ 당신의 품삯이나 받아 가시오. 나는 이 마지막에 온 사람도 당신에게 준 것과 같은 품삯을 줄 것이오. ¹⁵ 내 땅에서 내가 하고 싶은 대로 하는 것은 당연한 것 아니오. 혹시 내가 후하다고 해서 비위에 거슬린단 말이오.' ¹⁶ 이처럼 나중에 온 자가 먼저 되고, 먼저 온 자가 나중이 될 것이다."(〈마태오〉 20장 1~16절)

이 비유 속에 비유의 해석에 해당하는 맺음구(16절)는 명백히 마태오에 의해 가필된 것이며, 이것은 비유에 대한 마태오 자신의 해석이다. 먼저 이 구절은 하나의 격언으로서, 비유와는 무관하게 전승되고 있던 것이다.(〈마르코〉 10장 31절, 〈루카〉 13장 30절) 다음에 마태오는 이 비유만이 아니라 그 문맥에 편집해 넣은 예수의 말 전승(〈마태오〉 19장 28~29절)도 종말 때의 앞뒤 역전을 시사하는 것으로 해석한다.(〈마태오〉 19장 30절) 그리고 이 해석구와 관련이 있는 비유의 내용은 8절인데, 이 8절이 비유의 비교점이 아니라는 것은 명백할 것이다. 그 비교점은 15절에 있으며, 비유는 원래 여기에서 끝나 있었다.

그런데 첫 번째로 주목해야 할 것은 비유에 활용되고 있는 소재다. 이 책 제2장부터 추정되어 왔듯이 유대의 고대사 속에서 실업자가 가장 많이 나온 시대의 하나가 다름 아닌 예수의 시대였다. 그들은 날품팔이 일꾼으로 어렵게 생활을 지탱하고 있었는데, 랍비층(그 다수는 소시민층과 겹친다), 특히 바리사이파 사람들로부터 '땅의 백성' '죄인' 취급을 당하며 인간으로 대접받지 못했다. 이런 사람들을 비유의 소재로 채용했고, 게다가 그들 중에서도 가장 적게 일할 수밖에 없었던 사람들을 적극적으로 평가하는 것 속에서, 우리는 종교에 의해 정당화되고 있던 당시의 사회에 대한 예수의 도전적인 자세를 읽어낼 수 있을 것이다.

두 번째로는, 이 비유의 비교점(15절)이 시사하는 의미다. 이

의문문에 들어 있는 '주인'의 질책은 노동의 가치를 노동의 양으로 재려 하는, 가장 먼저 고용된 일꾼(11, 12절)들을 향하고 있다. 실제로 당시 민중에 대해 지도적 역할을 하고 있던 유대교의 주류—특히 바리사이파—는 인간의 가치를 궁극적으로는 율법을 준수하는 양으로 측정했으므로 이 비유의 비교점은 명백히 이런 종교적-법적 지도자층을 조준했을 것이다. 미리 말해 두지만, 여기서 예수는 인간의 가치를 율법 준수의 양이 아니라 그 질에 두고 있는 것은 아니다. 그런 것은 이 비유의 문맥에서는 읽어낼 수 없을 뿐만 아니라 실은 노동을 그 양만으로 할 게 아니라 질로도 평가해야 한다는 주지主旨의, 우리의 비유와 형식적으로는 지극히 유사한 비유 이야기가 유대교의 랍비들에 의해서도 얘기되고 있었다. 예수에게 문제가 되는 것은, 어떠한 경우에도 (율)법을 기준으로 인간의 가치에 순위를 매기려는 합법주의 그 자체였다. 예수는 거기에 '아니다!'를 들이민 것이다. 한 시간 일을 한 사람에게도, 열두 시간을 일한 사람에게도 계약에 따라 동일한 임금을 지불하고, 후자의 항의를 물리치는 것은 분명 일반의 상식으로 보자면 불합리한 행동이다. 그러나 예수는 바로 그런 상식적 가치 판단을 그 뿌리부터 뒤엎으려 한다. 인간은 모두 약속받은 '존재'라는 점에서 평등하며, (율)법은 원래 이 기본적인 '존재'를 지키기 위해 인간에게 주어진 것이었다. 그런데 그 (율)법이 거꾸로 인간을 지배하고, (율)법에 따를 수 있는 인간이 자신이 창출한 (율)법을 방패로 삼아 그것을 지킬 수 없는 인간을 그 '존재'에서부터 차별하고 있는 것이 현실이라면, 바로 그런 '존재'에게야말로 (율)법의 준수와는 상관없이 원래의 약속이 이행되어야 한다. 예수는 비유를 통해 그것을 주장하고, 그 주장을 실현하기 위해 자신의 존재 자체를 걸었던 것이다.

다만 여기에서 주의해야 할 것은, 예수가 반드시 '계급적 관점'만으로 피차별자 쪽에 자신을 세우지는 않았다는 점이다. 실제로 이 비유 이야기는 열두 시간을 일한 사람에 대해서도 한 시간을 일한 사람에 대해서도 그 소재素材를 피차별자 쪽에서 채용했다. 예수가 비유 이야기로 항의한 직접적인 대상은 차별자 쪽이지만, 그것은 간접적으로는 피차별자 상호간에도 적용된다. 사회적 상식은 지배자 쪽에서 만들어지긴 하지만, 그것은 피지배자 사이에서도 그들 자신도 모르게 무자각적으로 관철되고 있는 경우가 많다. 예수는 어느 쪽에 속하는 사람이든 그 모두에게 인간 주체의 변혁을 촉구했을 것이다.

자신의 행동 양태를 드러내 보이면서 던지는 인간에 대한 이런 비판적 질문을 우리는 유명한 '잃어버린 양'의 비유(〈마태오〉 18장 12~14절, 〈루카〉 15장 4~7절, 〈도마〉 107장 1, 2절) 속에서도 만나게 된다. 그렇지만 이런 병행 기사들 속에서 비유의 원형을 확정하기 위해서는 매우 번잡한 전승사적 고찰을 거칠 필요가 있다. 나는 그것을 다른 곳에서 시도하고 있기 때문에 (이 책의 '참고문헌' 참조) 여기에서는 그 결론만 기술해 두고자 한다.

먼저 〈마태오〉 18장 14절, 〈루카〉 15장 7절, 〈도마〉 107장 2절은 각각의 복음서 기자가 비유에 대한 자신들의 해석을 집어넣은 가필이다. 다음에 〈루카〉 15장 5, 6절은 〈마태오〉 18장 13절에 가까운 본문을 전제로 해서 루카 자신이 구성한 부분에 해당한다. 이에 대해 〈마태오〉 18장 13절은 아마도 비유의 원형에 대한 Q교단의 편집구로, 비유의 우의화寓意化를 동반하고 있다. 그리하여 뒤에 남겨진 〈마태오〉 18장 12절, 〈루카〉 15장 4절, 〈도마〉 107장 1절을 비교 고찰한 결과 나는 비유 전승의 최고층最古層이 〈루카〉 15장 4절 속에 있다고 상정했다. 즉, ─

'너희 가운데 누가 양 백 마리를 가지고 있었는데, 그중에서 한 마리를 잃어 버렸다. 그 사람은 아흔 아홉 마리를 황야에 그대로 놔두고라도 잃어버린 양을 발견할 때까지 찾아 헤매지 않겠느냐.'

그렇다면 비유의 원형이 시사하는 바는 거의 다음과 같은 것이 될 것이다. ─ 한 명의 인간일지라도 '백'으로 표상되는 '성스러운 (이스라엘)공동체'에서 소외되어 '잃어버렸다'면, 그 소유자는 나머지 '아흔아홉' 명을 '황야'에 방치해 두고라도, 즉 그들을 위험에 노출시키더라도 '잃어버린' 한 명의 인간을 발견할 때까지 '찾아 헤매지 않겠느냐.'

여기에서도 우리는 '하나보다 아흔아홉을 취한다'는 상식적·합리적 가치 판단에 대한 예수의 역설적인 '부정'을 읽어낼 수 있을 것이다.

'아흔아홉을 버리더라도 하나를 취한다'는 말투는 '하나를 버리고 아흔 아홉을 취한다'는 사람들에 대해서는 '역설'을 넘어 '반역의 논리'(다가와 겐조)로 다가갈 가능성이 있다. 바로 여기에서 우리는 저 예수의 행동 양태의 적확한 '로고스화'를 찾아내야 하지 않을까. 예수는 자신의 행동을 통해 우리를 근원적인 질문 속에 데려다 놓는다. 당신이라면 이에 대해 어떻게 대답할 것인가, 라고.

또 〈루카〉 15장 4절 이하의 비유 상황이 되어 있는 〈루카〉 15장 1~3절은, ―이미 고찰한― 〈마르코〉 2장 15~16절(=〈루카〉 5장 29~30절)을 바탕에 깔고 루카가 구성한 이야기인 것이 분명하다. 그러나 이런 유형의 비유가 발설되는 **일반적** 상황으로 '세리나 죄인들'과 함께 식사를 한 예수의 행동에 대해 '바리사이파 율법학자들'이 비난했을 가능성은 충분히 상정할 수 있을 것이다.

마지막으로, 이 또한 유명한 '선한 사마리아인'의 비유를 고찰하면서 이 장을 마치기로 하자.

"30 어떤 사람이 예루살렘에서 예리코로 내려가다가 강도들을 만났다. 강도들은 그 사람이 갖고 있던 것을 빼앗고 마구 두들겨

패서 반쯤 죽여 놓고 갔다. ³¹ 마침 한 사제가 바로 그 길을 내려가다가 그 사람을 보고는 건너편으로 피해서 지나가 버렸다. ³² 마찬가지로 레위 사람도 그곳까지 왔다가 그를 보고는 건너편으로 피해서 지나가 버렸다. ³³ 그런데 길을 가던 어느 사마리아인이 그 사람 옆을 지나가다가 그를 보고는 가엾은 마음이 들어, ³⁴ 가까이 가서 그 상처에 올리브유와 포도주를 부어 싸매고는 자신의 나귀에 태우고 여관으로 데려가 간호해 주었다. ³⁵ 이튿날 2데나리온을 꺼내 여관 주인에게 주면서 '이 사람을 돌봐 주시오. 비용이 더 들면 돌아오는 길에 내가 지불하겠소' 하고 말했다. ³⁶ 이 세 사람 중에 누가 강도를 만난 사람의 이웃이 되어 주었다고 생각하느냐."(〈루카〉 10장 30~36절)

이 비유가 발화發話된 상황(〈루카〉 10장 25~29절)과 거기에 대한 반응(37절)은 원래 비유에는 없었고, 루카에 의해 구성되었을 가능성이 큰 것으로 생각된다. 따라서 먼저 비유 그 자체의 내용을 검토하고 그 비교점을 밝혀 보기로 하자.

먼저 예루살렘에서 예리코로 내려가던 도중에 어떤 사람이 강도를 만나 반쯤 죽어가는 상태로 쓰러져 있었다고 한다. 이런 사건이 실제로 당시부터 최근에 이르기까지 예루살렘에서 예리코로 가는 가도에서 빈번하게 일어난 것은 사료를 통해서 확인된다. 그런데 이 길을 내려가던 사제도 레위 사람도 이 부상자를 내버려두고 지나갔다. 우리도 이미 알고 있듯이 사제,

특히 하급 사제(레위인)의 대부분은 예루살렘 신전의 '당번'직을 마치고 지방에 가서 농업 등의 일반직에 종사하면서 일상생활을 보냈다. 그리고 예리코에는 그런 생활을 하는 사제들이 많이 살고 있었다고 한다. 어쨌든 성직자가 죽어가는 사람을 방치하고 지나가 버렸다는 어조에는 이런 유형의 사람들에 대한 예수의 빈정거림이 들어 있을 것이다. 그리고 여기에서 예수는 종교적 지도자의 언행 불일치를 비판하고 있다는 식으로 일반적으로 해석된다. 그러나 다른 한편으로는 그들은 〈레위기〉 21장 1절의 사제들에게 의무화되어 있던 청결 규정에 따라 죽은 사람(이라고 그들은 생각했다)과의 접촉을 피한 것이라며 그들의 행위를 변호하는 설도 있다. 그러나 만일 그랬다면 예수의 비판은 단순한 언행 불일치라기보다는 그것을 넘어 인간의 생명을 구하는 일을 방해하게 되는 '청결 규정' 그 자체를 향한 것이 될 것이다. 어쨌든 이 비유 이야기를 적어도 여기까지 들은 청중은 마음속으로 갈채를 보냈을 것으로 생각된다. 왜냐하면 사제들은 ―제2장에서 얘기했듯이― 레위인들을 포함해 민중에게는 당시 일반적으로 비난의 대상이 되어 있었기 때문이다. 하지만 그다음 장면에서 죽어가던 여행자를 도와 그에게 충분히(그 이상으로) 최선을 다한 것이 '사마리아인'이었다는 말을 들었을 때 청중은 아연실색했을 것이다. 왜냐하면 사마리아 사람은 당시 ―이것도 제2장에서 살펴봤듯이― 유대 사람들에게는 근친 증오의 대상, 불구대천의 적이었기 때문이다. 게다가 이 사마리아 사람들은 기원후 6년부터 9년 사이에 하필이면 예루살렘 신전 경내에 사람의 뼈를 뿌려 성역을 더럽혔던 것이다. 그래서 형성된 사마리아 사람과 유대 사람의 견원지간의 관계는 신약성서에도 곳곳에 반영되어 있다.(예컨대 〈마태오〉 10장 5절, 〈루카〉 9장 51~56절, 〈요한〉 4장 9절 등) 예수는 굳이 이 사마리아 사람을 '선한 사마리아인'으로 유대 민중에게 제시한다. 그리고 그들에게 묻는다. '이 세 사람 중에서 누가 강도를 만난 사람에게 이웃이 되어 주었다고 생각하는가'라고.

여기에서 주의해야 할 것은, 예수가 결코 '너는 누가 이웃이라 생각하느냐'라고 묻지는 **않는다**는 것이다. '너는 위험한 상태에 빠져 있는 너의 이웃을 사제나 레위인처럼 못 본 체하지 말고 사마리아인처럼 도와주어라'라고 말하고 있는 게 **아닌** 것이다. 그게 아니라 '너 자신이 한 사람의 사마리아인으로서, 이웃이 되어 행동하도록' 하라는 것을 시사하고 있다. '동포'로서의 '이웃'(이것은 당시 유대교에서 일반적인 생각이었다)을, 말하자면 객관적 대상으로 사랑한다는 것이 아니라 '동포' 관계를 넘어선 '이웃'이 **되도록** 스스로 주체적으로 실천하라는 것이다. 여기에서도 우리는 '이웃'으로서의 자신의 행동 양태를 통해 우리에게 질문을 하는 예수를 만나게 된다.

그런데, 이 비유가 나온 상황과 거기에 대한 반응은 다음과 같이 되어 있다.

²⁵ 거기에 어느 율법학자가 와서 예수를 시험해 보려고 말했다. '선생님, 어떻게 해야 영원한 생명을 얻을 수 있겠습니까?' ²⁶ 예수께서는 그에게 말했다. '율법에는 어떻게 써 있느냐. 너는 그것을 어떻게 읽었느냐.' ²⁷ 그는 대답했다. '"마음을 다하고, 힘을 다하고, 생각을 다해서 주님이신 네 신을 사랑하라." 그리고 "네 이웃을 너 자신처럼 사랑하라"고 되어 있습니다'. ²⁸ 예수께서 그에게 말했다. '네 대답이 옳다. 그대로 행하여라. 그러면 생명을 얻을 수 있다.' ²⁹ 그러자 그는 자신을 의인義人으로 보이려고 생각해 예수께 물었다. '그러면 누가 저의 이웃입니까?' ³⁰ 예수께서 대답했다. ……[비유의 부분]…… ³⁷ 그가 말했다. '그 사람에게 자비를 베푼 사람입니다.' 그러자 예수께서 그에게 말했다. '가서 너도 그렇게 하여라.'(〈루카〉 10장 25~37절)

먼저 이 상황은 〈마르코 복음서〉 12장 28~34절을 소재로 해서 루카가 구성한 것으로 생각된다. 〈마르코 복음서〉의 이 기사는 이것 외에 〈루카 복음서〉에는 병행 기사가 없다는 것, '신의 나라에 들어간다'(〈마르코〉 12장 34절)는 것이 여기에서는 루카적으로(루카는 헬레니즘 세계의 비유대인들을 독자로 삼아 복음서를 썼다) '영원한 생명을 얻는다'(25절)는 것으로 변형되어 있다는 것, 율법의 요약 중에 이른바 '이웃에 대한 사랑'의 계명(27절)이 〈마르코〉 12장 33절과 정확하게 일치한다는 것(이것과 일치하는 텍스트는 달리 없다), '자신이 의인인 것을 보이려'(29절) 한 것은 루카가 즐겨 예수의 적대자들의 태도를 표현하는 동사로 활용하고 있다는 것(〈루카〉 16장 15절. ―18장 9, 14절 참조) 등이 그 증거가 될 것이다. 그리고 비유 이야기의 반응 중에서 예수의 마지막 말 '가서 너도 그렇게 하여라'에는 비유에 대한 루카의 해석이 들어 있을 것이다. 그리하여 루카는 이 비유 속에 율법에 대한 올바른 지식을 갖고 있음에도 '이웃사람'을 유대의 동포로 한정함으로써 율법을 그 진의에 맞게 보편적인 입장에서 실천하지 않는 율법학자들에 대한 예수의 비판을 읽어낼 수 있게 하려 했던 것이다. 이것은 보편적 윤리주의로 기운 루카의 경향과 일치한다.

그러나 이런 루카적인 해석에 구애받지 말고 비유와 그것이 발화된 상황과의 관계를 보면, 우리는 여기에서 더 적극적인, 오히려 예수의 의도에 부합하는 상황을 읽어낼 수도 있다. 즉 율법학자는 '이웃'을 자신이 관여해야 할 객관적 대상으로 보려고 하는데 비해(29절), 예수는 그의 질문의 논리 수준으로 대답하지 않고 오히려 거꾸로 '이웃'이란 바로 **주체화해야 되는 것**이라는 점을 시사했다는 것이다. 그렇다고 한다면 비유 이야기로 발화된 배경에 이런 상황이 **일반적으로** 존재했을 가능성도 완전히 부정할 수는 없을 것이다.

이상의 세 가지 비유에서 형식적으로 일치하는 것은 비유―적어도 그 원형―가 모두 질문의 형태로 끝나고 있다는 점이다. 나는 이것에 주의를 환기하면서 비유에 관한 고찰을 끝내려 한다. 전승의 가장 오래된 층에 있는 예수의 비유는 이런 형식으로 보더라도 바깥으로 열린 사상의 표현이라고 할 수 있을 것이다. 그것은 개념이나 논리와는 달리 자기완결적인 것은 아니다. 이 비유는 오히려 말하는 화자가 그 속으로 듣는 청자를 끌어들여, 자기 사상에 청자를 대응시켜 오히려 청자로 하여금 그것을 해석하게 하는 특색을 갖고 있다.(에타 린네만) 실제로 위에서 확인했듯이 예수의 비유 중의 해석 부분은 비유 전승에 대한 마태오나 루카의 해석이며, 그들이 편집한 가필이었다. 그렇다면 상당히 번잡한 절차를 거치면서 시도한 내 해석도 예수의 비유에 대한 나 나름의 해석이며, 그런 점에서 예수의 비유 이야기의 본질에 부합하는 방법에 따랐다고 할 수 있을 것이다. 그리고 비유 이야기에 대한 내 해석이 나를 그 속으로 끌어들인 본문에 대한 나의 대응이었다고 한다면, 그 본문이 내게 새롭게 존재에 대한 이해를 압박하고 있는 것이며, 따라서 '내 해석'에는 본문이 나를 해석하는 사태도 동시에 일어나고 있는 것이다. 이렇게 해서 비유 이야기의 본문은 내 해석의 대상으로서의 어떤 **것**에서 내게 자기 이해를 압박하는 **사람**의 성격을 띠고 다가온다. —이것을 좀 더 일반적으로 말하면, 성서의 본문은 그것이 해석 주체의 인식 양태에 변혁을 가져다주었을 때 비로소 해석 주체에 의해 제대로 이해된 것이라 할 수 있을 것이다.

이상으로 우리는 민중과 함께하는 예수의 행동 양태를 어느 정도 파악했다고 할 수 있을까. 이런 행동 양태는 그것 자체가 이미 간접적이긴 하지만, 민중을 ─의식적으로든 무의식적으로든─ 억압하는 권력에 대한 비판적 행동이 되어 있다. 그러나 예수는 거기에만 머물러 있지 않다. 예수는 이런 행동 양태의 당연한 귀결로서 권력과, 특히 권력의 이데올로기로 기능하는 (율)법이나 그 정치적=종교적 중심 기관인 신전과 대결할 수밖에 없게 된다. 다음 장에서는 이런 **권력에 대항해서 행동한 예수**에게 다가가 보기로 하자.

05

권력에

유대의 권력 구조를 정치적으로 장악하고 있었던 것은, 최고법원(산헤드린)의 구성원을 보더라도 명백하듯이 귀족 사제와 대토지 소유자(대사제-수석 사제들-장로들)들이었다. 그러나 이것을 궁극적으로 합법화하는 기능을 수행하고 있었던 것이 민중의 지도자로 일컬어졌던 율법학자들, 특히 바리사이파였다. 그리고 그들은 어떠한 경우에도 자신들의 행동 양태를 율법에 그 근거를 두게 했다. 따라서 이 율법에 예수가 어떻게 관여했는지 눈여겨보는 것이 권력에 대한 예수의 행동 양태를 고찰하는 출발점이 될 것이다. 거기에서 우리는 먼저 유명한 '산상 수훈山上垂訓'을 소재로 삼아 예수의 율법에 대한 자세를 규명해 보기로 하자.

1. 율법

이른바 '산상 수훈'은 〈마태오 복음서〉 5장 1절 이하, 〈루카 복음서〉 6장 20절 이하에 기록되어 있으며, 〈루카 복음서〉 쪽이(다만 〈루카〉에서는 '평지 수훈平地垂訓'이 되어 있다) 많은 경우 〈마태오 복음서〉보다 '수훈垂訓'의 원형에 가깝다. 그리고 이 것은 '~행복하다……'로 시작되는 '수훈' 첫머리의 예수의 말(〈마태오〉 5장 3~11절, 〈루카〉 6장 20~23절)에도 타당하다. 여기에서는 이들 기사의 비교를 통해 전승의 원형을 복원하는 절차를 모두 생략하고 복원된 원형만을 제시하는데, 그것은 다음과 같은 것이 될 것이다.

> '가난한 사람은 행복하다.'(〈루카〉 6장 20a절, 〈마태오〉 5장 3a절)
> '굶주리는 사람은 행복하다.'(〈루카〉 6장 21a절, 〈마태오〉 5장 6a절)
> '울고 있는 사람은 행복하다.'(〈루카〉 6장 21c절, 〈마태오〉 5장 4a절)

나는 이것을 '가난한 사람, 굶주리고 있는 사람, 울고 있는 사람'에게 예수가 해준 위로의 말로 보지는 않는다. 왜냐하면 이런 사람들이 행복하지 않다는 것을 가장 잘 알고 있었던 사람이 다름 아닌 예수였기 때문이다. 그렇다면 이 말은 분명히 역설적인 의미를 담아 한 말일 것이다. 즉 예컨대 '땅의 백성 (그 다수가 가난한 사람들이고, 그들은 굶주리며, 울고 있었다!)에게 빵을 준 나는 재앙이다'라고 기근 때 말했다는 어느 랍비의 말과 정반대되는 말을 예수는 여기에서 발언하고 있다. 나아가 '율법을 모르는 이 군중은 저주받을 족속이다'(〈요한〉 7장 49절) 라고 한 바리사이파 사람에게 예수는 그런 군중이야말로 **행복하다**라고 잘라 말했다. 즉 여기에서도 예수는 율법에 토대를 둔 유대인의 가치관을 역전시키고 있다. 그것 이외의 것을 이 말들에서 더 읽어낼 필요는 없다.

다음으로 산상 수훈 중에서도 대표적인 이른바 '여섯 개의 반대 명제'(〈마태오〉 5장 21~48절)를 고찰해 보자.

그에 앞서 먼저 주의해야 할 것은, 이 반대 명제를 복음서의 이 문맥에 편집한 마태오의 시각으로부터 일단 벗어나서, 명제를 그것 자체로 해석해야 한다는 것이다. 마태오는 이 명제에 서문(5장 17~20절)과 결론(5장 48절)을 부가해서 이것에 접근하는 마태오 자신의 시각을 명시하고 있다. 그에 따르면 예수의 사명은 '율법이나 예언자' 즉 (구약)성서의 가르침을 '폐기'하는 것이 아니라 그것을 '완성'하는 데에 있다.(17절) 따라서 그리스도교도의 '의義가 율법학자나 바리사이파 사람의 의를 이기지 못하면(그들보다 더 옳게 살지 못하면) 결코 하늘나라에 들어갈 수 없다'(20절)는 것이다. 요컨대 그리스도교도는 '하늘의 아버지가 완전한 것 같이 완전한 사람'이 되어야 한다.(48절) 여기에서는 이제부터 제시될 예수의 가르침을 모세 율법을 완성하는 새로운 그리스도의 율법으로 해석하도록 독자들에게 권한다. 그러나 이것이 과연 '반대 명제'에서 예수가 말하려던 진의眞意에 부합하는 것일까. 만일 예수의 가르침이 유대교의 율법을 완성하는 새로운 율법으로 기능한다면, 다시 이 새 율법이 거기에 따를 수 없는 사람들을 차별하는 결과를 동반하게 되지는 않을까. 그리고 그런 결과는 이미 확인했듯이 예수의 말 전승을 담당한 저 Q교단에서 일어났던 일이며, 마태오 자신도 그런 경향에 편승했을 가능성이 있다.(〈마태오〉 5장 46, 47절=〈루카〉 6장 32, 33절[Q])

그런데 전승의 원형에 가장 가까운 것으로 생각되는 여섯 개의 명제를 열거하면 다음과 같다.

(1) "21 '살인하지 마라. 살인하는 자는 누구든지 재판을 받아야 한다'(〈탈출기〉 20장 13절 등)고 옛사람들에게 이르신 말씀을 너희는 들었다. 22 그러나 나는 너희에게 말한다. 성을 내는 사람은 누구든지 재판을 받아야 한다."

(2) "27 '간음하지 마라'(〈탈출기〉 20장 14절)고 하신 말씀을 너희는 들었다. 28 그러나 나는 너희에게 말한다. 누구든지 정욕을 품고 여자를 보는 자는 마음속에서 이미 간음을 한 것이다."

(3) "31 '아내를 버리려는 자는 이혼장을 써 주어라'(〈신명기〉 24장 1절)고 하신 말씀이 있다. 32 그러나 나는 너희에게 말한다.

누구든지 자신의 아내를 버리려는 자는 간음하게 만드는 것이다."

⑷ "33'거짓 맹세를 하지 마라. 맹세한 것은 모두 주님에 대해서 지켜라'(〈탈출기〉 20장 16절 등) 하고 옛사람들에게 이르신 말씀을 너희는 또 들었다. 34그러나 나는 너희에게 말한다. 아예 어떤 맹세도 하지 마라. ……37너희는 '예' 할 것은 '예'라고만 하고, '아니오' 할 것은 '아니오'라고만 하여라."(〈야고보서〉 5장 12절 본문을 채용)

⑸ "38'눈에는 눈을, 이에는 이를'(〈탈출기〉 21장 24절)이라는 말씀을 너희는 들었다. 39그러나 나는 너희에게 말한다. 악인에게 맞서지 마라. 누가 네 오른뺨을 때리거든 왼뺨마저 돌려대 주어라. 40네게 재판을 걸어 속옷을 가져가려 하는 자에게는 겉옷까지도 주어라."

⑹ "43'네 이웃을 사랑하고,(〈레위기〉 19장 18절) 원수를 미워하라(〈종규 요람〉 1장 9~10절)'는 말씀을 너희는 들었다. 44그러나 나는 너희에게 말한다. 원수를 사랑하고 너희를 박해하는 사람을 위하여 기도하라."

이런 여섯 개의 '반대 명제'를 주의 깊게 고찰해 보면, 실은 정말로 '반대 명제'로 되어 있는 것은 ⑶ ⑸ ⑹ 3가로, 다른 3개는 명제에 반대하는 것이 아니라 그것을 더 **철저화하고 있는**데 지나지 않는다는 것을 알 수 있을 것이다. 이 때문에 철저 명제에서 반대 명제를 구별해내서 후자에만 비교적 예수의 가르침이 보존되어 있다고 보는 학자들이 많다. 한편으로 슈타우퍼 등은 반대 명제 중에서도 제6의 명제**만**을 예수가 한 말로 귀결시킨다. 슈타우퍼에 따르면 그 밖의 명제들은 많든 적든 당시의 유대교 문서, 특히 쿰란 문서에 병행하는 말이 존재한다. 그리고 그것들에서는 유대교의 율법에 대해 바로 그것을 역전시키는 원수 사랑의 계명으로 대결한 예수의 행동을 다시 '유대화'하거나, 또는 '재쿰란화'하는 원시 그리스도 교단 내지 마태오의 그리스도교 율법관을 읽어낼 수 있다는 것이다. 그러나 내가 보기에는 슈타우퍼 자신도 실은 마태오적인 율법관에서 자유롭지 못한 것으로 생각된다. 왜냐하면 예수가 대치한 명제를 하나의 계명으로 읽는다면 그것과 유사한 계명이 유대교 문헌 중에 있다고 하더라도 하등 이상할 게 없기 때문이다. 슈타우퍼가 예수의 유일한 가르침으로 보는 '원수를 사랑하라'는 계명도 그것 자체는 예컨대 로마의 철학자 세네카의 저작 중에도 존재한다. 사견이지만, 여기에서 예수가 유대교의 계명 또는 모세 율법 그 자체에 대해 철저 명제를 제시한 것은 율법 그 자체를 무제한으로 확장하거나 그것을 철저히 내면화함으로써 자신을 세우는 수단으로서의 율법을 상대화하고, 인간을 율법의 노예 상태에서 해방시켜 한 사람의 자유로운 인간으로 자립케 하려 한 것이다. 마찬가지로 반대 명제는 율법에 의거해 자신을 정당화하려는 인간의 토대 자체를 완전히 무너뜨리는 게 될 것이다. 우리는 이들 명제를 어떤 의미에서도 새로운 윤리 규범으로 받아들여서는 안 된다. 만일 조금이라도 그렇게 받아들인다면 거기에서 나오는 그리스도교도의 위선의 악취는 유대교도의 그것보다 훨씬 더 지독할 것이다.

또 이들 여섯 개 명제를 예수가 제자들에게 말한 것으로 여기에 편집한 것은 마태오다. 그러나 그 하나하나가 원래 어떤 상황 속에서 발화된 것인지는 실제로 명확하지 않다. 하지만 개개의 명제 내용으로 보건대 (4) (5) (6)은 아마도 예수에게 모여든 사람들을 향해, (1) (2) (3)은 오히려 예수의 적대자들을 향해 또는 적어도 그들을 의식해서 한 게 아닐까. 그들은 민중에게 궁극적으로는 '성을 내는 자'로 군림하고, 여성을 정욕의 대상이나 아이를 낳는 수단으로만 대했다는 것은 많은 랍비 문헌을 통해 인지되고 있다. 한편 예수는 그 주변에 모여든 사람들에게 그들이 다시 율법에 기대어 자신을 또는 자신이 소속된 공동체를 어떤 의미에서라도 절대화하지 말도록, 현대식으로 말하자면, 그들을 '당파성의 논리'에서 자유롭게 만들어 주기 위해 맹세와 복수를 금지하고 원수를 사랑하라는 명제를 제시한 것이다. 예수에게 중요한 것은 어떤 권위에도 기대지 말고, 한 사람으로 자립해서 깨인 눈으로 사실을 바라보면서, 그런 것은 그렇다고 하고, 아닌 것은 아니라고 분명히 얘기하는 것이었다.

바로 그 때문에 '사람들은 예수의 가르침에 놀랐던 것이다.

율법학자들처럼(율법의 권위에 기대는 것) 한 것이 아니라, (스스로) 권위 있는 사람처럼 가르쳤기 때문이다.'(〈마르코〉 1장 22절) 그러나 이런 행동은 자신들의 권위를 주장하던 율법학자들에게는 실로 그들의 권위, 나아가 권위의 근거인 율법 자체에 대한 도전으로 받아들여졌을 것이다.

2. 안식일

유대의 권력을 떠받친 이데올로기(유대교 주류파의 견해)의 기준이 된 율법이 민중의 일상생활에 가장 구체적으로 관여해온 형태의 하나에 '안식일安息日' 계명이 있다. 안식일은 원래 고대 이스라엘 농민의 농경 생활에서 휴식일에 지나지 않았던 것이다. 그러나 이것이 〈창세기〉의 천지창조 신화(1장 1절~2장 4절)에 들어갔고, 후기 유대교 시대가 되면 〈창세기〉 2장 3절에 대한 율법학자들의 해석에 의해 엄청난 수로 늘어난, 매우 번잡한 '안식일 금지 조항'이 만들어졌다. 그리고 이것이 거꾸로 민중의 생활을 압박하는 결과가 되었던 것이다. 다음의 기사에서는 인간이 마치 **그것을** 위해 존재하는 것 같은 **안식일**의 기능 방식이 문제가 되고 있다.

23 어느 안식일에 예수는 밀밭 사이를 지나가게 되었다. 그때 제자들이 걸어가면서 이삭을 뜯기 시작했다. 24 그러자 바리사이파 사람들이 예수에게 말했다. '도대체 그들은 왜 안식일에 해서

는 안 되는 일을 하는 겁니까?' ²⁵ 그러자 예수가 말했다. '너희는 다윗과 그 일행이 먹을 것이 없어서 굶고 있을 때 다윗이 무엇을 했는지 아직 읽어 본 적이 없느냐. ²⁶ 대사제 에브야타르 때에 신의 집에 들어가서 사제들 외에 먹어서는 안 되는 제물 빵을 자신도 먹고 함께 있던 사람들에게도 주지 않았느냐.' ²⁷ 또 그들에게 말했다. '안식일이 사람을 위해 있는 것이지, 사람이 안식일을 위해 있는 게 아니다. ²⁸ 따라서 사람의 아들은 안식일에 관해서도 또한 주인이다.'(〈마르코〉 2장 23~28절. ―〈마태오〉 12장 1~8절, 〈루카〉 6장 1~5절도 참조)

이 이야기 중에서 25, 26절은 원래의 전승에는 없었던 것으로 생각된다. 먼저 형식적인 이유를 들면, 25, 27절에 '그리고 그들에게 말했다'라는 예수의 말 도입구가 2번 들어가 있고, 말의 순서를 보더라도 24절에서 27절로 바로 가면 자연스러운 연결이 된다. 게다가 25, 26절에서 얘기하는 다윗과 그 일행의 고사(〈사무엘상〉 21장 1~6절)는 다윗이 대사제 아히멜렉(26절의 '에브야타르'는 아마도 전승자의 기억 착오인 듯)의 허가를 받아 평소에는 먹는 것이 금지되어 있던 '제물 빵'을 전시戰時에는 예외로 해서 그와 그의 병사들에게 나눠 주었다는 것일 뿐, 안식일과는 아무 관계도 없는 것이다. 물론 이 이야기가 여기에 도입된 것은 그것이 안식일 금지 조항과 관련이 있다는 해석에 따른 것으로 생각된다. 그러나 내용적으로 보자면, 이런 해석을 전제로 해서 예수가 제자들의 행위의 정당성을 '율법'(성서의 구절)으로 증명하는 태도는 '권위 있는 사람처럼 가르치셨다'는 예수에게 어울리지 않는 게 아닐까. 이처럼 자신의 주장을 '율법'의 권위로 뒷받침하려는 자세를 취한다면, 예수가 바로 그것을 넘어서서 행동했던 율법학자들의 **논리 수준**으로 스스로 도로 내려서는 셈이 된다. 게다가 —여기에서 자세히 검토할 수는 없으나— 〈루카 복음서〉, 특히 〈마태오 복음서〉의 병행 기사에서는 **이** 논리 수준으로 내려서는 성구 증명聖句證明이 점점 더 확대된다.

이와 관련해서 주목해야 할 것은, 〈루카 복음서〉와 〈마태오 복음서〉의 병행 기사에는 〈마르코 복음서〉의 기사에서는 그중 가장 중요한 주장이 들어 있는 것으로 생각되는 27절의 말 '안식일이 사람을 위해서 있는 것이지, 사람이 안식일을 위해 있는 것이 아니다'가 보기 좋게 빠져 있다는 점이다.(〈마태오〉 12장 8절, 〈루카〉 6장 5절의 전후를 보라) 이 구절을 탈락시킨 이유는 마태오나 루카가, 또는 그들이 전해 받은 전승의 담당자가(H. 휘프너Hans Hübner[1930~2013]), 〈마르코〉 2장 27절의 일견 '인간주의적' 경향을 견딜 수 없었기 때문일 것이다. 그렇게 되면 성립되어 가고 있던 그리스도교회의 '안식일'로서의 '주님의 날', 즉 '성일聖日'의 권위도 흔들리게 되고 만다!

그렇다면 〈마르코〉 2장 27절과 이것과 연관되어 있는 28절 예수의 말이 이 이야기 전승에서 최고층最古層에 속한다는 점이 인정되어야 할 것이다. 그러나 〈마르코〉 2장 23, 24절은 27, 28절의 말을 핵으로 해서 2차적으로 형성된 상황 설정이라는 견해, 따라서 이 이야기는 양식사적으로 '아포프테그마'의 하나라는 견해(불트만 등)에 나는 따를 수가 없다. 하지만 23, 24절이 **이대로의 형태로** 처음부터 27, 28절과 엮여 있었다(다가와 겐조)고도 생각할 수 없다. 왜냐하면 23, 24절에 보이는 예수와 그의 '제자들'의 관계에는 랍비와 그 제자들의 관계를 모델로 한 '이상적인 장면'이 묘사되어 있기 때문이다. 랍비 문헌에 따르면, 제자들의 행동의 책임은 랍비 자신이 지게 되어 있고, 이것이 바로 랍비의 '사제師弟 사랑'의 '이상'으로 되어 있었다. 그러나 나도 이 이야기를 아포프테그마라고 생각하지 않는다. 여기에서도 예수의 말과 그 상황은 처음부터 엮여 있었을 것이다. 다만 그 상황은 원래 '예수와 제자들'이라기보다는 오히려 '예수와 그를 둘러싼 민중'이 아니었을까. 이미 지적했듯이 전승의 가장 오랜 층에는 '제자들'이 등장하지 않는다는 점도 상기해야 할 것이다.

이상과 같은 이유로 이 이야기의 원형을 토대로 해서 다시 한 번 읽어보면 다음과 같이 될 것이다. ─예수가 그를 따라온 사람들과 함께 밀밭을 지나갈 때, 이 사람들이 걸어가면서 이삭을 뜯었다. 그러자 때마침 그곳에 있던 바리사이파 사람이 ─아마도, 안식일에는 '밀 이삭을 잘라서는 안 된다'는 금지 조항을 이유로, 또는 그것을 확대해석해서─ 그들의 행위를 비난했다. 이에 대해 예수가 대답했다. '²⁷안식일은 사람을 위해 있는 것이지, 사람이 안식일을 위해 있는 것이 아니다. ²⁸따라서 사람의 아들은 안식일에 관해서 주인이다'라고.(28절은 원문에서 '안식일에 관해서도 또한'으로 되어 있다. 이 '~도 또한'은 마르코가 2장 10절과의 관련 때문에 삽입했을 것이다)

여기에서 우리는 먼저 27절과 28절의 관계에 대해 주의해야 한다. 즉 27절의 문장은 28절의 문장의 이유구理由句가 되어 있는(28절의 '따라서'!) 것이지, 결코 **그 역逆이 아니라는** 점이다. 이 점에 주의를 환기하고 싶은 것은 특히 이 이야기의 마태오 판에서 바로 **이 역逆의 방향에서** 이야기의 의미를 찾도록 독자들에게 촉구하고 있기 때문이며, 일반적으로도 **이런 방향에서** 이야기가 해석되고 있기 때문이다. 즉 이런 방향에 따르면, '사람의 아들', 즉 그리스도가 '안식일에 관해서 주인이기' 때문에, 그의 '제자들' ―마태오는 이것으로 '그리스도교도들'을 시사하고 있다― 또한 안식일에서 자유로운 것이다, 라는 얘기가 될 것이다. 사람의 자유는 '사람의 아들' 그리스도(이 칭호는 원시 그리스도 교단에서 '신의 아들'과 동의어였다!)에 의해 그 기초가 마련된다는 것이다.

그러나 〈마르코〉 2장 27, 28절에서 예수는 '안식일이 사람을 위해 있는 것이지, 사람이 안식일을 위해 있는 것이 아니다. **따라서** 사람의 아들은 안식일에 관해서도 주인이다'라고 단언한다. 여기에서 '사람의 아들'이란 ―당시 아람어의 갈릴래아

지방에서의 용어법에 따라 말하자면— '나'의 완곡한 표현이다.(G. 밤즈) 그렇다면 여기에서 예수는 안식일에 대한 자신의 우위성을 안식일에 대한 사람의 자유에, —이 말의 상황 설정에 입각해서 보면— 예수와 함께 있는 서민 생활의 자유에 그 기초를 두고 있는 것이다. 여기에서도 우리는 법에 의해 억압당하고 있던 서민의 생활에 자기 행동 양태의 기초를 두고 있던 예수의 모습을 발견할 수 있지 않을까. 사람을 사람답게 살아갈 수 없게 만드는 방식으로 기능하는 것은 설령 그것이 안식일 율법이라 할지라도 지키지 않아도 되는 것이다.

이런 예수의 대담한 발언과 그것을 뒷받침하는 행동이 법의 담당자와 민중의 감시자들에게 어떤 반응을 불러 일으켰을까. 이에 대해 마르코는 지금 우리가 고찰한 이야기 바로 다음에 다음과 같이 전하고 있다.

[1] 예수가 회당에 들어가자 거기에 한쪽 손이 오그라든 사람이 있었다. [2] 사람들은 안식일에 그 사람을 고쳐 주면 예수를 고발하려고 지켜보고 있었다. [3] 그러자 예수는 한쪽 손이 오그라든 사람에게 '일어나서 앞으로 나와라'라고 하면서 [4] 사람들에게 '안식일에 착한 일을 하는 것이 옳으냐, 악한 일을 하는 것이 옳으냐? 사람을 살리는 것이 옳으냐, 죽이는 것이 옳으냐?' 하고 물었다. 그들은 말문이 막혔다. [5] 예수는 노기 띤 얼굴로 그들을 둘러보고는 그 마음의 완고함을 탄식하며 그 사람에게 '손을 펴라'고 했다.

그가 손을 펴자 그 손은 원래의 성한 모습이 되었다. 6바리사이
파 사람들은 나가서 바로 헤로데당 사람들과 어떻게든 예수를 죽
이려고 모의하기 시작했다.(〈마르코〉 3장 1~6절, 〈마태오〉 12장
9~14절, 〈루카〉 6장 6~11절)

이 안식일의 치유 기적의 경우는 그것이 아마도 그 신빙성
을 부정할 수 없을 것으로 생각되는 4절의 예수의 말과 여기에
서 보고되고 있는 대로의 형태로 처음부터 결합되어 있었다고
는 할 수 없을 것이다. 여기에 기록되어 있는 기적 이야기는 이
미 우리가 확인한 치유의 기적 이야기 전승의 원형에 비춰 보
면, 젊은 전승의 단계를 보여 준다. 여기에서 예수는 자신의 기
적 행위의 이니셔티브를 쥐고 있으며, 한편으로는 치유된 사
람에 대한 관심은 중단되고 아포프테그마화되어 있다. 아마도
이는 안식일에 치유 행위를 했다는 예수에 관한 전승이 일반
화되어 4절에 있는 예수의 말의 틀로서 2차적으로 설정되었을
것이다.

그런데 '안식일에 선한 일을 하는 것과 악한 일을 하는 것,
목숨을 구하는 것과 죽이는 것, 어느 쪽이 옳으냐'라는 예수의
질문도 얼핏 보기에는 유대교의 안식일 금지 조항을 공격하는
것은 아닐 가능성이 있다. 왜냐하면 당시 바리사이파에게도 적
어도 '목숨을 구하는 것'이 '안식일을 밀쳐낸다', 즉 그것(안식
일)보다 우선하는 것으로 생각되고 있었기 때문이다. 그 때문

에 예컨대 〈루카〉 14장 5절의 예수의 말은 오히려 그 시대의 바리사이파 생각에 가깝다. 그럼에도 불구하고 〈마르코〉 3장 4절의 예수의 말은 역시 안식일 율법 그 자체를 지양止揚하는 결과가 될 것으로 생각된다. 왜냐하면 여기에서 예수는 안식일에 '목숨을 구하는 것과 죽이는 것'을 더 일반적인 '선한 일을 하는 것과 악한 일을 하는 것'과 결부시켜 양자택일을 하도록 압박하고 있기 때문이다.(다가와 겐조) 이렇게 해서 예수는 '목숨을 구하는 것'을 안식일 금령禁令의 예외로 간주하는 바리사이파의 입장 자체를 공격하는 셈이 된다.

이런 사태에 직면하여, 〈마르코 복음서〉에 따르면 '바리사이파 사람들은 나가서 바로 헤로데당(갈릴래아의 영주 헤로데 안티파스의 여당) 사람들과 어떻게든 예수를 죽이려고 모의하기 시작했다.'(6절) 이 구절은 〈마르코 복음서〉에서 예수를 죽음에 이르게 하는 첫 번째 동기 부여가 되어 있다. 그러나 이 동기 부여는 〈마르코〉 2장과 3장 1~5절의 예수의 언행에 대한 총괄을 겸해서 마르코 자신이 했을 것이다. 이런 의미에서 이 구절을 그대로 역사적 사실로 봐서는 안 된다. 다만 이런 마르코의 편집구에서 예수의 안식일 율법 위반이 예수 처형의 간접적 원인의 하나였다는 것을 상정하는 것은 허용될 것이다.

3. 정화

유대교 규범이 민중의 생활을 압박한 것은 안식일에 국한되지 않았다. 그것은 민중의 일상생활을 그 구석구석까지 억누르고 있었다. 그 일례가 이른바 '정화淨化 계율'이다.

[1]그런데 바리사이파 사람들과 예루살렘에서 온 몇 명의 율법학자들이 함께 예수에게 왔다. [2]그리고 예수의 제자들 몇 사람이 부정한 손, 곧 씻지 않은 손으로 빵을 먹고 있는 것을 보고 ─ [3]원래 바리사이파와 유대인은 모두 물 담은 대야에서 손을 씻지 않고는 식사를 하지 않았다. 그들은 장로들의 전승을 고집하고 있었다. [4]또 시장에서 돌아왔을 때는 반드시 몸을 씻고 나서야 식사를 했다. 그 밖에도 많은 것을 전해진 것이라며 지켜야 할 것으로 고집했다. 잔이나 단지나 놋그릇을 씻는 것 등이다 ─ [5]바리사이파와 율법학자들은 예수에게 물었다. '왜 당신 제자들은 장로들의 전승에 따르지 않고 부정한 손으로 빵을 먹습니까?' [6]예수는 그들에게 말했다. '이사야는 너희 위선자들에 대해 적절하게 예언했다. "이 백성이 입술로는 나를 공경하여도 그 마음은 내게서 멀리 떠나 있구나. [7]또 그들은 헛되이 나를 예배하며 사람의 계명을 신의 것인 양 가르친다." [8]너희는 신의 계명을 버리고 사람의 전승을 고집하고 있다.'(〈마르코〉 7장 1~8절, 〈마태오〉 15장 1~9절)

2~4절에 언급되어 있는 '정화 규정'이 이미 예수 시대에 유대의 전 지역, 나아가 갈릴래아에 이르기까지 일반화되어 있었다는 것을 의심할 이유는 없다고 생각한다. 그러나 5절의 바리

사이파와 율법학자들의 질문에 대한 6절 이하의 예수의 대답은 2차적이다. 즉 이것은 후기의 교단 전승이라고 결론을 내린 학자들이 상당수에 이른다. 그 이유는 먼저 6절에 인용되어 있는 〈이사야서〉 29장 13절은 히브리어 원전이 아니라 그 그리스어 역(70인역 성서Septuaginta)의 본문과 일치한다. 즉 예수가 그리스어 역에서 성서를 인용할 리가 없다는 것이다. 다음으로 예컨대 ─나중에 문제로 삼게 될─ 15절에서와 같이 모세 율법 자체를 부정할 수 있었던 예수가 자신의 입장을 예언서로 정당화할 필요는 없다. 게다가 6~8절의 대답은 5절의 질문에 대한 대답이 아니라는 것이다.

마지막 이유부터 살펴보자면, 이것은 먼저 예수의 대답의 신빙성을 부정하는 이유가 될 수 없을 것이다. 왜냐하면 ─지금까지도 지적해 왔듯이, 그리고 이제부터 더욱 강조하게 되겠지만─ 유대교의 논쟁 상대가 던져오는 질문에 정면으로 대답하지 않는다, 적어도 그들이 그 질문에서 전제前提하고 있는 논리의 수준에 자신을 맞춰 대답하지는 않겠다는 것이 바로 예수의 행동 양태의 특징이기 때문이다. 여기에서 만일 예수가 자기 제자들의 행위는 정화 계율에 위반되지 않는다고 대답한다면, 예수 자신도 유대교의 대표자들과 함께 적어도 '정화 계율' 그 자체를 전제하고 있는 셈이 되므로, 논쟁은 '계율'의 범위와 그 해석을 둘러싸고 끝없이 이어질 것이다. 예수는 그런 방식으로 대답하는 것을 거부하고 '계율' 그 자체를 공격한다.

그것을 위해 그는 〈이사야서〉를 인용해서 '너희는 신의 계명을 버리고 인간의 전승을 고집한다'고 비판한다.

여기에서 예수는 확실히 성서의 이른바 '신의 계명'으로부터 그 해석에 의해 성립된 '장로들의 전승'(3, 5절)을 '사람의 전승'으로 바꿔 불러 구별하면서, 후자의 유효성을 지양止揚하고 있다. 그러나 예수는 ─위의 두 번째 이유로 주장되고 있는 것처럼─ 정화 계율을 '사람의 전승'이라며 '신의 계명'을 근거로 상대화하지는 않는다. 여기에서는 '사람의 계명을 고집하고 있는' 바리사이파 사람들이나 율법학자들의 부당성을 명확하게 하기 위한 수단으로, 그들이 '신의 계명을 버리고 있다'고 말하고 있는 데 지나지 않는다. 예수에게 중요한 것은 그가 그를 둘러싸고 있는 사람들과 함께 '장로들의 계명' 따위에 구애받지 말고 사람답게 생활하는 것 그 자체이며, 그것이 '신의 계명'에 따르는 것이라고 얘기하는 것은 아니다. 또 첫 번째 이유에 대해서 말하자면, 확실히 6, 7절에서 〈이사야서〉가 그리스어역 성서에서 인용되어 있으나 이것은 원래 히브리어 원전에서 인용된 것을 전승 단계에서 그리스어 본문으로 바꾸어 옮겨 적은 것이라고 생각하면 문제가 해소될 것이다. 어쨌든 나로서는(다가와 겐조와 함께) 1~8절 기사의 역사적 신빙성을 의심할 이유는 없는 것으로 생각된다. 다만 2절의 '제자들'은 이미 우리가 〈마르코〉 2장 23절의 '제자들'에 대해 확인했듯이, 전승의 원형에서는 '예수를 둘러싼 사람들'(민중)이었을 가능성이 있을 것이다.

그러나 이 기사에 이은 9~13절의 경우는 어떨까. 여기에서는 명백히 '모세 율법'을 근거로 '장로들의 전승'이 비판되고 있는 게 아닐까. —

> [9] 또 그들에게 말했다. '너희는 자신들의 전승(전통)을 지키기 위해 교묘하게 신의 계명을 버렸다. [10] 모세는 이렇게 말하지 않았느냐. "네 아버지와 어머니를 공경하라" 또 "아버지나 어머니를 욕하는 자는 반드시 사형을 받는다"라고. [11] 하지만 너희는 말한다. 만일 누구든지 자신의 아버지 또는 어머니에게, 내가 갖고 있는 것을 당신은 필요로 하고 있을지도 모르겠습니다만 이것은 코르반, 즉 공물입니다 하고 말하면 [12] 그것만으로 아버지 또는 어머니에게 아무것도 해 드리지 않아도 된다, 라고. [13] 그렇게 해서 너희는 자신들이 이어받은 전승으로 신의 말을 무효로 만들고 있다. 또 이런 짓을 이 밖에도 많이 저지르고 있다.'

9절의 도입구 '또 그들에게 말했다'는 명백히 2개의 전승을 결합할 때 마르코가 즐겨 사용하는 술어다. 또 9절의 예수의 말은 그 앞의 8절을 받아서 '신의 계명'과 그것을 무시하는 '사람의 계명'을 대치시키려는 것이며, 13절은 그것을 확인한 것이기 때문에 9, 13절은 마르코가 편집한 구절일 것이다.

그런데 마르코는 여기에서 '코르반'에 관한 전승을 인용한다. '코르반'이란 11절에 설명되어 있듯이 신전에 바치는 '공물供物'로, 랍비 문헌에 따르면 실제로 사람이 어떤 물건을 두고 '이것은 코르반'이라고 하면 다른 사람은 거기에 대해 소유권을 주장할 수 없게 되어 있었다. 이 규정은 많은 경우 자신의 가족, 주로 연로한 아버지로부터 자신의 소유권을 지키기 위해 유효했다. 그리고 당연하게도 '이것은 코르반'이라고 하면 거기에 상응하는 금액을 신전에 바쳐야 했다. 그러나 이런 규정은 예수의 시대에는 실제로 거의 지켜지지 않았으며, '이것은 코르반'이라는 말은 '이것은 내 것'이라는 정도의 의미로 상당히 관용화되어 쓰이고 있었던 것 같다.

어쨌든 마르코가 이 코르반에 관한 전승을 예수의 말로 여기에 도입한 의도는 명백하다. 13절에서 확인된 것처럼 율법학자들이, 예컨대 코르반에 관한 전승과 같은 '사람의 계명'으로 '신의 말'로 여겨졌던 모세 율법(〈탈출기〉 20장 12절, 〈신명기〉 5장 16절)을 무시하고 있는 사실을 마르코는 예시하려고 했던 것이다. 즉 마르코의 편집 의도에 따르면, 예수는 여기에서 '신의 말'로 여겨졌던 윤리 규정에 의거해서 사람이 만든 제의祭儀 규정을 비판하고 있는 셈이다. 그러나 이런 비판적 언사의 근거로 '신의 말'을 놓는 자세는 이미 확인한 사항으로 분명해졌듯이 예수 자신의 자세와는 어울리지 않는 것으로 생각된다.(다가와 겐조) 다만 10~12절의 전승을 마르코의 편집 의도에 구애받지 말고 그것 자체로 고찰하면, 여기에서 예수는 율법학자들의 제의적인 규정으로 인해 부모와 자식 간의 일상 생활에서의 자연스러운 관계를 해치고 있는 것을 비판하고 있다고 볼 수도 있지 않을까. 그렇다면 이런 비판은 2~4절에서 볼 수 있는 일상생활에 뿌리를 내린 예수의 비판과 본질적으로 다르지 않을 것이다.

마지막으로, 예수는 15절에 이르러 '신의 계명' 또는 '신의 말' 그 자체도 궁극적으로는 상대화하고 있었다는 점을 확인해 두자.

> ¹⁴또 다시 사람들을 불러 모아서 말했다. '모두 내가 하는 말을 듣고 깨달아라. ¹⁵사람 바깥에서 사람 안으로 들어 와서 사람을 더럽히는 것은 없다. 사람 안에서 바깥으로 나오는 것이 사람을 더럽히는 것이다. ¹⁶들을 귀가 있는 자가 있다면 듣는 게 좋다.'

이미 언급했듯이 '또…… 말했다'는 마르코가 새로운 전승을 도입하기 위해 사용하는 결합구다. 또 14절에서, 예수의 말의 청중이 율법학자들에서 군중으로 바뀌어 있는데, 이것도 아마 마르코의 작의作意일 것이다. ─이제까지 예수는 바리사이파나 율법학자들을 상대로 그들 질문의 윤리 수준에서 대답하는 것을 피하면서도 그들이 전제하고 있는 '장로들의 전승'과 '신의 계명'을 구별하면서 발언해 왔으나, 이제부터는 이런 사항들을 일체 전제하지 않고, 게다가 처음부터 그것을 전제하지 않은 군중에게 단적으로 자신의 생각을 말해 나가겠다는 정도의 의미가 들어 있는 것일까.

어쨌거나 15절의 말은 그 내용으로 보더라도 그에 선행하는 1~8절의 전승과도, 9~13절의 전승과도 원래는 무관하게 전승되었을 것이다.

그런데 15절의 '사람의 바깥에서 사람 안으로 들어오는 것'이란 '음식'을 가리키며, '사람 안에서 바깥으로 나오는 것'은 사람의 '말'을 의미한다.(또 17~23절의 15절 해석은 복음서 기자의 해석이며, 예수로까지 거슬러 올라가지 않는다는 것이 학자들의 거의 일치된 견해다) 그렇다면 예수는 여기에서 〈레위기〉 11장에 자세하게 규정되어 있는 부정한 음식을 먹어서는 안 된다는 이른바 '음식 규정'의 모든 것에 저항해 어떤 음식도 '사람을 더럽히지 않는다'고 단언한 셈이 된다. 그리고 이 음식 규정은 〈레위기〉에 기록되어 있는 바로는, 바로 '신의 계명' '신의 말' 그 자체이지 '장로들의 전승'이 아니다. 그리고 다른 한편으로 예수는 '사람 안에서 바깥으로 나오는 것', 즉 이런 음식 규정에 저촉되지 않는 사람의 자유로운 행동 양태를 '신의 계명'을 근거로 비난하는 사람들의 '말'이야말로 '사람을 더럽히는 것'이라고 말한다.

이런 말이 발화된 원래의 상황으로, 예수와 그를 둘러싼 사람들에 대한 율법학자나 바리사이파 사람들의 비난 장면을 생각할 수 있을 것이다. 그렇다고 한다면 **상황**으로서는 '정화의 계율'의 그것(5절)과 겹치게 된다. 그러나 15절의 예수의 말을 유발한 비난은 '더러운 손으로' 빵을 먹고 있는 사람들을 전제한 것이 아니라, 오히려 ─우리가 이미 고찰한─ 〈마르코〉 2장 15절 이하와 그 밖의 대목에서 인지되는 것과 같은 '세리나 죄인'과 자유롭게 회식하는, 율법에 구애받지 않는 대담한 예수의 행동을 향했을 것이다.(가와시마 사다오川島貞雄) 이것을 마르코는 '정화의 계율'이라는 문제로 묶어 7장 1절 이하의 문맥 속에 편집한 것으로 생각된다. 그러나 특히 마태오의 병행 기사가 시사하듯이 이 말(〈마르코〉 7장 15절)의 의미를 마태오처럼 '씻지 않은 손으로 식사를 하는 것이 사람을 더럽히는 것은 아니다'(〈마태오〉 15장 20절)라고 총괄해 버리면, 〈마르코〉 7장 15절의 의미의 범위를 축소시킬 뿐만 아니라 예수의 발언을 율법학자들의 윤리 수준에 맞춰 버릴 위험을 무릅쓰는 것이 된다.

4. 신전

거듭 지적해 왔듯이 예수 시대의 유대교는 정치와 불가분의 관계로 얽혀 있었다. 그 때문에 예수가 민중과의 교제를 배경 삼아 거기에 부정적으로 개입해 온 율법학자들과 대결하고, 또 그들이 기대는 '장로들의 계명'뿐만 아니라 나아가 그것을 넘어 '신의 계명' 그 자체를 비판하게 되면 그런 행동이 결과적으로 유대의 정치 당국과 충돌을 부를 것은 당연히 예상되는 바였다. 그 직접적인 계기를 스스로 만든 사건이 예수가 한 이른바 '성전 정화'였다고 생각된다.

공관복음서에 따르면, 이 사건은 예수가 죽음을 앞두고 예루살렘으로 올라간 직후에 일어난 것으로 되어 있다.(〈마르코〉 11장 15~18절, 〈마태오〉 21장 12, 13절, 〈루카〉 19장 45~46절) 그런데 〈요한 복음서〉에서는 이것이 거꾸로 예수의 공적 생애 초기에 일어났다.(2장 13~17절) 어느 쪽 일자가 역사적으로 정확할까. —이 문제에 관해서는 모두 복음서 기자의 편집 의도에 따라 보고된 것인 만큼, 유감스럽게도 결정적인 결론을 내리기는 불가능하다. 또는 이 사건은 예수의 활동 기간 중에 때마침 예루살렘에 올라갔을 때 일어났을지도 모른다.(J. 클라우스너, 트로크메) 어쨌든 우리는 이제부터 적어도 사건의 내용과 그 의미를 가능한 한 정확하게 파악해 보고자 한다. 〈마르코〉 11장 15~18절에 따르면, 그것은 다음과 같다.

15a 그리하여 그들(예수와 그 제자들)은 예루살렘으로 갔다. b 예수는 신전에 들어가 경내에서 사고팔던 사람들을 쫓아내기 시작해 환전상의 탁자와 비둘기 장수들의 의자를 둘러엎었다. 16 또 기물器物을 가지고 신전 경내를 질러 다니는 것도 금지했다. 17a 그리고 그들에게 가르치며 말했다. '"b 내 집은 모든 국민이 기도하는 집이라 하리라"고 쓰여 있지 않느냐. c 그런데도 너희가 그것을 강도의 소굴로 만들어 버렸다.' 18a 수석 사제들과 율법학

자들은 이 말을 듣고 어떻게든 예수를 죽이려고 모의했다. ᵇ 민중이 모두 그 가르침에 감동하는 것을 보고 그들이 예수를 두려워했기 때문이다.

위의 기사 중에서 우선 15절a와 18절b는 마르코가 편집한 구절일 것이다. 전자는 무화과나무에 대한 예수의 저주 이야기 (〈마르코〉 11장 12~14절)와 성전 정화 이야기를 결합시키는 역할을 한다. 후자는 18절a의 제사장들과 율법학자들이 예수 살해를 모의한 이유를 예수의 가르침에 감동한 민중에 대한 그들의 두려움으로 돌리고 있다. 이것은 '가르침' '민중' '감동'이라는 용어법으로 보나, 이런 이유 갖다 대기로 보나 마르코의 민중관에 토대를 둔 유대 당국 비판으로 지극히 마르코적인 구절로 볼 수밖에 없다.

다음으로, 16절도 전승으로서는 2차적일 가능성이 있다. '기물을 가지고 (지름길로 가려고) 신전 경내를 질러가서는 안 된다'는 금령은 랍비 문헌에도 여기저기 보인다. 그것은 신전의 '청정'을 더럽히는 일이 되기 때문이다. 그렇다면 16절은 그것을 추가함으로써 15절의 예수의 행동을 16절의 수준으로, 즉 신전의 청정을 유지하기 위한 행위로 이해하게 만드는 기능을 수행하게 될 것이다. 이것은 15절이 지닌 종교적=정치적 의미의 범위를 종교적 영역 내로 좁히기 위해 원시 그리스도 교단이 덧붙인 부분이 아닐까.

그리고 17절ab도 내게는 2차적인 것으로 생각된다. 먼저 '또 그들에게 가르치며 말했다'는 말은 이미 종종 지적했듯이 마르코의 용어다. 다음에 이 '그들'(아마도 '가르침'의 대상으로서의 '제자들'?)과 17절c의 '너희'(신전 경내에서 장사를 하고 있던 사람들)가 일치하지 않는다. 따라서 17절c에는 전승으로 거슬러 올라갈 가능성이 내포되어 있다. 그러나 17절b의 〈이사야서〉 56장 7절의 인용에는 예루살렘 신전을 중심으로 한 그리스도교적 보편주의의 입장이 전제되어 있다. 예수가 그런 입장에서 '신전 정화'를 했다고는 생각되지 않는다.

마지막으로 18절a도 b와 함께 전체적으로는 마르코의 편집구로 봐야 할 것이다. 이와 유사한 구가 이 시점 이전에도(3장 6절), 이후에도(12장 12절, 14장 1, 2절) 사용되고 있으며, 모두 명백히 마르코가 편집한 부분에 해당하기 때문이다. 그러나 내게는 적어도 11장 18절a는 전승이 전제되어 있는 것으로 생각된다. 첫째로, 명백히 마르코의 이유 대기인 18절b는 18절a를 전제로 하고 있다. 두 번째로, 〈마르코〉 12장 12절에서는 예수 체포가, 그리고 〈마르코〉 14장 1, 2절에서는 예수 체포와 살해가 모의되고 있는 것으로 볼 때 18절a의 예수 살해 모의는 이 두 곳의 내용을 앞서 얘기하고 있다는 인상을 준다. 세 번째로, ―나중에 언급하겠지만― 예수가 고소당한 이유(〈마르코〉 14장 58절)를 토대로 추정해 보면 예수의 신전 비판이 실제로 그의 처형을 유발한 요인이 된 것으로 상정된다. 그리고 내게는 18절a가 원래의 전승에서는 —18절b에서 27절ab를 뛰어넘어 —27절c, 28절('수석 사제들, 율법학자들, 장로들', 즉 신전 세력의 대표자들이 모여 예수에게 와서 말했다. '무슨 권위로 이런 일들을 하는가……')로 이어졌을 것으로 생각된다. '이런 일들'(28절)이란 현행 본문의 문맥에서는 '예수가 신전 경내를 거닐고 있다'(27절)는 것을 시사한다. 그러나 이미 우리가 16절을 살펴봤듯이 사람이 일상생활에서 지름길로 가기 위해 신전 경내를 가로질러 가는 것은 금지되어 있었으나 거기를 걷는 것 자체가 금지되어 있었던 것은 아니다. 따라서 27절의 기사는 28절의 질문 이유로서는 지극히 미약하다고 보지 않을 수 없다. 이 질문은 오히려 예수의 신전 비판 행동과 신전 세력의 예수 살해 모의(18절a)를 배경으로 해서 나왔을 것이다.(위르겐 롤로프 [1930~2004]. 롤로프는 18절b를 마르코의 편집으로 본다)

이상의 문헌 비판이 옳다면, 이 기사의 배후에 상정되어 있는 전승의 원형은 매우 짧으며, 그것은 원래 〈마르코〉 11장 15절b, 17절c, 18절a(및 27절 이하)로 되어 있었을 것으로 생각된다. 다만 15절b도 이것을 다음과 같은 〈요한 복음서〉의 병행 기사(2장 14, 15절)와 비교하면 예수의 격한 행동이 상당히 억제되어 서술되어 있다는 것을 알 수 있다.

그리고 (예수는) 소, 양, 비둘기를 파는 장사꾼들과 환전상 등이 신전 경내에 앉아 있는 것을 보고, 밧줄로 채찍을 만들어 양도

소도 모두 신전에서 쫓아내고, 환전상의 돈을 쏟아 버리고 그 탁자를 뒤엎었다.

이에 이어지는 요한의 기사는 ―나중에 추정하듯이, 그 배후에 이곳을 장場으로 삼아 예수가 말한 신전 비판의 말이 전제되어 있을 가능성은 있지만― 전체적으로는 예수의 행동에 대한 요한의 해석이기 때문에 여기에서는 문제가 되지 않는다. 어쨌든 적어도 위에 인용한 〈요한〉 2장 14, 15절에는 문체나 박력이 넘치는 서술 방식을 보더라도 전승의 오랜 단계를 나타내고 있을 가능성이 높아 보인다.(불트만)

그런데 예루살렘 신전이 당시의 유대에 어느 정도의 종교적=정치적 권력을 행사하고 있었는지를 모르는 사람들은 〈마르코〉 11장 15절b, 17절c(또는 〈요한〉 2장 14, 15절)에 묘사되어 있는 정도의 예수의 행동이 왜 그토록 사제들과 율법학자들을 결속시키고 그들에게(이 두 개의 그룹은 최고법원에서는 각각 여당의 내각 조직과 야당으로, 원래 서로 대립하는 입장이었다!) 예수의 살해를 함께 모의할 만큼의 충격을 주었는지 이해할 수 없을 것으로 생각된다. 그것이 만일 〈마르코〉 11장 16절이나 17절b에서 보이는 신전 정화의 차원에 머물러 있었다면 더더욱 그러할 것이다. 여기에서 예수는 신전 그 자체를 공격한 것이 아니라 그의 언행을 통해 신전의 청정을 지키려 하고 있는 것이다. ―이것이 이 이야기를 일반적으로 '성전 **정화**'로 부르는 까닭이다.

그러나 적어도 우리는 이미 예루살렘 신전이 유대에서 정치적 경제적으로 수행하고 있던 역할을 알고 있다. 즉 신전의 재물 창고는 유대주州의 자치를 유지하게 해 주는 중심적인 금융기관이었다. 그리고 이것은 유대의 모든 성인들에게 부과된 신전세, 십분의 일세, 나라 안팎에서 들어오는 엄청난 수의 봉납품, 특히 제사 때마다 사들이는 희생동물로 지탱되고 있었다. 게다가 신전세도 희생동물 사들이는 대금도 당시 유통되고 있던 화폐, 특히 로마와 그 밖의 화폐를 신전 내에서 통용되는 고래古來의 셰켈 화폐로 환전해야 했다. 즉 희생동물이나 환전상의 장사 없이 유대의 신전 체제는 운영될 수 없었던 것이다.

이런 사정을 배경에 깔고 볼 때, 예수가 신전 경내에서 장사하던 사람들을 쫓아내면서 '너희는 신전을 "강도의 소굴"(〈예레미야〉7장 11절)로 만들어버렸다'고 단언하면, 이것은 명백히 장사꾼들 배후에서 민중을 착취하고 있던 신전 세력 자체를 겨냥한 강렬한 비판적 행동으로 평가해야 하지 않을까.

어쨌거나 이런 예수의 행동은 한편으로 젤로타이적 지향을 지닌 사람들에게는 메시아적 행위로, 또 한편으로 신전 세력에게는 신을 모독하는 행위로 각각 받아들여졌음이 분명하다. 실제로 예를 들어 마태오는 ─물론 그 자신이 젤로타이적 지향을 지니고 있었던 것은 아니지만─ 이런 예수의 행동을 메시아적 행동 양태로 편집하려고 했으며, 현대의 일부 역사가들도 이를 뭔가 메시아적 혁명 운동의 일환으로 규정하려 한다.(브랜던, 카마이클, 도이 등) 그러나 이런 규정을 우리는 채용하지 않겠다. 그 이유는 첫째로, 마태오가 마르코의 기사를 전제로 해서, 그것을 마태오의 관점으로 다시 편집했다는 것은 성서학자들이 거의 일치해서 인정하고 있다. 두 번째로, 예수가 로마 제국에 의거하는 신전 세력을 무력으로 타도하고 순수한 유대적 신전 체제를 세우려던 젤로타이와 같은 논리 수준에서 행동했다는 것을 뒷받침할 전거典據를 우리는 제시할 수가 없다.

그러나 한편으로, 예수를 정치적 혁명가로 만들어 내는 것보다 더 잘못된 것은 예수의 행동에 필연적으로, 불가피하게 뒤따를 수밖에 없는 정치적 국면을 완전히 무시하고 그를 정치와는 무관한 종교적 차원으로 밀어 올려 사람에게 '영혼의 회개' 또는 '내면의 자유'를 촉구한 이른바 '종교가'로 이해하려는 시도(쿨만, 헹겔, 히라노 등)다. 당시 예수가 민중, 특히 **정치적=종교적으로**, 말하자면 **사회적으로** 차별받는 대상이 되어 있던 민중과 같은 편에 섰다는 것은 이미 그것만으로도 그의 행동이 종교적=정치적이었던 것이다. 이에 대해 민중의 지도자로 자처하면서도 최고법원의 일익을 담당했던 율법학자들이 개입해 온 결과, 예수는 이미 갈릴래아에서 그들이 기대고 있는 율법을 공격하지 않을 수 없게 된다. 그리고 예수가 예루살렘에서 율법의 정치적 경제적 '물질화'라고도 할 수 있는 신전을 공격하지 않을 수 없게 되었을 때 통상적으로는 여당·야당으로 서로 대립했던 사제들과 율법학자들이 결속해서 그의 살해를 모의했다면, 이것을 어떻게 종교적 차원에서만 설명할 수 있단 말인가.

어쨌든 신전을 공격한 예수의 행동은 어쩌면 '해프닝'이었으며, 게다가 그것은 그의 평소 행동 양태가 체제의 상징적 존재에 직면했을 때 취할 수밖에 없었던, 말하자면 '대항-상징 행동'이었던 것은 아닐까. 〈요한〉 2장 14, 15절에서처럼 예수가 채찍을 휘두르며 신전 경내에서 장사꾼들을 쫓아냈다 하더라도 그것이 민중 봉기로 이어질 방도가 없다는 것을 예수 자신이 충분히 알고 있지 않았을까. 이렇게 해서 예수는 스스로를 굳이 오해에 노출시키는 한 걸음을 내딛게 되는 것이다.

그런데 만일 18절a가 ―앞에서 상정한 대로― 원래 27절c 이하로 바로 연결되어 있었다면 예수는 신전에 대한 격한 행동 뒤에 최고법원 세력의 대표자들(사제들, 장로들, 율법학자들)로부터 '무슨 권위로 이런 일들을 하는가. 누가 그런 권위를 주었는가'라는 심문을 당하게 된다. 29~33절a에 따르면, 예수는 이 질문에 직접 대답하지 않고 '요한의 세례는 하늘로부터 받아서 한 것이냐, 사람으로부터 받아서 한 것이냐'라고 그들에게 반문했다. 그들은 '요한을 정말로 (하늘에서 온) 예언자라고 생각했던' 민중이 두려워 그 질문에 대답할 수 없었다. 그러자 예수는 '나도 무슨 권위(권한)로 이런 일들을 하는지 말하지 않겠다'고 한(33절b) 것으로 전해지고 있다.

예수는 위의 반문으로 요한의 세례가 신에서 유래한다면 자신의 행동(의 권위)도 신에게서 유래한다는 것을 간접적으로 최고법원 대표자들에게 대답해 준 셈이 되었다고 일반적으로 해석되고 있다.(보른캄, 브라운 등) 그러나 나는 이 해석을 채용하지 않겠다. 그 이유는 첫째로, 29~33절a에서는 요한의 세례가 하늘에서 유래한다는 일반적 평가가 전제되어 있다. 둘째, 최고법원 사람들이 세례자 요한을 '예언자'로 믿고 있던 민중을 두려워했다는 동기는 —이미 살펴봤듯이— 〈마르코 복음서〉에서 유래한다. 만일 이런 평가를 기초로 해서 예수의 행동도 하늘에서 유래하는 것임을 —간접적으로라도— 주장했다면 여기에서는 오히려 예수의 시대보다도 후기의 '예언자' 요한상像과 그리스도상이 반영되어 있다고 봐야 한다. 게다가 예수가 자신의 권위를 요한을 증거로 삼아 뒷받침한다는 것은 이제까지 보아 온 예수의 자세에 어울리지 않을 것이다.

나는 가장 오랜 전승에서는 28절의 질문이 거기에 대답하기를 거부한 33절b가 직접 연결되어 있었다고 생각한다. 예수는 상대방의 질문의 논리 수준에 서서 대답하는 것을 여기에서도 거부하고 있다. 예수는 상대방이 명백히 **그것**으로 받아내려 했던 예수의 언질 '나는 신의 권위로 이런 일들을 했다'라는 **대답**을 여기에서는 하지 **않은** 사실에 주목하자.

5. 납세

마찬가지의 사태가 예수의 유명한 말 '카이사르의 것은 카이사르에게, 신의 것은 신에게 돌려라'(〈마르코〉 12장 17절, 〈마태오〉 22장 21절, 〈루카〉 20장 25절, 〈도마〉 100)에도 타당한 것으로 생각된다. 그러나 이것을 확인하기 위해서는 먼저 이 말의 문맥을 알아야만 한다.

> [13] 그 뒤 (예수의) 말을 트집 잡아서 그를 고발하려고 바리사이파와 헤로데당 사람들 몇 명이 그에게로 파견되어 왔다. [14] 그들은 와서 이렇게 예수에게 말했다. '선생님, 우리는 당신이 진실한 분으로 누구에게도 거리낌이 없다는 것을 알고 있습니다. 그런데 카이사르에게 세금을 내야 합니까, 내지 말아야 합니까.' [15] 예수는 그들의 위선을 꿰뚫어보고 말했다. '왜 나를 시험하려 하느냐. 데나리온 화폐를 갖고 와서 보여다오.' [16] 그들은 그것을 가져 왔다. 그러자 예수는 그들에게 물었다. '이 초상과 글자가 누구의 것이냐?' 그들은 대답했다. '카이사르의 것입니다.' [17] 그러자 예수는 말했다. '카이사르의 것은 카이사르에게, 신의 것은 신에게로 돌려라.' 그들은 예수에게 경탄했다.

먼저 17절 말의 상황 설정(13~16절)에 역사적 사실이 그대로 재현되어 있는 것으로는 생각되지 않는다. '바리사이파와 헤로데당 사람'은 이미 〈마르코〉 3장 6절에 등장하고 있고, 게다가 그 구절은 마르코의 편집구였다. 그리고 그들의 언행은 상당히 유형화되어 있으며, 또한 말이 지나치게 매끄럽게 정리되어 있다. 헤로데당은 갈릴래아의 영주 헤로데 안티파스의 여당이며 로마에 대한 납세 의무에 대해서는 당연히 긍정적이었다. 이에 비해 바리사이파는 유대의 최고법원에서는 야당을 형성하고 있었기에 여당의 친로마 정책에 관해서는 적어도 정책상 비판적인 입장을 취했다. 즉 로마의 지배 형태에 대해 비교적 다른 입장에 있던 두 개의 당파가 로마에 대한 납세 의무 이행이 옳으냐 아니냐에 대해 예수에게 질문하는 장면은 이야기로서는 다소 지나친 것으로 생각된다. 어쨌든 이 이야기를 예수의 말에 대한 '경탄'의 동기로 총괄한(17절a) 것은 틀림없이 마르코였다.

그러나 17절a의 말이 발화發話된 배경에 예수의 적대자들이 납세 의무에 관한 질문을 함으로써 거기에 대한 예수의 대답에서 예수를 고발할 수 있는 언질을 받아내려 한 사실을 일반적으로 상정하는 것은 가능한 일일 것이다. 기원 6년에 로마 당국으로부터 호적 조사령이 내려지고 그에 따라 유대인으로부터 인두세를 징수하려 했을 때 갈릴래아의 유다가 들고 일어나서 납세 거부를 구호로 내세우고 봉기한 것은 우리가 알고 있는 바이다. 그 이래로 이 의무에 대해 어떻게 받아들여야 할지를 결정하는 것은 유대인들에게 매우 중요한 문제였을 것이고, 실제로 나중의 제1차 유대전쟁을 치렀던 젤로타이의 선구자들은 납세 거부 운동을 전개했다. 이런 시기에 상당히 광범위하게 민중의 지지를 받아 적어도 외견상으로는 젤로타이와 유사해 보이는 행동 양태를 취하고 있던 예수에게 이 문제에 대해 대답하도록 압박한 것은 당연히 예상되는 것이었다. 체제 쪽의 사람들이 보기에는 만일 예수가 납세 의무를 거부한다면 젤로타이의 선구자에 대해서 한 것과 마찬가지로 그에게 '적성敵性' 딱지를 붙일 수 있다. 만일 그것을 긍정한다면 그를 체제 속으로 끌어들일 수 있다. 하지만 예수는 대답한다. '카이사르의 것은 카이사르에게, 신의 것은 신에게 돌려라'라고.

이 말을 우리는 어떻게 이해해야 할까. 먼저 예수는 이 말을 통해 정치적 영역과 종교적 영역을 구별하고, 양쪽의 영역에서 부과되고 있던 의무를 동시에 수행해야 한다고 말했다는 해석이 있다. 실제로 이런 해석에 따라 역대 그리스도교회의 주류파는 결과적으로 그때그때의 정치 체제에 오늘날에 이르기까지 순응해 왔다. 그러나 이런 유형의 해석이 옳지 않다는 것은, 그러면 왜 예수가 당시의 정치 세력에 의해 말살당했는가 하는 질문에 제대로 대답할 수 없다는 점에서 보더라도 자명할 것이다.

둘째, 이것과는 정반대로, 예수는 '신의 것은 신에게'라는 말로써 로마에 대한 납세를 거부했다는 입장이다. 이것은 예수를 젤로타이의 한 사람, 또는 그들에 가까운 인물로 간주하는 역사가들(예컨대 브랜던, 도이)이 채용했고, 베트남 전쟁 때 미국의 병역 거부 운동의 이데올로기가 되기도 했다. 그러나 이런 견해는 먼저 예수의 말 본문 자체의 뒷받침을 받을 수 없다. 그럴 경우 '카이사르의 것은 카이사르에게'라는 구절이 떠올라와 버리기 때문이다.(그 때문에 이런 견해를 채용한 사람들 중 다수는 이 구절을 로마에 대한 정치적 타협에 토대를 둔 후대의 덧붙임 또는 원래의 본문을 개찬改竄한 것으로 본다) 다음으로 ─이미 지적했다시피─ 우리는 예수를 젤로타이의 한 사람으로 보거나, 또는 그들에 가까운 입장을 내세운 인물로 볼 수 없다. 성서의 어떤 본문에서도 예수가 젤로타이와 같은, 신전 지배 **체제**로서 다가올 '신의 나라'를 행동 목표로 삼아 로마 지배 **체제**를 전복하려 했다는 등의 주장을 뒷받침할 내용을 발견할 수 없다.

세 번째로, 종말론적 관점에서 이 말을 해석함으로써, 예수는 신의 나라가 실현될 때까지 잠정적·과도적으로 정치적 영역의 사항으로 납세 의무를 승인했다는 설이 있다. 이 설은 서구의 대표적 성서학자들(예컨대 쿨만, 헹겔)이 주창하고 일본에서도 신약학자들(히라노 다모츠平野保, 마츠키 치사부로松木治三郎, 이시이 하루미石井晴美)이 널리 채용했다. 그리고 이것은 '"신의 것은 신에게"라는 원칙이 모든 것에 선행하며, 이에 저촉되지 않는 한도 내에서 세속적 권력을 승인하지만, 이 권력이 "신의 것"을 요구하고 나왔을 때 거기에 저항하지 않으면 안 된다'는 실천 규범도 제공하는 만큼, '신앙의 자유'를 지키려는 그리스도교도 시민운동이 여기에 의거依據하게 된다. 그러나 이 해석에는 예수의 말을 모두 종말론적으로 규정하려는, 우리가 이미 부정적으로 평가했던 경향이 인지될 뿐만 아니라, 이것은 본문의 문장 구성에도 반드시 부합하지는 않는 것으로 생각된다. 즉 이런 해석이 가능하려면 본문이 '카이사르의 것은 카이사르에게, **그러나** 신의 것은 신에게'가 되어야 한다. 그러나 실제 본문은 '카이사르의 것은 카이사르에게, **그리고** 신의 것은 신에게'로 되어 있다.

네 번째로, 데나리온 화폐에는 실제로 '숭배해야 할 신의 숭배해야 할 아들, 카이사르 티베리우스'라는 각명刻銘이 확인된다는 고전학古錢學적 지식도 원용하면서, 여기에서 예수는 '신의 것은 신에게'라는 원칙에 입각해서 '카이사르의 것'으로 인정되는 정치 영역에 속하는 것의 신격화를 부정한 바탕 위에 비신격화된 정치적 사항으로서의 납세 의무를 원리적으로 승인했다는 것이다. 그 설은 슈타우퍼가 창도했고 일본의 서양사학자들(유게 토루弓削達, 히데무라 긴지秀村欣二)이 채용하고 있다. 그러나 이것도 '카이사르의 것은 카이사르에게, **그러나** 신의 것은 신에게'라는 본문이 전제되어야 한다.

마지막으로, 다가와 겐조의 견해에 대해 언급하지 않을 수 없다. 그에 따르면, 〈마르코〉 12장 17절의 대구법對句法상 '카이사르의 것'이 인두세를 의미하고 있다면, '신의 것'은 신전세를 의미한다. 그리고 이 말의 의미는 ─ 너희 유대의 지배자들이 신전 지배 체제를 용인한다면, 논리적으로 말해서 로마 지배 체제도 승인해야 할 것이다, 라는 것이다. 여기에는 어느 것이나 모두 신전 지배 체제가 용인되는 것이어서 근본적으로 로마 지배 체제를 비판하는 것은 불가능하다는, 질문자에 대한 예수의 비판이 포함되어 있다. 따라서 이런 신전 지배 체제를 인정하고 난 뒤의 질문에 대해 예수는 그들과 동일한 논리 수준에 서서 대답하는 것을 거부했다는 것이다.

내게는 이 다가와의 설이 비교적 가장 사태에 부합한 해석인 것으로 생각된다. 무엇보다도 여기에서 예수가 질문자에 대해 제대로 대답하고 있지 않으며, 오히려 대답하는 것을 거부하고 있다는 지적은 중요하다. 바로 이런 예수의 태도야말로 우리가 앞에서 〈마르코〉 11장 33절b에 관하여 확인한 사항과 제대로 대응하기 때문이다. 그러나 또 한편으로는 다가와의 설에도 난점이 있다. 먼저 '신의 것'을 '신전세'(〈마태오〉 17절 24절의 '신전에 내는 납입금', 이른바 '2드라크마')로 한정할 수 없을 것이라는 점이다. 앞에서 확인한, 신전에 대한 예수의 비판적 행동으로 보더라도 이것은 오히려 신전에 납부해야 할 모든 것을 의미하는 것이 아닐까. 둘째, 〈마르코〉 12장 17절의 다가와의 부연 번역인 '황제의 것이라면 황제에게 돌려주면 될 것이다. 신의 것이라면 신에게, 라는 것으로서 여러분은 신전세를 거두어들이고 있으니까'라는 것을 〈마르코〉 12장 17절의 대구법對句法에서 순순히 읽어 내기는 어렵다.

우리는 여기서 '돌려주어라'라는 동사의 용어법에 주목하고
자 한다. 이 동사(그리스어 '아포디도미apodidomi')는 '존재를 누
군가에게 빚지고 있다면 그 사람으로부터 지고 있는 부채를
갚는다'는 정도의 의미의, 상환 의무를 시사하는 용어이기도
하다.(슈타우퍼) 이것을 토대로 우리의 대구對句를 부연하자면,
다음과 같이 될 것이다. '너희가 자신의 존재를 로마 황제에게
빚지고 있다면 그 부채를 황제에게, 자신의 존재를 유대의 신
에게 빚지고 있다면 그 부채를 신에게 상환하면 될 것이다.' 이
경우에 한쪽의 '부채'('카이사르의 것')는 인두세를, 다른 쪽의
'부채'('신의 것')는 신전에 납부해야 할 모든 것을 의미하게 된
다. 그리하여 예수는 로마 황제 지배 체제이든 유대의 신 지배
체제이든 모든 지배 체제를 본질적으로 용인한다는 논리 수준
에 서 있는 질문에 대해, 같은 논리 수준에서 대답하는 것을 거
부하고, 오히려 그들의 질문을 그들 자신의 주체성을 묻는 형
태로 되던지는 것이다. 그렇다면 예수는 여기에서 '신의 것'을
근거로 해서 '카이사르의 것'을 ―종말론적으로, 잠정적으로
또는 비신격화한 토대 위에서 원리적으로― 용인했다기보다
오히려 '신의 것'도 '카이사르의 것'과 마찬가지로 그것이 같
은 논리 수준에서 생각된 것인 한 상대화해서 봤을 것이다. 그
리고 여기에서 나는 〈도마 복음서〉의 병행구를 인용해 보고자
한다. '카이사르의 것은 카이사르에게, 신의 것은 신에게 돌려
주어라. 그러나 내 것은 내게 주어라'(100) 이 구절 중에서 '그

러나 내 것은 내게……'는 거기에 선행하는 전승에 대한, 아마
도 〈도마 복음서〉 기자에 의한 가필일 것이며, '내 것'은 이 복
음서 전체의 사상으로 보건대 '인간의 본래적인 자기'를 의미
할 것이다. 그러나 적어도 '카이사르의 것'도 '신의 것'도 동시
에 상대화해서 우리의 구절을 해석할 수 있는 가능성을 이미
기원 2세기의 복음서 외경外經이 시사하고 있다는 것은 주목할
만한 가치가 있지 않을까.

6. 국가 권력

이상으로 우리는 법률·안식일·정화·신전·납세 등 유대의
종교적=정치적 권력이 유대의 민중, 특히 갈릴래아 민중의 일
상생활에 그 영향을 끼친 구체적인 장에서 예수가 이 권력에
저항하는 **모습**을 개개의 본문들에 입각해서 고찰해 왔다. 우리
는 나아가 예수가 유대 당국의 배후에 서 있는 로마 제국을 포
함한 국가 권력의 총체에 대해 어떤 태도를 보여주었는지를
알고 싶다. 그러나 적어도 복음서에서 이 질문에 대한 답을 얻
는 것은 거의 불가능하다. 이 사실로 보더라도 역시 예수가 문
제로 삼은 것은 자신의 주변에 관한 사항, 특히 갈릴래아의 서
민 생활에 관한 사항, 구체적으로 얘기하자면 유대 당국이 유
대교를 통해 자행한 서민 생활의 **억압**이었으며, 헬레니즘-로마
정치 체제라는 거시적인 사태는 아니었을 것이다. 다만 하나의
예외는 예수의 다음과 같은 말이다.

'⁴²너희가 알고 있는 대로, 백성들의 지배자로 보이는 사람들은 백성들을 지배하고, 또 높은 사람들은 국민들 위에서 권력을 휘두르고 있다. ⁴³너희는 그래서는 안 된다. 높은 사람이 되고자 하는 사람은 남을 섬기는 사람이 되고, ⁴⁴으뜸이 되고자 하는 사람은 모든 사람의 종이 되어라.'(〈마르코〉 10장 42~44절, 〈마태오〉 20장 25~27절)

여기에서 예수는 확실히 '백성들의 지배자'가 휘두르는 '권력'을 거부하고, 나아가 구체적으로 '높은 사람'과 '으뜸인 사람'을 각각 '섬기는 사람'과 '종'을 통해 비판적으로 상대화하고 있다. 게다가 '높은 사람'(그리스어의 '메가스', 라틴어의 '마요르')도 '으뜸인 사람'(그리스어 '프로토스', 라틴어 '프리무스' 또는 '프린케프스')도 로마 황제의 본질 및 칭호와 관계가 있을 가능성을 상정할 수 있다. 즉 저 아우구스투스 이래 역대 황제들은 로마 시민을 대표하는 원로원 의원보다 '큰'(마요르) 권한을 장악하고 있었고, 그들은 주지하다시피 '원수元首'(프린케프스), 즉 '제1인자'로 불렸다. 예수는 이에 대해 '섬기는 사람' 내지 '종'을 대치시킨다. 그렇다면 역시 여기에서도 예수는 '섬기는 사람'과 '종', 즉 사회의 최하층에 시선을 두고, 거기에서 권력에 비판적으로 관여하는 셈이 될 것이다.

이처럼 예수는 항상 이른바 사회적 '약자'에게로 시선을 향하고, 궁극적으로는 국가 권력에 저항했으며, '신 지배'라는 이데올로기나 '신전 지배'라는 체제의 실현을 목표로 삼고 직접 로마-유대 지배 체제에 싸움을 건 것은 아니었다. 이런 의미에서 예수의 입장은 예컨대 젤로타이의 그것과는 본질적으로 다르다. 그러나 현상적으로는, 특히 로마인과 같은 유대교의 국외자들에게는 양자의 본질적 입장 차이 등은 보이지 않았을 가능성이 충분히 있다. 유대 당국자는 이 가능성을 이용해 예수를 로마에 대한 반역자로 만들어 갔던 게 아닐까. 하지만 이 문제는 이 책의 마지막 장에서 논하기로 하자. 그 전에 우리는 지금까지 확인해 온 예수의 행동 양태에서 그의 신 신앙이 어떤 관련을 갖고 있는가 하는 문제를 밝혀 두고자 한다. 나에게는 이 문제를 다루지 않고 예수의 행동과 사상을 전체적으로 이해하는 것은 불가능하다고 보이기 때문이다. 그리고 그것은 예수의 기도의 자세에 가장 잘 드러나 있다.

06

기
도

여기에 이르기까지 우리는 민중과 함께 서서 유대의 권력에 저항한 예수의 행동에 대해 생각해 왔다. 그동안 예수는 자신의 행동과 관련해 절대적인 의미에서의 '신'이라는 표상을 적극적으로 거론한 적은 한 번도 없었다. 이것은 결코 내가 텍스트를 마음대로 조작해서 '신'이 나오는 부분을 의식적으로 피한 결과가 아니다. 사실 이제까지 문제로 삼아 온 텍스트들에 '신'은 거의 등장하지 않는다. 여기에서 우리는 예수가 자신의 행동을 율법은 물론이고 신에 기대어 정당화한 적이 없다는 결론을 도출해낼 수 있지 않을까. 바로 그렇기 때문에 '사람들은 그(예수)의 가르침에 놀랐던 것이다. 율법학자과는 달리 권위 있는 사람처럼 가르쳤기 때문이다.'(〈마르코〉 1장 22절) 게다가 예수는 유대 당국자들로부터 '무슨 권위로 그렇게 하는가'

라는 질문을 받았을 때조차 '신의 권위'를 내세우지 않고 거기에 대답하기를 거부했다.(〈마르코〉 11장 33절) 그는 신의 권위에 의해서가 아니라 자신의 책임 아래 행동하고 발언했다. 그리고 그런 식의 언행이 민중에게 '권위 있는 사람'이라는 인상을 주었을 것이다. 그렇다면 예수는 민중의 일상생활을 무대로 한 자신의 행동 속에서 신을 '무화無化'한 것일까. 어떤 의미에서 그렇다고 할 수 있다. 예수는 유대교의 지도자들처럼 자신을 주장하는 수단으로 거론되는 '신'을 버렸다. 그러나 그가 신에 대한 신앙 그 자체를 버린 것은 아니다. 아니 오히려 자신의 신 신앙 때문에 자기 주장의 수단으로서의 '신'을 버렸다고 해야 할 것이다.

기도의 신빙성

그런데 예수의 말 중에서 '신' 또는 '아버지'가 절대적인 의미를 띠면서 거론되는 것은 당연하게도 그가 기도할 때다. 다만 여기에서도 먼저 양해를 구해야 할 것은 예수의 기도도 예수의 말 전승의 경우와 마찬가지로, 또는 그보다 더, 설사 기도의 가장 오랜 전승을 복원할 수 있다고 하더라도, 그것 자체가 신빙성 있는 예수의 기도라고 할 수는 없다는 점이다. 그리고 예수의 기도는 '주의 기도(주기도문)'를 예외로 하면, 그 대부분이 전승으로서는 젊은 단계에 속하거나 복음서 기자의 구성이거나 간에 모두 전승사적으로는 2차적이라는 인상을 벗어날 수 없다. 이것은 '기도'라는 것의 성격에서도 유래하는 점일 것이다. 왜냐하면 기도는 ─'주의 기도'처럼 공동의 기도는 별개로 하고─ 인간 개인의 비사秘事에 속하는 사항이어서, 그 내용이 타자에게 알려지지 않는 한 어떤 의미에서는 전승을 애초부터 불가능하게 만들기 때문이다. 그렇다면 거의 대부분의 예수의 기도는 전승자나 복음서 기자의 창작이며, 예수 자신의 기도에 관한 사료로는 활용될 수 없다는 얘기가 되는 것일까. 엄밀히 말하면 그렇다. 그러나 그런 엄밀성을 예수에 관한 모든 전승에 적용하려 한다면, 기적 이야기 전승도 말의 전승도 예수의 행동과 사상을 복원하는 사료로는 활용할 수 없게 된다. 왜냐하면 어떤 전승에도 이미 확인했다시피 전승자의 사회적 조건들에 의해 규정된 예수 이해가 내포되어 있기 때문이다. 우리는 전승으로부터 이런 예수 이해를 창출하게 만든, 그 배후에 서 있는 예수의 행동 양태와 사상을 재구성해 왔다. 그렇다면 우리는 예수의 기도에 관한 전승에서도 전승자나 복음서 기자의 신에 대한 기원祈願을 읽어내면서, 또한 그것을 그들이 예수 자신의 입을 통해서 나오게 하지 않으면 안 되었다는 의미에서 그들의 배후에 서 있는 예수 자신의 기도의 자세를 상정할 수 있을 것이다. 게다가 기도는 넘어설 수 없는 현실, 현실의 모순, 부조리를 전제로 해서 신에게 간구하는 인간의 목소리다. 그리고 만일 전승자나 복음서 기자가 그런 현실의 부조리를 예수와 공유하고 있었다면 그런 장에서 그들은 예수의 기도를 추체험했다는 얘기가 된다. 그리하여 예수의 기도의 진실성이 그들을 통해 전달된 예수의 기도 속에 보전되어 있지 않다고는 누구도 말할 수 없을 것이다.

외딴 곳에서

그런데 우리가 복음서를 읽어 나갈 때 민중 속에서 힘차게 행동하는 예수와 함께 때때로 민중으로부터 떨어져 홀로 기도하는 예수를 만나게 될 것이다.

새벽 먼동이 트기 전에 예수는 일어나 외딴 곳으로 가서 기도하셨다.(〈마르코〉 1장 35절)

그리고 군중과 헤어지고 나서 기도하러 산으로 올라가셨다.(〈마르코〉 6장 46절)

이런 '외딴 곳'에서, 또는 '산' 속에서 혼자 기도하는 예수의 모습은 〈마르코 복음서〉의 문맥에서는 마르코의 편집구에 해당하며, 그런 의미에서 마르코의 창작으로 간주할 수밖에 없을 것이다. 그러나 설사 그것이 마르코의 창작이었다고 해도 그것을 창작한 마르코의 상상력이 역사의 예수의 한 국면을 제대로 알아맞혔을까, 아닐까 하는 질문을 던질 수는 있을 것이다. 나로서는 이 기도하는 예수를, 활동하는 예수를 돋보이게 만들기 위한 단순한 문학적 기법으로 돌리는 것만으로는 만족할 수 없다.

먼저 위에서 인용한 두 개의 문장은 모두 그 문맥을 읽어 보면, 예수가 민중 속에서 기적 행위를 수행하는 간격에 놓여 있다는 점에 주목하고 싶다. 한편 우리는 예수의 치유 기적의 '원형原型'을 복원했을 때 거기에서 예수는 기적 행위의 이니셔티브를 쥐고 있지 않다는 것을 확인했다. 물론 이것을 곧바로 예수의 역사적 행동이라고 할 수는 없지만 이런 전승이 가장 오랜 시기에 형성된 배후에, 병든 사람들의 요청을 받아 그것을 들어줄 수밖에 없는 방식으로 그들 편에 섰던 예수의 모습을 우리는 상정할 수 있을 것이다. 그리고 예수는 이야기의 '원형'에서는 병자의 공리적인, 말하자면 이익 종교적 희구에 부응하는 형태로 가족에게 돌아가도록 귀환 명령을 내렸다. 예수가 실제로 기적을 일으켰는지는 알 수 없으나 기적 행위자 또는 적어도 의사醫師적 존재로서의 예수의 평판은 갈릴래아 민중 사이에 급속히 퍼져 갔을 것이다. 그리고 차례차례 그에게 병자들이 실려 온다. ―이하는 나의 이미지네이션에 기초한 상상에 지나지 않는 것이지만, 민중과 병자에게 '신'과 같이 경모를 받게 되는 한 사람의 지식인으로서의 예수는 강렬한 고독감에 사로잡힌 적이 없었을까. 그는 사람들과 떨어져 신에게 기도하지 않을 수 없었다. 물론 그때의 기도 내용을 우리는 알 방도가 없다. 그러나 상상을 과감하게 펼치도록 허용해 준다면, 고독감에 시달리면서도 민중의 바람에 대답하지 않을 수 없는 자신의 행동을 신 앞에 모두 드러내 보이고 그 가부를 묻지 않았을까. 민중의 바람을 충족시킴으로써 지배자의 민중에 대한 차별을 공격할 수는 있다. 그러나 자신과 민중을 포함한 인간의 이런 차별의 뿌리를 어떻게 단절할 수 있을까. 장애자였다가 장애 없는 건강한 존재가 된 사람이 다시 장애자를 차별하지 않으리라는 보증이 어디에 있는가. 자신이 신적 존재로 떠받들어질 때 신의 이름으로 스스로 타자를 차별하지 않을 것이라는 보증이 어디에 있는가. 예수는 이 보증을, 그것을 통해 현실의 모순을 인식하고 그것을 통해 스스로를 상대화하며, 그것을 통해 늘 '타자'에서 살아가는 인간으로 되돌아올 수 있는 존재로서의 신에게 간구하지 않았을까. 그런 예수의 심정을 〈마르코 복음서〉의 짧은 문장에서 읽어 내는 것은 역사적 서술을 추구하는 자에게 잘못된 길일까. 내게는 이것이 그 내용이 전해지고 있는 예수의 기도와, 신에 대한 예수의 발언을 통해 간접적으로 뒷받침을 받고 있는 것으로 생각된다.

〈주의 기도〉

이른바 '주의 기도'는 〈마태오〉 6장 9~13절과 〈루카〉 11장 1~4절, 즉 Q자료 속에서 발견된다. 이들 가운데 〈루카〉의 본문이 원형에 가깝기 때문에 이것을 〈마태오〉 본문과의 비교를 통해 적당히 수정하고 가능한 한 원형에 가까운 형태로 재구성하면, 거의 다음과 같이 된다.

'²아버지, 모두가 아버지를 받들게 하시고, 아버지의 나라가 오게 하소서.

³우리가 일용할 양식을 오늘 주소서.

⁴우리가 우리에게 빚진 사람을 모두 용서할 것이니, 우리의 잘못도 용서해 주소서.

우리가 시험에 들지 않게 해 주소서.'

이 기도를 Q교단 사람들이 했을 때에는 '아버지의 나라가 오게 하소서'(2절)라는 기원祈願이 다른 모든 기원의 전제가 된 것으로 생각된다. 그들은 종말이 다가왔다는 것을 전제로, '매일의 양식' 등을 신께 구걸했다. 그러나 이 '매일의 양식'을 비롯해서 부채(빚)의 용서, 시험에 들지 않는 것 등은 그것 자체로서는 일상생활의 지속을 전제로 하고 있다. 따라서 이 기도도 ─ 전승의 최고층最古層에 입각해서 말하자면 ─ 그 모든 것을 종말론적으로 의미 부여를 할 필요는 없을 것이다.

어쨌든 이 기도의 배후에는 '매일의 양식'이 '오늘'도 없어서 힘들어하는 서민의 생활, 다소간에 돈을 빌려 주고 있지만 자신도 빌리고 있는 소시민의 생활, ─끝없이 '시험'에 들어 고뇌하는 사람들의 모순 가득한 생활의 현실이 있다. 이런 현실 속에서 신은 바야흐로 부재不在인 것이다. 그렇기 때문에 '아버지' 하고 부를 수밖에 없다. 이 부름으로 사람들은 넘을 수 없는 현실에 대한 인식을 오히려 명확하게 하는 것이다. ―'모두가 아버지를 받들게 하시고.' 신의 이름을 입에 올림으로써 기도하는 사람은 지금 현실에 존재하지 않는 것과 관계를 맺으려 한다.

그리하여 기도하는 사람은 신의 이름을 부름으로써 넘어설 수 없는 현실을 인식하고 현실 속에서 신의 부재를 확인한다. 그러나 그가 기도한다는 것은 동시에 이 현실을 넘어서지 않으면 안 되는 현실로 직시하고 있다는 것이다. 이런 현실의 모순을 지속적으로 인식하면서도 또한 그것을 넘어서야만 하는 현실로서, 말하자면 과제로서 받아들이는 용기를 부여하는 근원적인 힘, ―이것이 기도하는 사람에게 신일 것이다. 신은 '매일의 양식'을 '오늘' 주지는 않는다. 그러나 신은 '부채를 용서하는' 힘으로 작용한다. 신은 기도하는 사람에게 타자他者로부터 살아가는 쪽으로 자기 삶을 변혁시키는, 말하자면 **타자의 총체**總體인 것이다.(다카하시 요시모토高橋敬基) 이런 의미의 '타자'에게 기도하는 사람이 몸을 맡긴다는 것은, 그렇게 함으로써 그가 현실의 모순에 눈을 감는 것이 아니라 오히려 거꾸로 그것에 대해 눈이 열리고 나아가 그것에 저항하는 용기를 부여받게 되는 것이다.

겟세마네의 기도

이것은 예수의 기도의 클라이막스라고 하는 저 유명한 겟세마네의 기도에 대해서도 타당하지 않을까.

> [32] 그런데 일행은 겟세마네라는 곳에 이르렀다. 그리고 예수는 제자들에게 말했다. '내가 기도하고 있는 동안, 여기에 앉아 있어라.' [33] 그리고 베드로, 야고보, 요한을 함께 데리고 갔는데, 무서워 오들오들 떨면서 번민하기 시작하더니 그들에게 말했다. [34] '나는 슬퍼서 죽을 지경이다. 여기에서 기다리면서 깨어 있어라.' [35] 그리고 조금 앞으로 나아가 땅에 엎드려, 만일 할 수만 있다면 이때를 지나가게 해 달라고 계속 기도하면서 말했다. [36] '아바Abba,* 아버지시여. 당신은 무엇이든 다 할 수 있습니다. 부디 이 잔을 내게서 치워 주십시오. 그러나 내 생각이 아니라 아버지의 뜻대로 해 주십시오.' [37] 그러고 나서 돌아와 보니 제자들은 자고 있었다……〈마르코〉 14장 32~37절, 〈마태오〉 26장 36~40절, 〈루카〉 22장 40~45절)

---

* 히브리어로 '아버지'를 뜻하는 단어인데 신을 이렇게 친근한 호칭으로 불렀다는 것이 그리스도교에서는 예수와 신의 친밀한 관계에 대한 근거로 제시되고 있고 반면에 유대인들은 그들의 신에 대한 호칭으로 '아바'를 사용한다는 것은 도저히 상상할 수 없는 표현이라며 복음서의 기술이 근거가 없다고 부정하고 있다. – 옮긴이

이것은 죽음을 앞에 둔 고독한 예수의 처절하기까지 한 기도다. 여기에서 우리는 예수의 바닥 모를 절망과 **동시에** 그 모든 것을 신의 뜻에 맡기는 궁극적 신뢰의 자세를 발견할 수 있을 것이다. 예수에게 신은 철저히 자기 생각을 부수고 모든 것을 상대화하는 존재임과 동시에, 그러한 자기를 그대로 맡기고 거기에서 다시 일어서는 것을 허락받는 존재였다.

'신'이란

여기에 이르러 우리는 지극히 드문 신에 대한 예수의 발언의 의미를 알 수 있지 않을까. 그것은 내가 아는 한 다음의 두 곳밖에 없다.

'하늘의 아버지는 악한 사람에게나 선한 사람에게나 똑같이 햇볕을 비춰 주시고, (옳은 사람에게나 옳지 못한 사람에게나 비를 내려 주신다.)'(〈마태오〉 5장 45절. 괄호 속의 말은 마태오의 가필)

'무엇을 먹을까, 무엇을 마실까 하고 자기 목숨을 걱정하거나, 무엇을 입을까 하고 자기 몸을 걱정하지 마라. ……공중의 새를 보아라. 씨를 뿌리거나 거두지도 않고 곳간에 거두어들이지도 않는다. 그럼에도 너희의 하늘에 계신 아버지는 그들을 길러 주신다. 너희는 그들보다 더 귀하지 않느냐. ……또 왜 입을 것을 걱정

246

하느냐. 들꽃이 어떻게 자라는지 생각해 보아라. 일하지 않고 길쌈도 하지 않는다. ……오늘 나서 내일은 아궁이에 던져질 들풀도 신은 이렇게 차려 입히시거늘, 너희에게 그보다 더 잘 해주시지 않을 리가 있겠느냐. ……그러니 무엇을 먹을까, 무엇을 마실까, 무엇을 입을까 하고 걱정하지 마라. ……내일 일을 걱정하지 마라. 내일은 내일 자신이 걱정할 것이다. 하루의 고생은 그날 하루로 족하다.'(〈마태오〉 6장 25~34절)

여기에서 예수는 먼저 신을 '선한 사람' '악한 사람'처럼 인간의 윤리적 가치 판단에 입각해 등급을 매기는 것을 지양止揚하는, 이른바 '상대화의 시각'으로 파악한다. 이 시각을 잃을 때 인간은 자신을 신으로 세울 것이다. 그러나 만일 그것이 **상대화**의 시각에 머문다면, 인간을 바닥없는 니힐리즘에 빠뜨릴 것이다. 그것은 인간의 모든 것을 상대화하는 것임과 동시에 인간을, 가혹한 현실 한복판에 있는 인간을 근원적으로 떠받치는 '존재의 근거'인 것이다. 그것은 '공중의 새' '들꽃'처럼, 아니, 심지어 인간 한 사람 한 사람을 길러 낸다.

이처럼 예수에게 신은 자기 상대화의 시각으로 기능해야 하는 것이었기 때문에, 예수는 이 신을 어떤 경우에도 자기의 행동을 정당화하는 수단으로 내세우지 않았다. 따라서 예수는 자기 절대화의 수단으로 기능하는 **신**의 율법이나 **신**전에 대해 철저히 거부하는 행동을 취할 수밖에 없었다. 그것은 결코 '신의 권위'에 기댄 행동이 아니며, ―신을 통해 상대화된― **보통 사람**으로서의 행동인 것이다.

07

죽음

예수가 로마 황제에 대한 반역죄로 몰려 당시 유대 총독 폰티우스 필라투스Pontius Pilatus의 명령으로 십자가형에 처해진 것의 역사적 사실성은 의심할 수 없을 것이다. 이것은 복음서와 그 밖의 그리스도교 쪽의 사료뿐만 아니라 로마나 유대 쪽 사료를 통해서도 어느 정도 뒷받침되고 있기 때문이다. 그러나 처형 장면의 구체적 묘사, 그리고 예수의 체포에서 처형에 이르는 경과, 특히 예수의 처형을 둘러싼 유대 당국과 로마 당국의 관계에 관한 사료는 복음서의 이른바 '수난 이야기' 이외에는 거의 존재하지 않을 뿐만 아니라, 이 '이야기'에서 그 배후에 있는 역사적 사실의 경과를 추정하는 것은 극히 곤란하다. 아니 오히려 그것은 거의 불가능에 가깝다. 왜냐하면 예수의 '수난'에 관한 가장 오래된 문서 사료에 해당하는 〈마르코 복음서〉(14~16장)의 '십자가에 이르는 예수'가 명백히 십자가에서 부활에 이르는 '신의 아들' 그리스도로 서술 대상이 되어 있기 때문이다. 게다가 이 수난 이야기로부터 이보다 더 오래된, 또는 가장 오래된 전승 자료를 복원할 수 있다 하더라도 그 자료 자체 속에서 이미 예수가 적어도 '고난의 의인義人'으로서 해석 대상이 되어 있고, 나아가 이 해석이 그대로 이야기로 되어 있다는 것이다.(볼프강 셍크) 그리고 이런 전승의 고층古層을 확인할 수 있는 것은 수난 이야기 중에서도 약간의 단편적 부분으로 국한되어 있다.(에타 린네만) 게다가 이른바 '수난 이야기'는 지금까지 우리가 다뤄 온 기적 이야기 전승이나 말 전승의 경우와는 달리 이야기 전체가 원시 그리스도교회의 예전禮典(예수의 수난과 부활을 기념하는 예배)을 '생활의 자리'로 해서 형성되었을 가능성이 있다.(트로크메) 그럼에도 우리는 적어도 예수의 사건에 관해서는 역사적 방법, 특히 전승사적 방법에 따라 접근하는 자세를 버려서는 안 될 것이다.

예수의 죽음 내지 죽음에 이르는 경과에 관한 문서 사료 중에서 〈마르코 복음서〉가 가장 오래된 것이라는 데에 관해서는 이론이 없을 것으로 생각된다. 따라서 우리도 이후 이 복음서를 제1사료로 활용하겠다. 다만 〈마태오〉와 〈루카〉 두 복음서가 함께 의존한 자료에서 〈마르코〉가 의존한 자료와 다른 것도 다소 상정할 수 있기 때문에 필요에 따라서 이를 〈마태오〉나 〈루카〉에서 인용한 경우도 있다. 한편 〈요한 복음서〉도 그것이 〈마르코 복음서〉와 그 밖의 것보다 사료로서 정확하다고 생각되는 경우에 한해서 소환될 것이다.

처형

그런데 〈마르코 복음서〉가 전하는 수난 이야기 중, 복원될 수 있는 가장 오래된 전승 중에서 적어도 역사적 사실과 융합될 수 있을 것으로 상정되는 부분이 실은 15장 중에서 3개 절만 존재한다. 그것은 22, 24, 37절이다. 그리고 이들을 연결하면 다음과 같이 된다. '사람들은 예수를 골고타……라는 곳으로 끌고 갔다.(22절) 그리고 예수를 십자가에 못 박았다.(24절) 예수는 큰 소리를 지르고……숨을 거두었다.(37절)' 14장에서 16장에 이르는 비교적 긴 수난 이야기 중에서 거의 확실하게 역사적 사실을 반영하고 있는 전승은 이 3개의 짧은 문장 외에는 존재하지 않는다는 것이 실상實狀이다. 어쨌든 내게는 이 문장들이 아마도 이야기 형성의 역사적 핵이었던 것으로 생각되기 때문에, 우리는 이 문장들을 포함한 이야기로부터 출발해서 예수의 죽음과 죽음에 이르기까지의 경과를 역사적으로 거슬러 올라가 보기로 하자.

위의 세 문장은 〈마르코〉 15장 20b~39절(〈마태오〉 27장 32~54절, 〈루카〉 23장 26~48절), 즉 예수의 십자가형에 관한 이야기 속에 나오는 것이다. 그리고 이 이야기는 예수를 골고타에 끌고 가는 도중에 예수가 메고 있던 십자가를 사람들이 때

마침 거기를 지나가던 시몬이라는 키레네 사람에게 무리하게 지고 가게 했다는 에피소드로 시작된다.(21절) 이 시몬 이야기는 그가 그 뒤의 이야기에서 아무런 역할도 하지 않는 만큼 전승으로 거슬러 올라갈 것이다. 그러나 그 역사적 사실성을 확인하는 것은 불가능하다. ─그 뒤 예수의 죽음의 순간까지 이어지는 십자가 위의 예수를 둘러싼 이야기에는 많은 경우 구약성서─특히 〈시편〉에 보이는 '고난의 의인義人'─와의 대응이 인지된다. '사람들은 예수에게 몰약을 섞은 포도주를 내밀었다.'(23절→〈시편〉 69장 21절) '제비를 뽑아 누가 무엇을 가져갈지를 정한 뒤 예수의 옷을 나눠 가졌다.'(24절→〈시편〉 22장 18절) '지나가던 사람들은 머리를 흔들며 예수를 모욕했다.'(29절→〈시편〉 22장 7절) 그리고 이 〈시편〉의 '고난의 의인'과의 대응은 예수가 죽음의 순간에 아람어로 외쳤다는 말 '엘로이, 엘로이, 레마 사박타니', ─번역하면 '나의 하느님, 나의 하느님, 어찌 나를 버리셨습니까'(34절)에 이르기까지 이어진다.(〈시편〉 22장 1절)

이렇게 보면 〈시편〉의 '고난의 의인'과의 대응이라는 형태로 그려져 있는 십자가 위의 예수상에서는 역사적 사실로서의 예수라기보다는 오히려 전승자의 해석에 의한 '고난의 의인'으로서의 예수상을 인식할 수 있다. 또 이런 예수상은 마태오도 또한 거의 그대로의 형태로 받아들이고 있으나, 루카의 경우는 여기에 루카 자신의 예수상에 부합하도록 중대한 수정을 가했다. 즉 〈루카 복음서〉에서는 먼저 23장 27~31절의 기사가 삽입되어 있으며, 여기에서 예수는 '슬퍼하며 탄식해마지 않는 여인들'에게 위로의 말을 예언의 형태로 해주고, 이어서 34절에서는 자신과 두 사람의 죄수를 십자가에 매단 사람들을 위하여 '아버지, 저들을 용서해 주십시오. 저들은 자신들이 무슨 짓을 하고 있는지 모르고 있습니다'라고 적에 대한 용서를 신께 빌었다. 그리고 39~43절에 함께 십자가에 매달린 두 죄수와 나눈 얘기가 삽입되어 있는데, 예수는 그의 죄를 인정하지 않는 한 명의 죄수에게 '분명히 말해 두지만, 너는 오늘 나와 함께 낙원에 들어가게 될 것이다'라는 약속을 했다. 또한 예수는 죽는 순간에 저 절망에 가까운 외침(시편 22장 1절)이 아니라 '아버지, 내 영혼을 아버지 손에 맡깁니다'라는, 신에 대한 철저한 믿음을 표명하고 '숨을 거두었다'라고 되어 있다. 루카에게 십자가 위의 예수는 '고난의 의인'이라기보다 오히려 죽음에 이르기까지는 이웃을 지켜보고 적을 용서하며, 의심 없이 신에게 자신의 몸을 맡기는 '순교자'의 모범이었다. 이것은 그리스도교도 최초의 순교자라는 스테파노가, 루카에 따르면, 예수와 거의 마찬가지로 죽어가는 모습을 보인 것으로 뒷받침 될 수 있을 것이다. '그리하여 그들이 스테파노에게 돌을 던지고 있는 사이에 스테파노는 기도를 계속하면서 말했다. "주 예수님, 내 영혼을 받아 주소서." 그리고 무릎을 꿇고 큰 소리로 외쳤다. "주님, 부디 이 죄를 그들에게 지우지 말아 주십시오."

이렇게 말하고 그는 눈을 감았다.'(〈사도행전〉 7장 59, 60절)

그런데 다시 〈마르코 복음서〉의 십자가형 기사로 돌아오면, 여기에서는 예수를 〈시편〉의 '고난의 의인'으로 해석하는 전승과 나란히 예수의 죽음을 종말의 사건으로 간주하는, 이른바 '묵시 문학적 전승'을 확인할 수 있다. 즉 '낮 열두 시가 되자 온 땅이 어두워져 세 시까지 지속'(33절)되었으며, 또 '(예수가 숨을 거두었을 때) 신전의 휘장이 위에서 아래까지 두 폭으로 찢어졌다'(38절)는 것이 그것이다. 덧붙이자면, 마태오는 이런 경향을 다음과 같은 말을 덧붙임으로써 더욱 조장한다. '……또 지진이 일어나 바위가 깨어지고 무덤이 열려 잠들어 있던 많은 성도들의 시신이 다시 살아났다. 그리고 예수의 부활 뒤에 무덤에서 나와 거룩한 도시에 들어가 많은 사람들에게 나타났다.'(27장 51~53절) 마태오에 따르면, 종말 때 이뤄질 것이라며 대망하던 죽은 이의 부활이 예수의 죽음과 함께 이미 실현되고 있다. 하지만 이에 대해서 루카는 위의 〈마르코〉 15장 38절의 묵시문학적 묘사를 모두 삭제하고, 당연한 일이지만, 〈마태오〉 27장 51~53절과 같은 죽은 이의 부활 등에 대해서는 한마디도 하지 않는다. 그리고 이것은 **루카의** 종말 이해에 부합하는 것이다. 루카에 따르면, 종말은 예수의 부활에서 비롯된 성령의 강림과 교회의 설립 속에서 어떤 의미에서 이미 선취先取되고 있으나, 죽은 이의 부활을 수반하는 본래의 종말의 때는 여전히 먼 미래에 대망해야 할 일인 것이다.(〈루카〉 24장 49절, 〈사

도행전〉1장 4, 5, 6, 7, 11절, 2장 1~4, 32, 33, 38절, 3장 20, 21절 등)

이처럼 수난 이야기에는 상이한 경향을 지닌 두 계통의 전승이 전제되어 있다. 그리고 이 전승들을 자료로 해서 이 이야기를 제작한 사람이 수난 이야기의 작자다. 이 작자는 예수를 십자가형에 처하게 한 원흉은 유대인 지도자들이라는 일관된 입장을 유지하기 위해 여기에서도 사제들이나 율법학자들을 등장시켜 십자가 위에 있는 예수를 '번갈아가며 조롱'하게 하고 있으나(〈마르코〉15장 31절), 예수의 죽음에 대한 작자로서의 최종적 해석은 이 기사의 결론부에 해당하는 다음과 같은 말에 제시되어 있다. '예수를 지켜보고 서 있던 백인대장이 (예수가) 그렇게 해서 숨을 거두는 것을 보고 말했다. "정말로 이 사람은 신의 아들이었다."'(〈마르코〉15장 39절) ― 실제로 마르코가 채용한 '현현顯現 기적' 이야기 전승에서 예수는 '신의 (사랑하는) 아들'로 불리고 있었다.(1장 11절, 9장 7절) 이에 호응하듯 수난 이야기에서 예수는 '그대가 과연 찬양받아야 할 분(신)의 아들 메시아인가'라는 대사제의 물음에 대해 '그렇다'라고 대답한다.(〈마르코〉14장 61, 62절) 그리고 이에 이르러 예수의 십자가 위의 죽음을 지켜보고 있던 **로마의** 백인대장은 '**정말로** 이 사람은 신의 아들이었다'고 고백한다. 여기에는 그리스도의 복음이 그 이후에는 예수를 죽음에 이르게 한 유대인으로부터 결정적으로 벗어나 이방인들에 의해 이끌어져 나간다고 하는, 이야기 작자가 놓여 있는 상황에 의해 규정된 그의 복음 이해가 표명되어 있을 것이다.

또 루카는 여기에서도 '신의 아들'을 '죄 없는(올바른) 사람'으로 수정했다.—'백인대장은 이런 모습을 보고 신을 찬양하며 "정말로 이 사람은 죄 없는 사람이었구나" 하고 말했다.' (23장 47절) 그리고 이것 역시 예수를 구약성서의 '죄 없는 사람', 즉 '의인義人'으로서의 예언자들 계열에 자리매김한(〈사도행전〉 3장 14절, 7장 52절), 두드러지게 윤리적인 루카의 예수 이해에 부합하는 수정일 것이다.

이상의 고찰을 통해 분명해졌듯이 예수의 십자가형에 관한 짧은 보고(〈마르코〉 15장 20b~39절) 중에, 이 사건에 대한 이야기 작자의 해석, 전승자의 해석, 그리고 그러한 것들 배후에 상정되는 사건 자체의 묘사라는 3개의 단계가 존재한다. 예수의 죽음이라는 사실에 대해 전승자 또는 작자의 해석을 취할지 말지는 독자의 자유다. 그러나 적어도 사건에 관한 하나의 이야기에서 역사적 사실에 접근하려 한다면, 상정되는 사건과 그것에 대한 해석은, 만일 그럴 수 있다면, 마땅히 구별해야 할 것이다.

그런데 이런 전승 비판을 여기에서 수난 이야기 전체로 확대하는 것은 내게 허용된 지면을 이미 초과하려 하는 지금 시점에서는 불가능하다. 따라서 이제부터는 전승 비판 과정을 최소한으로 줄이고, 그 결론에 입각해서 십자가형에서 예수 체포 기사까지 거슬러 올라가 그 동안의 **역사적** 경과를 상정해 가기로 하자.

필라투스의 재판

〈마르코〉 15장 26절에 따르면, 십자가에 내걸린 죄상罪狀 고지서에는 '유대인의 왕'이라 적혀 있었다고 한다. 이것이 사실이었는지 아닌지는 물론 증명할 수 없다. 그러나 적어도 예수가 반역죄 혐의로, 즉 정치범으로 처형당한 것의 역사적 사실성은 그가 다름 아닌 정치범에 적용되는 십자가형을 받았다는 사실로 뒷받침될 것이다. 이 점에서 〈마르코〉 15장 1절 이하에 보고되어 있는, 예수에 대한 필라투스의 재판 중에서 역사적 사실로 상정할 수 있는 것은 예수가 로마 당국에 대해 반역 행위를 했다는 판결을 받았다는 사실일 것이다.(이런 의미에서 〈루카〉 23장 2절에 보고되어 있는 군중의 고소 내용에는 ―이것은 루카의 특수 기사인 만큼 루카 자신에 의한 구성이라는 생각은 들지만― 사실성事實性이 반영되어 있을 가능성이 있다. '우리는 이 사람이 우리 민족을 속여 인두세를 황제에게 내는 것을 금하고, 또 자신을 메시아 곧 왕이라고 주장하는 것을 목격했습니다.')

그런데 이것에 이어지는 필라투스와 예수의 문답은 전승자에 의한 문학적 구성인 것으로 보인다. 다만 여기에서 주목해야 할 것은 '그대가 유대인의 왕인가'라는 필라투스의 물음에 대해 예수는 '그것은 당신 말이다'라고 대답했다. 상대방의 질문에 직접 대답하지 않고 질문을 상대방에게 되돌리는 표현이다. 게다가 그 뒤에 예수는 아무런 대답도 하지 않았다는 보고와 합쳐서 생각해 보면, 예수는 필라투스 앞에서 실제로는 그의 물음에 직접적인 대답을 하지 않았다는 얘기가 된다. 만일 그렇다고 한다면 이런 예수의 태도는 우리가 이미 거듭 확인한, 유대교 지배자들이 예수에게 던진 질문에 대해 그들과 같은 논리 수준에서 대답하는 것을 거부했던 저 예수의 행동 양태에 부합하는 셈이 된다.

다음에 〈마르코〉 15장 6절 이하에는 유명한 바라바에 관한 기사가 삽입되어 있다. 이 기사에 따르면, '필라투스는 축제 때마다 사람들이 내어 주기를 요구하는 죄수 한 사람을 놓아 주는 것을 관례'로 하고 있었기 때문에, 그는 그 특사特赦 대상으로 예수를 생각하고 있었으나 사제들은 군중을 선동해 '폭동을 일으켜 사람을 죽이고 감옥에 갇혀 있던 폭도'의 한 사람인 바라바를 석방하고 예수를 십자가형에 처하라고 요구했다. 필라투스는 그 요구에 굴복해 '군중을 만족시키려고 바라바를 풀어 주고, 예수를 채찍으로 때리게 한 뒤 십자가형에 처하라며 넘겨주었다'는 것이다.(6~15절)

여기에서 바라바를 저 반로마 운동을 했던 젤로타이의 선구자의 한 사람으로 봐도 좋을 것이다. 또 당시의 유대에서 축제일에 특사가 시행된 예는 랍비 문헌에도 나온다. 그리고 예컨대 이집트에서 그곳 로마 총독이 한 명의 정치범을 특사로 석방한 예도 확인되고 있다. 따라서 바라바가 특사의 은혜를 입었다는 것도 있을 수 없는 일은 아니다. 그러나 위의 이야기에서 전해지는 것처럼 피고인(예수)에 대한 판결이 아직 내려지지도 않은 시점에 재판관(필라투스)이 그 피고인에게 특사를 스스로 얘기한다는 것이, 특히 재판관이 로마 총독이고 피고인이 속주 주민인 경우에 있을 수 있는 일일까. 나는 이 기사가 원시 그리스도 교단이 호교護敎를 목적으로 구성한 것이라 생각한다. 우리는 오히려 여기에서 첫째로, 정치범인 바라바와 예수를 대조시킴으로써 예수에게는 정치적 범죄 의도가 전혀 없었다는 인상을 로마 당국 내지 비유대인 독자들에게 주는 것과 함께, 예수 처형에 대한 필라투스의 책임을 경감하고, 거꾸로 유대 당국 내지 유대인 일반에게 그 책임을 지우려는 그리스도교 쪽의 의도를 읽어내야 할 것이다. 원래 로마 쪽이나 유대 쪽 사료에 따르면, 유대인에게 늘 탄압 정책을 폈고, 그런 비정상적 특성 때문에 유대 총독직에서 해임당하기에 이르렀던 필라투스가 예수의 재판에서만 예외적인 태도를 보이면서 유대 쪽과 타협했다는 것은 있을 수 없는 일이지 않을까. 하물며 그가 예수의 무죄를 세 번이나 얘기하고(〈루카〉 23장 4, 14, 22절), 예수를 갈릴래아의 영주 헤로데 안티파스에게 보냈다(6~26절)는 기사는 명백히 루카 자신의 친로마적 경향 탓으로 돌려야 한다. 한편 〈마태오 복음서〉는 필라투스의 아내까지 등장시켜 필라투스한테서 예수 처형의 책임을 없애려고 시도(27장 19절)했을 뿐만 아니라, 필라투스 자신이 '이 사람(예수)

의 피에 대해 내게는 책임이 없다'는 말을 하게 한 반면, 유대의 민중 **전체**가 '그 사람의 피에 대한 책임은 우리와 우리 자손들이 져도 좋다'고 선언하게 했다.(24, 25절) —'그래서 필라투스는 바라바를 풀어주고 예수를 채찍으로 때리게 한 뒤 십자가형에 처하도록 넘겨주었다'(26절)는 것인데, 이상과 같은 상황으로 보건대, 바라바 전승에는 역사적 신빙성이 적다고 봐도 아마 틀림이 없을 것이다.

대사제의 심문

그런데 이와 같은 로마 당국의 예수 재판과 처형은 —예수가 부활했다는 '주의 날', 즉 일요일부터 역산을 하면(예수는 처형당한 날로부터 계산해서 —그날을 넣고— 사흘째에 부활했다고 한다)— 금요일에 집행된 셈이 된다. 그러나 그날이 밝기 전의 한밤중에 유대 최고법원에서 회의가 열려 대사제, 수석 사제들 이하 모든 의원들이 참석한 가운데 예수는 한 번 재판을 받았고, 대사로부터 독신죄瀆神罪라는 판결을 받은 것으로 되어 있다.(〈마르코〉 14장 53절 이하) 그러나 이 기사의 신빙성은 많은 —주로 유대계— 학자들에 의해 부정되고 있다. 도대체 유대의 의회가 밤중에 열린다는 것은 당시의 유대법에 비춰 보더라도 있을 수 없는 일이므로, 이 기사는 오히려 유대인에게 예수 처형의 책임을 지우려는 그리스도교 쪽의 허구로 봐야 한다는 것이다. 나로서도 예수의 재판만을 목적으로 최고법원의 모든 의원들이 밤중에 소집되었다는 것은 그리스도교 쪽의 의도적 구성일 것이라고 생각된다. 그러나 예수의 체포와 심문에 유대 당국이 전혀 관여하지 않고 그 모든 것이 로마 당국에 의해 집행되었다면, 그것은 유대 쪽에 너무 호의적인, 그리고 로마 쪽에게 너무 적대적인 상정이 아닐까. 이미 우리가 거듭 확인해 왔듯이 예수의 비판 범위가 궁극적으로는 로마의 지배 세력까지 확장될 수 있다 하더라도 그 직접적인 조준은 유대 당국을 향하고 있었다. 예수 체포의 계기가 된 것으로 생각되는 신전 비판이 그 좋은 예가 될 것이다. 따라서 내게는 위의 기사의 배후에 유대 당국이 예수에 대해 예비심문 정도를 했을 가능성을 상정해도 될 것으로 생각된다.

그런데 이 '예비심문'의 내용에 대해서인데, 그것이 〈마르코〉 14장 55절 이하에 보고되어 있는 대로의 것이었다고는 생각되지 않는다. 특히 '그대는 찬양받으실 분(신)의 아들, 그리스도인가?'라는 대사제의 질문(61절)과, '그렇다. 너희는 사람의 아들이 힘 있는 분의 오른편에 앉아 하늘의 구름을 타고 내려오는 것을 보게 될 것이다'라는 예수의 대답(62절)에는 예수를 '신의 아들 그리스도'로 믿는 이야기 작자의 그리스도 신앙과 '재림할 사람의 아들'이라는 원시 그리스도 교단의 종말관이 전제되어 있기 때문이다. 그러나 여기에서도 주목해야 할 것은 이 문답의 〈마태오 복음서〉와 〈루카 복음서〉 병행 기사 부분에서 대사제의 질문에 대한 예수의 대답은 〈마르코 복

음서〉와 같이 '그렇다'로 되어 있지는 않다는 점이다.(〈마태오〉
26장 64절 '네가 그렇게 말했다'. 〈루카〉 22장 70절 '내가 그렇다는
것을 지금 너희가 말했다.') 게다가 여기에서도 예수가 유대인의
'불리한 증언'에 대해 '아무 대답도 하지 않았다'(〈마르코〉 14장
6절)는 것과 합쳐서 생각해 보면 이미 언급한 필라투스의 재판
장면과 마찬가지로 이 장면에서도 예수는 유대 당국의 질문에
대답하는 것을 거부했을 가능성이 있다.

　여기에서 또 하나 주목해야 할 것은 유대인이 '예수에 대해
거짓 증언을 해서' 다음과 같이 말했다고 보고되어 있다는 점이
다. '우리는 이 사람이 "나는 손으로 지은 이 신전을 헐어 버
리고, 사흘 뒤에 손으로 짓지 않은 신전을 세우겠다"고 한 말
을 들었습니다.'(14장 57, 58절) 예수가 했다는 이 말 중에 있는
'사흘 뒤에'라는 표현에는 명백히 예수의 부활이 시사되어 있
으며, '손으로 지은 신전'과 '손으로 짓지 않은 신전'의 대비에
는 원시 그리스도 교단의 정신화된 신전 이해가 반영되어 있
기 때문에, 이를 예수가 한 말로 돌릴 수는 없다.(덧붙이자면,
〈마태오 복음서〉의 이 구절 병행 기사 부분[26장 61절]에는 '손으로
지은'과 '손으로 짓지 않은'이라는 '신전'의 수식어가 빠져 있다) 그
러나 만일 예수의 이른바 '신전 정화'가 유대 당국에 의한 예
수 살해 계획의 유인誘因이 되었다면(〈마르코〉 11장 18절 참조),
그때 예수가 〈마르코〉 14장 58절, 특히 〈마태오〉 26장 61절
에 가까운 말, ― 예컨대 '나는 이 신전을 허물 것이다'는 정도

의 말을 실제로 했다고 하더라도 이상할 것은 없다고 생각한다. 게다가 '신전 정화'의 〈요한 복음서〉의 병행 기사 부분(2장 19절)에서는 실제로 예수가 이런 유형의 발언을 했다고 한다. 이미 지적했듯이 〈요한 복음서〉의 '신전 정화' 기사에는 〈마르코 복음서〉의 그것보다 전승이 더 오래된 단계가 보전되어 있을 가능성이 있다고 한다면, 위에서 우리가 상정한 것은 점점 더 그 개연성이 커질 것이다. 따라서 유대인이 예수를 고소했을 때 이 말을 증언했다 하더라도 그것은 '거짓 증언을 한'(〈마르코〉 14장 57절) 것이 되지는 않을 것이다. ―이런 위험성이 있는 말을 예수가 했을 리가 없다는 그리스도교 쪽의 호교적 입장이 오히려 이것을 '위증'으로 구성했을 것이다.

또 대사제와 필라투스의 두 번에 걸친 예수 재판 사이에 베드로가 예수의 제자임을 부인한 기사가 삽입되어 있다.(〈마르코〉 14장 66~72절) 우리는 이미 이 기사 전체는 원시 그리스도 교단에 의해 구성된 것이지만, 베드로의 예수 부인 자체는 역사적 신빙성을 의심할 수 없다는 것을 확인했다.

그러면 이 이야기의 작자가 수난 이야기의 이런 문맥 속에 (제자임을) 부인하는 베드로 전승을 배치한 의도는 어디에 있었을까. 나는 이것을 다음과 같이 상정한다. 먼저, 대사제 앞에서도 필라투스 앞에서도 자신이 그리스도라는 것을 긍정한 예수와, 예수의 제자라는 것을 부인한 베드로를 대조적으로 묘사함으로써 예수의 강함과 동시에 베드로의 약함을 전경前景

에 내세운다. 그리고 예수의 부활 이후 그리스도 고백을 관철해 가장 초기의 교회 제1인자가 된 베드로의 강함을 알고 있는, 또는 그것을 이상화하고 있는 초기 그리스도교회 사람들에게, 박해를 받는 현실 속에서, 말하자면 강함과 약함 사이에 있는 사람들에게 이 베드로를 예시함으로써 그들의 그리스도교도로서의 자세를 격려하면서 용기를 북돋우려 한 것은 아닐까.

체포

그러면 마지막으로 우리는 그날, 즉 목요일 밤에 감행된 것으로 되어 있는 예수의 체포 기사(〈마르코〉 14장 43절 이하)에 대해 검토해 보기로 하자. 여기에서도 예수의 체포가 '성서에 있는 말의 실현'(49절)으로 여겨지고 있기 때문에, 이야기 전체는 원시 그리스도 교단의 구성이다.

그 개개의 내용에 대해서 얘기하자면, 먼저 유다 이스카리옷이 예수를 붙잡기 위해 유대 당국에서 보낸 '무리'를 안내한 것으로 되어 있다. 우리는 이미 이 유다를 '열두 제자 중 한 사람'(43절)으로 간주하지 않는다고 하는 견해를 표명하고 있기 때문에, 이 기사는 14장 10, 11절을 이어받은 문학적 구성으로 봐야 할 것이다. 그렇지만 유다가 예수의 측근 가운데 한 사람이었던 것, 또한 그가 예수로부터 떨어져 나갔다는 것, 또 그가 부자연스럽게 죽었다는 것의 역사적 사실성을 우리는 의심하지 않는다. 따라서 그가 예수가 체포당할 때 어떤 역할을 했을 가능성도 완전히 부정할 수 없을 것이다.

다음으로, 〈마르코 복음서〉에 따르면, 예수를 체포한 것은 '수석 사제들, 율법학자들, 장로들이 보낸 무리'(43절)로 되어 있는데, 〈요한 복음서〉에는 '한 무리의 (로마 쪽의) 병졸과 수석 사제들과 바리사이파 사람들이 보낸 경비병들'(18장 3절)로 되어 있는 것이 문제가 된다. 유대의 최고법원이 예수를 체포하기 위해 '무리'를 파견했다는 것은 있을 수 없는 일이라고 생각하지만, 한편으로 그것을 위해 로마 당국이 '천인대장'이 지휘하는(12절) 로마의 군인들을 파견했다고 하는 것도 상당히 과장된 기사가 아닐까. 예수의 체포·재판·처형을 모두 로마 당국의 책임으로 돌리려는(따라서 유대 최고법원이나 유대 무리의 개입을 허구로 간주한다) 역사가들(예를 들면 도이)은, 예수의 운동을 많은 경우 젤로타이 운동과 동일시하거나 거기에 근접시키기 위해 이 장면에서 예수 쪽에도 상당한 추종자들이 있었고 또 그들도 무장하고 있었기 때문에 이 정도의 로마군이 필요했다고 주장한다. 그러나 이미 몇 번이나 확인했듯이, 예수는 젤로타이와 본질적으로 다른 사상과 행동 양태를 갖고 있었다. 하지만 예수가 예루살렘에 들어간(〈마르코〉 11장 1절 이하) 이후 예수는 군중 사이에서 메시아와 동일시되고 그의 주변에는 상당히 열광적인 분위기가 조성되어 있었으므로, 국외자들이 보기에 젤로타이 운동과 구별할 수 없었을 가능성은 있다. 그리고 그의 주변에 모여든 군중 속에 실제 무기를 지녔던 사람들이 있었을 가능성도 있다는 것은, '그중 한 사람이 칼을 빼어 대사제의 종의 귀를 잘라 버렸다'(〈마르코〉 14장 47절)는 전승의 배후에 상정하지 못할 것도 없을 것이다. 어쨌든 예수를 붙잡은 사람들에 대해서는 〈마르코 복음서〉보다 〈요한 복음서〉의 보고가 역사적 사실에 가깝다고 생각하지만, 그것은 ―우리가 지금까지 추적해 온 사건의 경위로 추정해 보더라도― 역시 최고법원이 보낸 사람들(신전 경비병?)이 중심이 되고 거기에 로마 군대가 협력한 게 아니었을까.

또 칼을 빼어 대사제의 종을 내려쳐서 귀를 잘라 버렸다는 인물(이 인물이 베드로였다는 것은 〈요한〉[18장 10절]뿐으로, 이것은 명백히 요한의 해석이다)에 대해 예수가 '칼을 든 자는 모두 칼로 망한다'는 유명한 말로 이를 막았다는 장면은 예수의 평화주의, 무저항주의의 예로 흔히 인용된다. 그러나 이 장면을 구성하고 있는 것은 실제로는 〈마태오 복음서〉뿐으로(26장 52절 이하), 이것은 가장 오래된 〈마르코 복음서〉에도, 〈루카 복음서〉에도 없는 것이다. 〈요한 복음서〉에는 이것에 가까운 장면이 있지만(18장 11절), 사료 자체가 이렇게 나뉘어 있는 이상 그 역사적 신빙성을 단언할 수 없다. 만일 신빙성이 있다면, 예수는 자신이 사용했던 것으로 보이는 '채찍'(〈요한〉 2장 15절)과 '칼'을 구별한 것일까.

마지막 문제로 남은 것은 '제자들은 모두 예수를 버리고 달아났다'(〈마르코〉 14장 50절)는 기사다. 여기에는 그다음에 보

268

고되고 있는 '아마포를 버리고 알몸으로 달아났다'는 젊은이에 관한 유머러스한 전승, 또는 이미 언급한 베드로의 예수 부인 이야기로 보더라도 아마도 역사적 사실이 반영되어 있을 것이다. 또 〈루카 복음서〉에는 이 기사가 빠져 있는데, 이것은 루카의 예루살렘 중심주의(교회는 예루살렘에 머물렀던 제자들을 중심으로 세워졌고, 거기에서부터 그리스도교가 전 세계로 퍼져 갔다는 루카의 고유한 견해)에 부합하는 것이다. 따라서 오히려 여기에서부터 예수의 측근이었던 사람들 거의 모두가 이 시점에 그로부터 떠나간 것의 역사적 개연성을 추정할 수 있을 것이다.

그리고 예수의 체포는 목요일 밤에 이뤄진 것으로 되어 있다. 그 직전에 이미 앞 장에서 다룬, 겟세마네에서 한 예수의 기도 장면이 놓여 있고, 또 이 장면에 선행해서 예수와 그 제자들이 이른바 '최후의 만찬'을 한 것으로 되어 있다.(〈마르코〉 14장 12~25절, 특히 22~25절) 이 '유월절 식사'(12, 14절)에 대해 여기에서 전승사적으로 고찰할 수는 없기 때문에 결론만을 얘기해 두기로 하자. 이 이야기 전승은 원시교회의 가장 중요한 전례典禮의 하나인 이른바 '성찬식聖餐式'의 원인담原因譚으로 성립된 것인데, 그 역사적 신빙성은 아마도 없을 것으로 생각된다. 다만 이 전승의 역사적인 핵核에 예수와 '죄인들' 사이에 벌어진 식사 장면이 있는 것은 확실한데, 이런 유형의 식사를 죽음을 예감하고 있던 예수가 그의 측근들과 함께 했을 가능성은 상정할 수 있을 것이다. 하지만 그 식사를 한 날이 공관복음서에는 유월절 당일로 되어 있는 것과 달리 〈요한 복음서〉에는 그보다 하루 빠른 유월절 준비일로 되어 있다.(〈요한〉 18장 28절을 근거로 추정) 이에 대해서는 상당히 복잡하게 얽힌 논의가 이뤄지고 있는데, 내가 보기에는 〈요한 복음서〉 쪽의 날짜가 좀 더 사태에 부합하는 것 같다. 왜냐하면, 만일 예수가 유월절이 시작되는 시점(목요일 저녁)에 그 '식사'를 했다면 유월절 밤에 체포되어 그날 밤중에 유대 당국의 심문을 받고, 다음 날 아침에 필라투스의 재판에 나가, 그날 중에 처형당하는, 말하자면 유월절 첫날(유대에서는 첫날이 일몰부터 시작해서 다음 날 일몰에 끝난다) 중에 이런 사태가 모두 벌어지는 셈이 되므로, 유월절이 유대교 최대의 축제인 것을 고려하면 이는 있을 수 없는 것으로 생각되기 때문이다. 한편 랍비 문헌에 예수는 유월절 준비일에 처형당했다고 되어 있는 것으로 보더라도 〈요한 복음서〉의 날짜 쪽이 옳을 것이다.(G. 슈타우퍼) 하지만 이런 날짜 자체가 전승 과정에서 도입되었을 가능성이 충분히 있기 때문에, 역사적으로 보면 이 문제에 너무 구애받을 필요는 없을 것으로 보인다.

이상으로, 요컨대 예수의 체포에서부터 처형에 이르기까지의 역사적 경과는 거의 다음과 같이 상정할 수 있다. 예수는 유대의 최고법원(산헤드린)과 로마 총독이 파견한 병사들에게 체포당했으며, 먼저 대사제에게 보내져 예비심문을 받았는데, 여기에서 신전 모독을 이유로 독신죄瀆神罪 판결이 내려졌으며, 그다음에 로마 총독에게 이송되어 폰티우스 필라투스로부터 반역죄 판결을 받았고, 로마법에 따라 십자가형에 처해졌다. 그사이에 예수는 대사제와 필라투스의 심문에 대해 일절 대답하지 않았던 것으로 보인다. 예수의 체포와 함께 그의 예루살렘 입성을 열광적으로 환영했던 민중뿐만 아니라 베드로를 비롯한 그의 측근들도 모두 그를 버리고 달아난 것으로 생각된다. 그는 오직 홀로, 고독한 사람으로서 죽음의 길에 올랐다.

물론 예수는 한 번도 스스로 메시아라는 것, 즉 그리스도라는 것을 주장한 적이 없으며, 당대의 로마 지배 체제를 무너뜨리고 새로운 신의 지배 체제를 세우려는 의도도 갖고 있지 않았다. 그는 다만 한결같이 당시의 정치적=종교적 체제에 의해 차별받고 있던 '땅의 백성' 또는 '죄인' 편에 서서 민중과 함께 있으면서 인간이 인간답게 살아가는 것, 인간이 **타자로부터** 살아가는 생활을 서로 공유할 수 있게 되는 것을 추구했을 뿐이다. 그리고 그 결과 필연적으로 차별을 만들어내는 유대 지배자들의 민중에 대한 일상적 억압 부분을 비판하게 되고, 그것이 점차 고조되어 가면서 율법 비판에서 신전 비판에까지 이르게 되었을 것이다. 이것은 유대의 체제 쪽에서 보면 실로 신을 모독하는 행위였으며, 이는 신정神政 체제를 취한 그들의 입장에서 볼 때 곧바로 반정부운동으로 판정되는 것이었다. 그리고 그런 운동은 예컨대 젤로타이의 신전 지배 체제를 지향한 혁명운동보다도 체제 쪽에서 볼 때는 더 성가신 것이었다. 왜냐하면 후자의 운동이라면 때가 무르익어 로마 지배 세력이 일시적으로라도 약화되었을 때 유대의 지배층도 거기에 **편승**할 수 있다. 실제로 제1차 유대전쟁은 귀족 사제, 대토지 소유자들, 젤로타이, 에세네파의 일부, 그리고 여기에 민중을 끌어들인 이른바 거국일치 체제로 수행되었다.(단, 다수의 바리사이파와 나사렛파 즉 원시 그리스도교도만은 예외) 그러나 예수가 그런 행동 양태로 지향한 것이 인간의 이런 차별의 지양과 그것의 구체화에 있었다면, 이는 어떤 국가 체제 아래서도 계속 주장해야 하는 것이며, 궁극적으로는 국가 자체의 존재를 허용하지 않게 된다. 왜냐하면 국가라는 것은 그것이 어떤 정치 형태를 가지고 있든 자기를 절대화하는 경향에서 자유로울 수 없기 때문이다. 그리고 이런 국가의 절대화 경향이 극한까지 가게 되는 것은 하나의 국가 체제가 절대화 이데올로기로 '신神적인 것'을 도입하는 경우일 것이다. 예수의 시대, 그것은 바로 유대의 신전국가 체제였으며, 그것을 허용할 수 있는 한도 내의 로마 제국주의였다. 그 때문에 예수와 같은 존재는 정치적으로, 따라서 여기에서는 로마 총독의 판결에 의해 말살될 수밖에 없었다. 그런 의미에서 예수는 로마 쪽의 '오해誤解'에 몸을 맡겨 **정치적인 죽음을** 스스로 받아들였던 것이다. 그러나 이런 사실의 무게는 로마 쪽의 오해를 강조하더라도 조금도 경감되어서는 안 될 것이다. 이런 사실을 도외시하고 예수의 죽음의 의미를 ―예컨대 인간 죄의 용서로 의미 부여를 하는 방향으로― **개인의 종교적 영역에만** 한정하는 '정통적 그리스도교도들'이 **그러한 한정에 대해** 진지하게 문제를 제기하는 사람들에게 '젤로타이'라는 딱지를 붙이고, 그들을 국가 권력에 넘겨 스스로 ―예수의 시대에 입각해서 말하면― 로마 쪽에 서는 역설적인 결과를 현실에 불러들이고 있기 때문이다.

마지막으로, 원시 그리스도 교단 사람들이 예수의 죽음에 이르는 도정을 그들 자신이 취해야 할 행동 양태로 삼아, **그 속에 총괄한 예수의 말**을 인용하면서 이 원고를 마감한다. ―

'육신을 죽여도 영혼을 죽일 수 없는 사람을 두려워하지 마라. 오히려 육신도 생명도 지옥Gehenna에 던져 멸망시킬 수 있는 분을 두려워하라.'(〈마태오〉 10장 28절, 〈루카〉 12장 4, 5절)

후기

예수에 관한 저서는 1만 권 아래로 내려가지 않는다. 나 같은 사람이 거기에 또 한 권을 보태는 것이 얼마나 의미가 있을지, 독자들의 판정에 맡길 수밖에 없다.

한편 예수와 관련된 연구 문헌은 최근 2, 3년간만 해도 수천 건에 이른다. 이들 모두를 나 혼자 다 읽는 것은 도저히 불가능하다. 그럼에도 내가 이 작은 책을 상재上梓할 수 있었던 것은 내 선배·동료·신구 학생 제씨의 뛰어난 연구와 진지한 발언들이 받쳐 주었기 때문이다.

이 책에서 내가 시도한 것은 예수와 그의 시대에 대한 **역사적 접근**이다. 당연하게도 나는 이것을 예수 이해의 유일한 방법이라고는 추호도 생각하지 않는다. 지금 지하에 있을 한국의 그리스도교도 학생 제씨諸氏가 내게도 보내 준 메시지 속에서 그들은 —아마도 역사적으로 연구할 여유는 거의 없을 것으로 생각되는데도— 예수가 지향하는 바를 적확하게 지적하고 있다. 예수 이해의 기본은 역시 그의 행동을 현재에 추체험追體驗하는 데에 있다는 것을 나는 다시 한 번 깨닫게 되었다. —예수의 어디에 시선을 맞춰서 그것을 추체험할 것인가가 문제가 되겠지만.

거듭 얘기하지만, 나는 예수에게 역사적 접근을 시도했다. 그를 위해 나는 예수에 관한 전승의 최고층最古層으로부터 예수의 행동을 추정했다. 이 추정에 이르기까지의 절차(사료 비판 과정)가 독자들에게는 틀림없이 번거롭게 여겨졌을 것이다. 그러나 그러지 않고는 예수에 대한 역사적 접근은 불가능하다.

한편 이런 시도의 결과 전승의 가장 오랜 층에는 예수의 부활 신앙이 아직 명확한 형태로 드러나지 않는다는 것을 확인했다. 부활 신앙 없이는 예수를 이해할 수 없다고 믿는 사람들에게 이 책의 내용은 당연히 불만스러울 것이다. 나 자신 부활 신앙을 '짐'으로만 평가하는 것은 아니다. 그러나 신앙을 도그마화해서 예수 이해의 역사적 다양성을 내버려서는 안 된다. '그리스도'로서의 예수의 역사는 초기 그리스도교의 예수 이해의 역사이며, 그것은 이 책의 서술의 직접적 대상은 아니다.

이 책의 집필을 권해 준 이와나미출판사의 오츠카 노부카즈 씨에게 감사드린다. 그의 열정적인 권고가 없었다면 평생 겁쟁이인 내가 '대담하게 죄를 짓는'(마르틴 루터) 일은 하지 않았을 것이다.

1974년 초가을
저자

참고문헌

Bultmann, R., *Die Geschichte der synoptischen Tradition*, 3. Aufl., 1957.

Bultmann, R., *Die Forschung der synoptischen Evangelien*, 2. Aufl., Gießen, 1930.

Becker, J., *Johannes der Täufer und Jesus von Nazareth*, Neukirchen, 1972.

Becker, U., *Jesus und die Ehebrecherin. Untersuchungen zur Text-und überlieferungsgeschichte von Joh. 7, 53-8, 11,* Berlin, 1963.

Bornkamm, G., *Jesus von Nazareth*, 6. Aufl., Stuttgart, 1963.

Braun, H., Jesus. *Der Mann aus Nazareth und seine Zeit*, Stuttgart, 1969.

Brandon, S. G. F., *Jesus and the Zealots. A Study of the political Factor in Primitive Christianity*, Manchester, 1967.

Brandon, S. G. F., *The Trial of Jesus of Nazareth*, London, 1968.

Bruce, F. F., *Jesus and Christian Origins outside the New Testament*, London, 1974.

Bultmann, R. *Jesus*, Tübingen, 1926.

Carmichael, J., *The Death of Jesus*, London, 1962.

Colpe, C., West und Ost, in: Schutz, H. J.(ed), *Die Zeit Jesu*, Stuttgart, 1966.

Cullmann, O., *Jesus und die Revolutionären seiner Zeit*, Tübingen, 1970.

Dibelius, M., *Die Formgeschichte des Evangeliums*, 4. Aufl., Tübingen, 1961.

Dodd, C. H., *The Founder of Christianty*, New York, 1970.

Dodd, C. H., *The Parables of the Kingdom*, Hertfordshire, 1935.

Fuchs, E., Zur Frage nach dem historischen Jesus, in: *Gesammelte Aufsätze* Ⅱ, Tübingen, 1960.

Fuchs, E., *Jesus. Wort und Tat*, Tübingen, 1971.

Flusser, D., *Jesus*, Reinbek, 1968.

Hengel, M., *War Jesus Revolutionär?* Stuttgart 1970; *Gewalt und Gewaltlosikeit*, Stuttgart, 1971.

Hübner, H., *Das Gesetz in der synopticschen Tradition. Studien zur These einer progressiven Qumranisierung und Judaisierung innerhalb der synoptischen Tradition,* Witten, 1973.

Jeremias, J., *Die Geeichnisse Jesu*, 2. Aufl., Göttingen, 1966.

Kasemann, E., *Exegetische Versuche und Besinnungen* Ⅱ, Göttingen, 1964.

Klausner, J., *Jesus von Nazareth. Seine Zeit , sein Leben und seine Lehre*, Berlin, 1930.

Kreissig, H., *Die Sozialen Zusammenhänge des judäischen Kriegs. Klassen und Klassenkampf im Palästina des 1. Jahrhunderts v.u. Z*, Berlin, 1970.

Linnemann, E., *Gleichnisse Jesu, Einführung und Auslegung,* 5. Aufl., Göttingen, 1969.

Linnemann, E., *Studien zur Passionsgeschichte*, Göttingen 1970.

Manson, T. W., *The Servant-Messiah*, Cambridge, 1953.

Pesch, R., *Jesu ureigene Taten? Ein Beitrag zur Wunderfrage*, Freiburg, 1970.

Robinson, J. M., *Historischer Jesus und kerygmatischer Christus*, Tübingen, 1960.

Roloff, J., *Das Kerygma und der irdische Jesus. Historische Motive in den Jesus-Erzählungen der Evangelien,* Göttingen, 1970.

Schenk, W., *Der Passionsbericht nach Markus, Untersuchungen zur überlieferungsgeschichte der Passionstraditionen,* Berlin, 1974.

Schmidt, K. L., *Der Rahmen der Geschichte Jesu-Literarkritische Untersuchungen zur ältesten Jesusüberlieferung,* Darmstadt, 1964 [Nachdruck der Ausgabe Berlin 1919].

Schneider, G., *Die Passion Jesu nach den drei ältesten Evangelien,* München, 1973.

Schubert, K., *Die jüdischen Relionsparteien in neutestamentlicher Zeit,* Stuttgart, 1970.

Schulz, S., *Q: Die Spruchquelle der Evangelisten,* Zurich, 1972.

Stauffer, E., *Jesus. Gestalt und Geschichte,* Bern, 1957.

Stauffer, E., *Jerusalem und Rom im Zeitalter Jesu Christi,* Bern, 1957.

Stauffer, E., *Die Botschaft Jesu Christi. damals und heute,* Bern, 1959.

Theißen, G., Wanderradikalismus, Literatursoziologische Aspekte der überlieferung von Worten Jesu im Urchristentum, in: *Zeitschrift für Theologie und kirche* 70, 1973

Theißen, G., Ders., *Studien zur Soziologie des Urchristentum,* Tübingen, 1979.

Theißen, G., *Urohristliche Wundergeschichten, Ein Beitrag zur fotmgeschichtlichen Forschung der synoptischen Evangelien,* Göttingen, 1974.

Trocmé E., *Jésus de Nazareth vu par les témoins de sa vie,* Neuchâtel, 1971.

Vermes, G., *Jesus the Jew,* London, 1973.

Weber, M., *Gesammelte Aufsätze zur Religionssoziologie,* 3 Bde, Tübingen, 1920~1921.

Werde, W., *Das Messiasgeheimnis in den Evangelien,* Göttingen, 1901.

荒井献『原始キリスト教とグノーシス主義』岩波書店, 1971年.

荒井献『初期キリスト教史の諸問題』新教出版社, 1973年.

荒井献「イエスの諸像と原像-失われた羊の譬の伝承史的考察」, 秀村欣二, 久保正彰, 荒井献 編『古典古代における伝承と伝記』, 岩波書店, 1975年.

石井晴美『新約聖書における国家と政治』ヨルダン社, 1972年.

川島貞雄「イエストとユダヤ教-食物規定の問題をめぐって」『聖書学論集』第7号, 1970年.

菊池昌典「歴史小説とは何か-事実と虚構の間」『展望』2~4月号 1974年(『歴史と歴史小説』筑摩書房, 1980年 改稿所収).

佐竹明「人間復権の試みとしてのイエスの生」『理想』12月号, 1971年.(『新約聖書の諸問題』新教出版社 所収, 1977年).

高橋敬基『他者中心性なる神』新教出版社, 1973年.

田川建三『奇跡と福音-福音書記者マルコの個人的思想』(Tagawa, K., *Miracles et Évangile. La pensée personelle de L'evangéliste Marc*, Paris, 1967)

田川建三『原始キリスト教史の一断面-福音書文学の成立』勁草書房, 1968年.

田川建三『批判的主体の形成-キリスト教批判の現代的課題』三一書房, 1971年.

田川建三『思想的行動への接近-イエスと現代』呉『指』の会, 1972年.

田川建三『立ちつくす思想』勁草書房, 1972年.

田川建三『マルコ福音書 上巻』新教出版社, 1972年.(マルコ 1:1~6:7 註解. マルコ 6:6~7:23の註解は『指』1971年11月号~1974年5月号に断続的に連載)

田川建三「福音書記者の神学と奇跡物語」『日本の神学』第1号, 1962年.

田川建三「時と人間-イエスの思想研究の試み」『聖書学論集』第2号, 1964年.

田川建三「山上の殊勲によせて」〈月刊キリスト〉1972年 5, 6, 7, 9, 11月号.

田川建三「イエス-逆説的反抗者の生と死」『歴史と人物』1972年 8, 10月号;『情況』1974年3月号.(『イエスという男』三一書房, 1980年).

竹森満佐一編『イエス伝研究をめぐって』日本基督教団出版局, 1970年.

土井正興『イエス・キリスト-その歴史的追求』三一書房, 1966年.

半田元夫『イエスの死-信仰と政治のはざまで』潮出版社, 1973年.

秀村欣二『新約時代史』キリスト教夜間講座出版部, 1970年.

秀村欣二「イエスの教説と行動の政治的性格-最近の原始キリスト教研究の一視角」『歴史教育』1967年.

秀村欣二「イエスの裁判-イエス受難史の歴史的考察」『キリスト論研究』創文社, 1968年.

秀村欣二「ローマ皇帝支配の意識構造」『岩波講座世界歴史』第3巻, 1970年.

秀村欣二「熱心党(Zelotai)の研究についての近年の動向」『キリスト教史学』第27集, 1973年.

平野保『イエスと神の国』日本基督教団出版局, 1971年.

松木治三郎『イエスと新約聖書の教会』日本基督教団出版局, 1972年.

宮田光雄「政治思想としての革命の神学」『思想』1974年 1, 2, 3月号.

八木誠一『新約思想の成立』新教出版社, 1963年.

八木誠一『イエス』清水書院, 1968年.

八木誠一『キリストとイエス』講談社, 1969年.

弓削達『ローマ帝国論』吉川弘文館, 1964年.

弓削達『ローマ帝国とキリスト教』河出書房新社, 1968年.

弓削達「ローマ帝国と奴隷制度」荒井献編『パウロをどうとらえるか』新教出版社,1972年.

예수, 그는 누구인가?
-20대에 만난 그를 환갑 지나 다시 읽다

    30여 년 전에 다가와 겐조의 〈예수라는 사나이-역설적 반항아의 삶과 죽음〉(田川建三 〈イエスという男 - 逆説的反抗者の生と死〉)를 번역하느라 끙끙댄 적이 있다. 20대 후반의 나이였던 그때 실은 다가와 겐조가 어떤 사람인지도 몰랐다. 1980년대 초의 그 억압적인 체제 속에서 예수를 '사나이'로, 게다가 부제에서 '역설적 반항아'로 표기한 그 제목부터 어딘지 강력한 마력을 발산하던 그 책을, 지금은 그 기억조차 희미해진 사연과 경위를 거쳐 접하게 됐고, 번역해 보자고 몇 명의 '반항아'들이 의기투합했다. 일본어에 아직 서툰 아마추어 번역가였지만 그 내용은 강렬했다. 교인은 아니었지만 당시 군사독재체제에 장렬하게 저항하고 있는 것으로 비친 기독교 세계에 동조하며 거기서 뭔가의 답을 찾으려 애썼던 우리에게, 그 책은 막

연히 알고 있던 '예수'를 그야말로 현실의, '지금 살아 있는 예수', 당시 우리의 간절한 바람과 원망願望까지 투사된 '혁명가 예수'로 뺨을 후려치듯 리얼하게 우리 머릿속에 각인시켰다.

아라이 사사구荒井献의 〈예수와 그의 시대 イエスとその時代〉(이와나미신서岩波新書, 1974)를 번역하면서도 그때의 그 흥분과 스릴이랄까, 스무고개 해답을 찾아가는 소년과 같은 설렘을 느꼈다. 약 50년 전에 일본에서 출간된 이 책은 〈예수라는 사나이〉의 아릿한 기억과, 그 시절 한국 사회를 풍미하기 시작한 해방신학과, 이론만이 아니라 자기희생적 행동을 통해 그 진정성을 입증했던 한국 민중신학의 고통스러웠으나 찬란했던 발자취까지 반추하게 만들었다.

아라이의 이 저작은, 신약 등 성서학에 문외한인 데다 일본 기독교계 사정에 대해서도 그와 별반 다르지 않은 처지의 역자로서는 감히 섣부르게 꺼낼 얘기는 아니겠지만, 반세기 전에 일본 사회가 성취해낸 성서학이나 예수 연구의 경지가 대단한 것이었다는 생각을 하게 만들었다. 어쩌면 이른바 '리버럴'의 전통이 살아 있던 그 시절의 일본이야말로 사회, 경제 분야뿐만 아니라 학문의 세계에서도 근대 일본이 도달한 정점이 아니었을까 하는 막연한 추측과 함께, 아라이와 다가와의 예수 연구 또한 그 전성기를 장식한 하나의 봉우리가 아니었을까 하는 생각을 했다. 그 리버럴 전통이 급속히 사라지고 일제히 우편향하면서 왜소해져 버린 듯한 지금의 일본을 생각하면 더욱 그런 느낌이 든다.

　예수는 누구였나? 아니, 어떤 존재였나, 라는 질문이 더 적합할까. 그냥 쉽게 생각해서, 예수를 무조건적 신앙의 대상, 즉 '하느님' 내지 인간이 저지른 죄를 대속代贖하기 위해 내려 온 '하느님의 아들'로 보는 관점이 하나 있을 것이다. 그리고 그 대척점에 예수를 유대의 북쪽 변방 갈릴리의 나사렛 사람으로, 빈부 격차와 계급 차별의 토대 위에 군림하던 로마 제국의 속주(식민지) 유대 사회의 모순에 저항하며 이를 뒤엎으려 했던 소농 내지 빈농 출신의 농민 혁명가로 보는 시각도 있는 것 같다. 이 양극단 사이에, 예컨대 *그가* 젤로타이(열심당) 같은 정치적 결사에 가담했느냐 아니냐, 하늘나라의 도래를 확신한 종말론적 세계관의 소유자였느냐 아니냐, 로마 제국과 유대 지배 체제를 용인했느냐 아니냐, 유대 율법주의를 인정했느냐 아니냐에서부터 그가 바라던 것이 개혁이었나 혁명이었나, 현실의 대안적 정치(종교) 체제 수립을 꾀했느냐 아니냐 등에 따라 다양한 스펙트럼의 예수관이 존재하는 것 같다.
　아라이의 〈예수와 그의 시대〉는 제목부터 그렇듯이 당대의 시대적 배경 속에서 살다 간 역사적 존재로서의 예수를 추적한다. 이를 위해 *그가* 살아간 시대가 어떤 시대였는지, 그 속에서 *그가* 어떤 존재, 어떤 모습으로 등장했는지, *그가* 평생을 그들 편에서 함께 한 하층민과 피차별자들·약자들인 '민중'과 어떤 관계였으며, 그들을 착취하며 군림한 유대 및 로마 제국 권력에 어떻게 저항하다 어떻게 죽어갔는지를 마르코·마태오·루카·요한·도마 등의 복음서를 비롯한 신·구약 성서들과 새로 발굴된 관련 문서들을 비교 분석하고 신화적 요소와 복음서 기자 및 전승자들 세계관에 의해 제각기 윤색된 부분을 가려내고 평가한다. 이 책도 논의의 시발점에서 인용한 불트만 이래로 본격화한 탈신화적 성서 해석의 그 치밀한 과정들은 언제나 경탄스럽다. 이미 수를 헤아리기도 어려울 정도의 숱한 연구물들의 탐침들이 거쳐간 관련 문서들의 문장, 자구, 글자 하나하나까지 인용, 비교 대조하는 그 과정들은 방대한 기억 용량과 명석한 분류 체계 없이는 손대기조차 어려울 것 같다. 그런 맥락에서 기독교 성서학 연구는 그 자체로 서구 문명의 첨단을 구성하고 있는 게 아닌가 하는 생각도 들었다.

아라이는, 철저한 탈신화와 실존주의적 해석으로 복음서들이 전하는 이야기들이 역사적 사실이 아니라 원시 기독교의 선교적 목적, 즉 기독교의 교의를 전파하려는 신앙적 차원에서 재구성된 것임을 논증한 불트만 이후 다가와 겐조에 이르는 동서양의 성서학 연구의 성과과 한계들을 짚어가며 자기 나름의 특성을 부가한 새로운 예수상을 그려낸다. 그것은 불트만의 그것과도 다르며, 다가와 겐조의 그것에 접근하는 듯하면서 그것과도 다르다. 그 차이와 간극들은 실로 복잡미묘해서 일반인들은 그 자체로도 이해하기 쉽지 않은데, 이 분야에 어두운 역자의 서툰 솜씨가 오히려 난해도를 더 높인 건 아닌지 걱정스럽다.

아라이는 역사는 역사적 사실(사료)들의 집적과 종합을 통해 사료들 스스로 말하게 한다는 역사주의적 관점도 아니고, 모든 것은 주관적 창작물, 종교적으로 보자면 모든 것은 신앙적 상상력의 소산일 뿐이라는 관점도 물론 배격한다. 역사가의 사료란 수많은 과거 사실들 중에서 사료로 채택하는 과정부터 역사가의 주관이 개입하는 것이고 해석 역시 주관적 상상력을 배제한 엄정 객관이 불가능한 만큼 사료들 스스로 과거사를 얘기하게 한다는 건 실현 불가능한 허구다. 그런 점에서 엄격한 사료 비판을 통해 과거사를 재구성하면서 현재적 욕구를 반영하는 신앙적 상상력까지도 '역사적 사실'로 허용하는 듯한 아라이의 역사관은 '과거와 현재의 끊임없는 대화'를 강조한 E. H. 카의 역사관을 떠올리게 한다. 그 대화에서 중요한 것은 관점의 설정, 곧 어느 편에 서느냐는 것이다. 아라이는 하층민·피차별자·약자 출신이 아니었지만 철저히 그들 편에 섰던 예수의 관점에 자신의 관점을 겹쳐 놓는다. 이런 관점은 당대의 지배적 주류들이 좋아하지 않는 관점이다. 그런 관점에서 그것을 행동으로 실천한 예수는 광범위한 민중의 지지를 받았으나 바로 그것이 민중 '반란'으로 이어질 것을 두려워한 지배 세력에 의해 죽임을 당했다.

번역을 하면서 이런 '발칙한' 생각들이 떠올랐다. 오늘의 로마 제국은 어디인가. 그들과 같은 편에 서서 그들의 앞잡이 노릇을 한 사두가이파의 유대 고위 성직자들 곧 대사제, 사제들과 장로들은 오늘날 누구인가. 그들과 함께 최고법원 산헤드린을 구성했지만 그 집권 체제 내의 야당 노릇을 하면서도 율법을 무기로 하층민과 피차별자들을 단속하고 착취하며 결과적으로 귀족 사제들과 대토지 소유자들 나아가 로마 제국을 위해 봉사한 하급 사제들 특히 바리사이파는 오늘의 누구인가. 탈(脫)로마 제국의 민족해방전쟁을 불사한 급진주의적 젤로타이(열심당), 마사다의 비극에서 보듯 노예이기를 거부하고 싸우다 죽음을 택한 시카리파와 일부 에세네파 근본주의자들은 또 누구인가. 그리고 사두가이파와 바리사이파가 혐오와 두려움에 떨며 제국에 팔아넘긴 오늘의 예수와 민중은 누구인가.

탈산업 정보화시대라는 오늘을 2천 년 전의 농경사회와 동렬에 놓고 일 대 일로 대응시켜 보는 것은 몰역사적 사고일지 모르겠으나, 긴 세월이 지났음에도 세상의 기본구조는 별로 바뀐 게 없구나 하는 감상이 번역 과정에서 치밀어 올라왔다.

저자는 한국어판 서문에서 안병무 선생의 갈릴리교회와 잃어버린 한 마리의 양 비유를 통해 당시 한국의 민주화운동에 사실상 공조하면서 '예수 사건'의 '실존적 추체험'을 강조했다. 지금의 한국 교회는 어떤 관점에서 그 사건을 추체험하고 있을까.

옮긴이 | 한승동

1957년 경남 창원에서 태어나 서강대 사학과를 다녔다. 〈한겨레신문〉 창간 멤버로 참여해 도쿄 특파원, 국제부장과 문화부 선임기자를 거쳐 논설위원을 역임했다. 저서로 『대한민국 걷어차기: 미국·일본의 패권 게임과 우리의 생존법』, 『지금 동아시아를 읽는다: 보수의 시대를 가로지르는 생각』이 있으며, 역서로는 『우익에 눈먼 미국: 어느 보수주의자의 고백』, 『시대를 건너는 법』, 『나의 서양음악 순례』, 『디아스포라의 눈: 서경식 에세이』(, 『희생의 시스템, 후쿠시마/오키나와』, 『보수의 공모자들: 일본 아베 정권과 언론의 협작』, 『내 서재 속 고전: 나를 견디게 해준 책들』, 『재일조선인: 역사, 그 너머의 역사』, 『다시 일본을 생각한다: 퇴락한 반동기의 사상적 풍경』, 『종전의 설계자들: 1945년 스탈린과 트루먼, 그리고 일본의 항복』, 『책임에 대하여: 현대 일본의 본성을 묻는 20년의 대화』, 『완전하지도, 끝나지도 않았다: 양심적인 일본 변호사들의 징용공을 위한 변론』, 『정신과 물질』, 『1★9★3★7 이쿠미나』 등이 있다. 현재 출판 기획 및 전문번역가로 활동하고 있다.

예수와 그의 시대

초판 1쇄 발행 2021년 6월 10일

지은이 아라이 사사구
옮긴이 한승동

펴낸곳 서커스출판상회
주소 경기도 파주시 광인사길 68 202-1호(문발동)
전화번호 031-946-1666
전자우편 rigolo@hanmail.net
출판등록 2015년 1월 2일(제2015-000002호)

ISBN 979-11-87295-59-4 03230